中国经济

高质量发展的生发性探索

EXPLORING THE GENERATIVE NATURE OF HIGH QUALITY DEVELOPMENT OF

CHINA'S ECONOMY

许广月　师小静　等◎著

中国经济出版社
CHINA ECONOMIC PUBLISHING HOUSE
北 京

图书在版编目（CIP）数据

中国经济高质量发展的生发性探索 / 许广月，师小静著 . --北京：中国经济出版社，2023. 9（2025. 4 重印）
ISBN 978-7-5136-7503-1

Ⅰ. ①中… Ⅱ. ①许… ②师… Ⅲ. ①中国经济-经济发展-研究 Ⅳ. ①F124

中国国家版本馆 CIP 数据核字（2023）第 186052 号

责任编辑　张利影
责任印制　李　伟
封面设计　华　子

出版发行　中国经济出版社
印 刷 者　北京艾普海德印刷有限公司
经 销 者　各地新华书店
开　　本　710mm×1000mm　1/16
印　　张　15. 25
字　　数　230 千字
版　　次　2023 年 9 月第 1 版
印　　次　2025 年 4 月第 2 次
定　　价　86. 00 元
广告经营许可证　京西工商广字第 8179 号

中国经济出版社 **网址** www. economyph. com **社址** 北京市东城区安定门外大街 58 号 **邮编** 100011
本版图书如存在印装质量问题，请与本社销售中心联系调换（联系电话：010-57512564）

序　言

党的十九大报告指出，“我国经济已由高速增长阶段转向高质量发展阶段”。这意味着中国经济发展方式发生了深刻变革——从注重数量到注重质量的转变。这种转变要求我们深刻研究经济高质量发展这一课题。

习近平总书记在党的二十大报告中指出，高质量发展是全面建设社会主义现代化国家的首要任务。如何推动各领域高质量发展，是实现中国式现代化的关键。我的博士后许广月等撰写的《中国经济高质量发展的生发性探索》以此为嵌入点，从能源、产业、区域、城乡等角度探索高质量发展的路径，并提出相应建议，为研究中国经济高质量发展奠定了理论基础。由此可见，该书具有重要的应用价值。

第一，回答时代之问，顺应时代之流。不同时代发展任务不同。在新时代，要把“不断满足人民日益增长的美好生活需要”作为党的使命不懈追求，而这恰恰亟须对高质量发展模式进行实践探索，高质量发展就成为解决时代问题的关键“钥匙”。不仅如此，中国还应从保障中华民族永续发展的角度，来看待高质量发展的意义。

第二，既有全局意识，又有地方特色。高质量发展作为国家发展的战略，需要地方加以具体推进。该书不仅从国家发展的角度分析高质量发展，而且立足地方，深入思考高质量发展推进的路径和模式，集中体现了国家战略与地方实际高度融合的实践要求。唯有如此，才能让顶层设计的国家发展战略接地气，推动各地经济高质量发展。

第三，单独成节，共同成体。该书章节安排合理，章节间又呈专题研究的样式，这样单独成节，构成一个研究主题，节节成体，共同构成本书的体系。每一节既可单独抽取出来加以审视，又可把相关章节组合成一个更大的专题加以理解。这样的章节安排主要是把高质量发展的理念贯穿发展全过程和各领域。而这些领域既可以单独成立，又可以在高质量发展体系中以一个小节加以呈现。

党的十九大后，高质量发展的研究成果不断涌现，而学术专著类系统性研究成果较少。这部关于高质量发展的学术专著，正好能够及时反映身处高等院校的科研人员对高质量发展的思考，为学术界相关研究和政府有关部门制定政策提供依据和参考。

耿明斋

于河南大学

2023 年 5 月 18 日

前 言

在党的十九大报告中，习近平总书记提出，我国经济已由高速增长阶段转向高质量发展阶段，中国特色社会主义进入新时代。这是我国发展新的历史方位，从而引发了我们对高质量发展的关注和思考。而我们的任务和目标就是要把高质量发展理念贯穿发展全过程和各领域，这也是我们研究“中国经济高质量发展的生发性探索”的缘由。

“十四五”时期如何深入贯彻落实新发展理念，推动高质量发展？这是一个具有重大意义的现实问题。一是要把高质量发展作为新时代中国工业化、城镇化和现代化发展的指导理念。二是要把产业高质量发展作为高质量发展的关键推动力量。农业要走高质量发展道路；工业要突出创新驱动的有效力量，把高质量发展摆在更突出的位置；服务业要做大做强，特别要注重与制造业和工业的有效互动，不能脱实向虚，要把生产性服务业的高质量发展融入现代化经济体系。三是要创造中国高质量发展的良好外部条件，推动对外贸易高质量发展。四是要推动文化产业和旅游产业高质量发展，强化中国高质量发展的绿色清洁动力和生态支持，为高质量发展提供更宽容的资源环境承载容量。五是要以城乡融合发展的理念，让城市发展更美好，让农村更令人向往。

我们从产业、区域等层面对中国经济高质量发展进行了分析，构建经济高质量发展框架。本书主要内容如下：

第 1 章分析中国经济高质量发展的内在逻辑转换的必然性，中国经济已由高速增长阶段转向高质量发展阶段。

第 2 章从能源角度分析中国经济高质量发展对能源需求的影响效应。经济高质量发展从根本上要求能源必须进行零碳化转型，这对于实现美丽中国的战略目标具有根本性的作用。

第3章从产业层面论述构建中国经济高质量发展的基本盘和“主心骨”，主要阐述工农建产业高质量发展的概况。以确保粮食安全为底线推进农业现代化水平的不断提高，是中国农业高质量发展的主旋律，树立农业绿色发展理念，实现农业与环境的协调发展，是中国农业高质量发展的必由之路；以全面提高农民文化素质、培育大量农业科技人员为重点，全面提升农业高质量发展的“含金量”，夯实农业可持续发展的基础。而对于工业高质量发展，要坚持创新发展理念，推动中国工业在技术、结构调整和区域布局上获得新突破。建筑业是和中国城镇化发展密切相关的一个产业，因此，从建筑业出发，通过住房需求和住房供给的有效匹配、绿色建筑的发展和建筑企业内部高质量管理等，形成中国建筑业高质量发展的基本模式，确保建筑业成为中国经济高质量发展的重要支撑力量。

第4章从服务业和对外贸易高质量发展的角度，分析实现服务业和贸易高质量发展的主要路径。特别是要通过推动生产性服务业高质量发展，进而推动服务业高质量发展，这是因为生产性服务业是主导性产业，对服务业结构优化、创新发展具有至关重要的作用，且生产性服务业与制造业或者工业具有交互影响的作用，所以推动生产性服务业高质量发展，能够在很大程度上为服务业整体高质量发展创造条件，并且通过产业关联效应为包括制造业在内的其他产业高质量发展创造条件。

第5章和第6章分别从自然和人文的角度，解释了中国经济高质量发展的自然支撑和人文保障因素。第5章以绿色推力为重点，分析了经济高质量发展必须以生态环境的保护为优先，必须以实现经济发展与生态环境之间的高度和谐为目标。随着经济社会的不断发展，经济收入对人们福利水平的影响效应边际递减，自然生态环境的要素对人们福利水平的影响效应边际递增，所以，优先处理经济发展与环境保护的关系就成为国家和地区经济高质量发展考虑的首要问题。第6章从文化旅游的角度分析文旅发展对中国经济高质量发展的支撑作用，中国经济高质量发展应该从优秀传统文化中汲取力量，以历史文化为纽带，以中国特有的人文精神夯实经济高质量发展的人文基础。同时，将地区自然资源优势转化为经济优势，稳步推进自然资源高质量开发利用。以河南省信阳市为例，重点分析了绿色旅游业发展过程中以高质量发展为指引的未来方向和改进的途径等。

第7章以区域高质量发展的思路，构建经济高质量发展的基本框架。本章以河南省为例，从经济高质量地方实践的角度，重点分析高质量发展的地区差异性原则，并以国家中心城市——郑州市为例，说明不同城市经济高质量发展的不同道路选择，从政策的系统性、政策的适应性、评价指标的可选性、激励机制的完善性等角度出发，总结作为城市典范的郑州市高质量发展的宝贵经验。

第8章顺应了智能经济发展的大趋势，指出以智能经济推动中国经济高质量发展的重要思路。要把智能经济与生产、分配、流通和消费各环节相结合，重点打造日益智慧的经济发展方式，只有这样才能降低经济交易成本，全面提高经济发展效率。新型数据要素支撑的智能经济发展方式，在信息化社会中将不断地为中国经济高质量发展提供新的动能形式、新的商业形态、新的增收渠道等。

第9章主要探讨了金融政策在推动经济高质量发展过程中的重大作用。实施服务于经济高质量发展的金融政策，对于经济高质量发展解决资本稀缺方面具有关键性的作用。因此，中国要实施稳健的货币政策，精准选择货币政策工具，为经济高质量发展注入活力。在推动经济高质量发展的过程中，农业碳排放趋向碳达峰的目标，而合适的金融政策对加快实现农业碳排放达峰具有明显的推进作用，这是以金融政策推动经济高质量发展的一个例证。

第10章从企业角度深入探究了顺应经济高质量发展的微观主体的转型方向。以郑州宇通集团为例，研究宇通集团在经济高质量发展背景下的自我发展转型，特别是在宇通客车产品的质量改进和绿色节能汽车的生产与扩容方面的努力。

第11章从经济高质量发展的空间角度，探究了以高水平生态保护驱动黄河流域高质量发展的基本逻辑思路和重点工作任务。黄河流域是中国重要的区域单元，面临着生态保护和经济发展的协同问题。高水平生态保护成为黄河流域经济高质量发展的支柱型引导力量，因此，持续有力地推动黄河流域高水平的生态保护，促使其又快又好地步入经济高质量发展的道路，成为黄河流域生态文明新时代中关键而科学的战略选择。

第 12 章从经济高质量发展的未来演进角度，重点论述了中国经济高质量发展的长期性特征。

要协同经济社会各方面的力量推进中国经济高质量发展，构建经济高质量发展体系，建立从经济高速增长转向高质量发展的不同路径，通过这些路径的综合效果，构建中国经济高质量发展的框架，并在其基础上，通过经济高质量发展的趋势和状态的持续保持，实现人与自然高度和谐、人与人高度和谐的美好目标。

许广月等

2023 年 6 月 20 日

目　录

1 中国经济迈入高质量发展新时代

2017年10月，习近平总书记在党的十九大报告中明确提出，“我国经济已由高速增长阶段转向高质量发展阶段”。实现高质量发展，是保持经济持续健康发展的必然要求，是适应我国社会主要矛盾变化和全面建成小康社会、全面建设社会主义现代化国家的必然要求。随着经济从高速增长阶段转向高质量发展阶段，中国经济发展进入新时代。

1.1 中国经济高速增长阶段

1978年12月，党的十一届三中全会做出了把党和国家工作重心转移到经济建设上来、实行改革开放的伟大决策。改革开放取得的伟大成就，在世界历史上具有典型的意义和实践价值。在改革开放的进程中，中国经济发展呈现出“高速度”的特征，所以，这一阶段被称为“高速增长阶段”。

1.1.1 发展成就

2018年8月，国家统计局发布改革开放40年经济社会发展成就报告。报告显示，改革开放以来，中国经济社会发展取得了惊人的成就，无论是从经济总量还是从产业发展，抑或是从城镇发展而言，中国都向世界展现出巨大的发展潜力、奇迹般的发展成效、可持续的发展模式。40年来，我国一直保持经济高速增长，对世界经济的发展做出了巨大贡献，为发展中国家提供了一条全新的发展路径。

1. 经济总量大幅攀升

改革开放40年，是我国国民经济大踏步前进、经济总量连上新台阶的40年。其间，增量规模显著扩大。1978年，我国国内生产总值（GDP）只有3679亿元，之后连续跨越：1986年上升到1万亿元；1991年上升到2万亿元；2000年突破10万亿元大关；2006年超过20万亿元；2017年首次站上80万亿元的历史新台阶，达到827122亿元，当年经济增量折合12万亿美元，相当于2016年全球第十四大经济体澳大利亚的经济总量。1978年，我国经济总量居世界第十一位；2000年，超过意大利，居世界第六位；2007年，超过德国，居世界第三位；2010年超过日本，成为世界第二大经济体。①

1978—2017年我国GDP变化如图1-1所示。

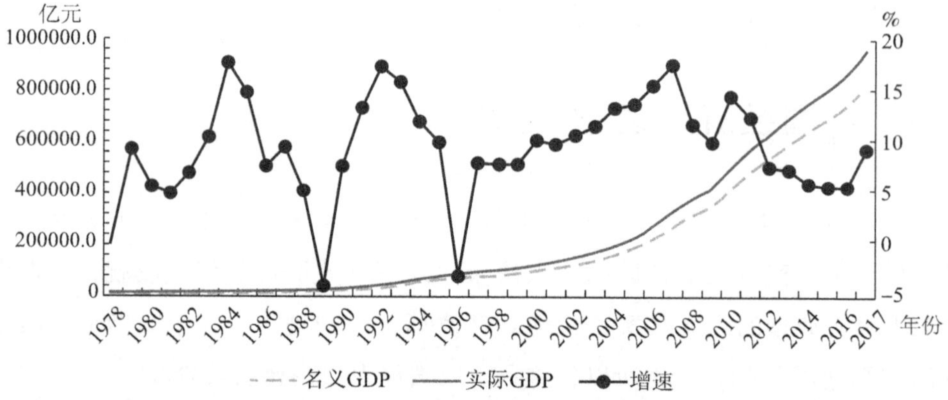

图1-1　1978—2017年中国名义GDP和实际GDP变化

整体来看，1978—2017年，中国经济保持较高增速。如果以1978年消费者物价指数（CPI）为基数的实际GDP来衡量，中国实际GDP从1978年的3678.7亿元增长至2017年的近82.7万亿元，年均增长率超过9%，占世界经济的比重由1.8%上升到15.2%。中国实际GDP高速增长保持了近40年，中

① 国家统计局．波澜壮阔四十载　民族复兴展新篇：改革开放40年经济社会发展成就系列报告之一［EB/OL］．（2018-08-27）［2021-06-27］．http：//www.stats.gov.cn/ztjc/ztfx/ggkf40n/201808/t20180827_1619235.html.

国经济的高速增长被称为“世界奇迹”。

2. 商品短缺问题得到解决

到20世纪末，中国基本解决了“短缺经济”问题，进入了商品丰富的买方市场时代（张昌彩，1998）。从工业产品总产量来看，2015年，在世界500多种主要工业产品当中，中国有220多种产品（如煤炭、水泥、钢铁等）产量位居世界第一。改革开放以来，中国主要产品的工业生产能力发生了根本变化，逐渐实现了从短缺到丰富充裕的巨大转变。与1978年相比，2017年，中国原煤、发电量等能源产品产量分别增长4.7倍和24.3倍；粗钢、水泥等原材料产品产量分别增长25.2倍和34.8倍。到2017年，中国汽车产量已达2900多万辆，连续9年蝉联世界第一；空调、电冰箱、彩色电视机、洗衣机、微型计算机、平板电脑、智能手机等家电通信产品产量均居世界首位，成为世界第一货物贸易大国。中国出口总值排名由1980年的全球第26位跃升到2009年的全球第1位，到2018年，已连续9年保持全球货物贸易第一大出口国地位（国家统计局，2018）。

如表1-1所示，自1978年以来，中国人均主要工业产品产量呈现出平稳增长的态势。例如，中国人均原煤产量从1978年的0.65吨提升至2017年的2.54吨，增长了2.9倍。相应地，中国人均纱产量增长了8倍左右，水泥产量增长了20多倍，粗钢产量增长了17倍以上。中国用短短的近40年的发展，取得了发达国家数百年的发展成就。

表1-1 1978—2017年中国人均主要工业产品产量

年份	原煤（吨）	原油（千克）	纱（千克）	布（米）	机制纸及纸板（千克）	水泥（千克）	粗钢（千克）	发电量（千瓦时）
1978	0.65	108.82	2.49	11.54	4.59	68.23	33.24	268.36
1980	0.63	107.97	2.98	13.73	5.45	81.39	37.83	306.35
1985	0.83	118.83	3.36	13.96	8.67	138.86	44.52	390.76
1990	0.95	121.84	4.08	16.63	12.09	184.74	58.45	547.22

续表

年份	原煤（吨）	原油（千克）	纱（千克）	布（米）	机制纸及纸板（千克）	水泥（千克）	粗钢（千克）	发电量（千瓦时）
1995	1.13	124.53	4.50	21.59	23.34	394.74	79.15	836.39
1996	1.15	129.22	4.21	17.17	21.67	403.42	83.15	888.10
1997	1.13	130.68	4.55	20.23	22.22	416.02	88.57	923.16
1998	1.07	129.64	4.36	19.41	17.12	431.58	93.07	939.66
1999	1.09	127.72	4.53	19.96	17.24	457.40	99.19	989.28
2000	1.10	129.09	5.20	21.94	19.70	472.82	101.77	1073.62
2001	1.16	128.91	5.98	22.80	29.70	519.75	119.22	1164.29
2002	1.21	130.43	6.64	25.18	36.45	566.23	142.43	1291.78
2003	1.42	131.64	7.63	27.44	37.64	669.11	172.57	1482.91
2004	1.64	135.70	9.96	37.20	41.77	745.96	218.28	1699.99
2005	1.81	139.10	11.13	37.15	47.60	819.84	270.95	1917.79
2006	1.96	140.93	13.29	45.66	52.35	943.36	319.71	2185.88
2007	2.09	141.38	14.86	51.24	59.13	1032.85	371.27	2490.01
2008	2.19	143.77	15.52	54.58	63.45	1074.66	379.76	2617.20
2009	2.34	142.34	17.02	56.59	67.34	1234.90	429.81	2790.33
2010	2.56	151.76	19.23	59.80	73.50	1406.82	476.36	3145.06
2011	2.80	150.93	20.22	60.57	81.92	1561.80	509.83	3506.37
2012	2.92	153.61	22.09	62.85	81.12	1636.08	535.93	3692.58
2013	2.93	154.65	23.57	66.13	83.42	1782.29	599.05	4001.56
2014	2.84	154.98	24.77	65.51	86.39	1826.67	602.74	4247.29
2015	2.73	156.47	25.80	65.09	85.64	1720.50	586.21	4240.44
2016	2.47	144.84	27.07	65.77	89.36	1748.29	585.79	4448.62
2017	2.54	138.13	23.02	49.85	90.46	1681.22	628.06	4763.76

资料来源：《中国统计年鉴（2018）》。

表 1-2 和表 1-3 分别反映了 2013—2017 年中国城镇居民与农村居民的人

均收入和支出有关情况。表1-4和表1-5分别反映的是2013—2017年中国城镇家庭和农村家庭每百户耐用商品拥有量的有关情况。由表1-2和表1-3可知，无论是城镇居民，还是农村居民，近年来收入和支出都有明显的增加。总体而言，城镇人均收入和支出高于农村，在收入和支出结构方面也表现出很大的差异。

表1-2 2013—2017年中国城镇居民人均收入和支出情况 （单位：元）

指标	2013年	2014年	2015年	2016年	2017年
城镇居民人均收入					
可支配收入	26467.0	28843.8	31194.8	33616.2	36396.1
1. 工资性收入	16617.4	17936.8	19337.1	20665.0	22200.9
2. 经营净收入	2975.3	3279.0	3476.1	3770.1	4064.7
3. 财产净收入	2551.5	2812.1	3041.9	3271.3	3606.9
4. 转移净收入	4322.8	4815.9	5339.7	5909.8	6523.6
现金可支配收入	24799.0	26860.2	29042.0	31270.0	33757.2
1. 工资性收入	16509.9	17821.3	19214.8	20541.7	22072.7
2. 经营净收入	3332.3	3528.0	3714.0	4032.3	4321.9
3. 财产净收入	831.8	977.8	1072.8	1139.6	1234.1
4. 转移净收入	4125.0	4533.1	5040.4	5556.4	6128.5
城镇居民人均支出					
消费支出	18487.6	19968.1	21392.4	23078.9	24444.9
1. 食品烟酒	5570.7	6000.0	6359.7	6762.4	7001.0
2. 衣着	1553.7	1627.2	1701.1	1739.0	1757.9
3. 居住	4301.4	4489.6	4726.0	5113.7	5564.0
4. 生活用品及服务	1129.2	1233.2	1306.5	1426.8	1525.0
5. 交通通信	2317.8	2637.3	2895.4	3173.9	3321.5
6. 教育文化娱乐	1988.3	2142.3	2382.8	2637.6	2846.6
7. 医疗保健	1136.1	1305.6	1443.4	1630.8	1777.4
8. 其他用品及服务	490.4	532.9	577.5	594.7	651.5
现金消费支出	15453.0	16690.5	17887.0	19284.1	20329.3

续表

指标	2013 年	2014 年	2015 年	2016 年	2017 年
1. 食品烟酒	5461. 2	5874. 9	6224. 8	6627. 7	6861. 2
2. 衣着	1551. 5	1626. 6	1700. 5	1738. 4	1757. 3
3. 居住	1579. 9	1625. 6	1665. 9	1810. 4	1986. 8
4. 生活用品及服务	1124. 0	1225. 6	1298. 7	1417. 8	1514. 5
5. 交通通信	2313. 6	2631. 5	2889. 8	3166. 5	3315. 6
6. 教育文化娱乐	1986. 3	2140. 7	2381. 0	2636. 3	2845. 4
7. 医疗保健	954. 8	1038. 5	1153. 7	1298. 7	1403. 7
8. 其他用品及服务	481. 7	527. 1	572. 6	588. 3	644. 8

资料来源：《中国统计年鉴（2019）》。

表 1-3　2013—2017 年农村居民人均收入和支出情况　（单位：元）

指标	2013 年	2014 年	2015 年	2016 年	2017 年
			农村居民人均收入		
可支配收入	9429. 6	10488. 9	11421. 7	12363. 4	13432. 4
1. 工资性收入	3652. 5	4152. 2	4600. 3	5021. 8	5498. 4
2. 经营净收入	3934. 9	4237. 4	4503. 6	4741. 3	5027. 8
3. 财产净收入	194. 7	222. 1	251. 5	272. 1	303. 0
4. 转移净收入	1647. 5	1877. 2	2066. 3	2328. 2	2603. 2
现金可支配收入	8747. 1	9698. 2	10577. 9	11600. 6	12703. 9
1. 工资性收入	3639. 7	4137. 5	4583. 9	5000. 8	5470. 9
2. 经营净收入	3378. 0	3620. 1	3861. 3	4203. 9	4547. 0
3. 财产净收入	194. 2	224. 7	251. 5	272. 1	303. 0
4. 转移净收入	1535. 2	1715. 9	1881. 2	2123. 8	2383. 0
			农村居民人均支出		
消费支出	7485. 0	8382. 6	9222. 6	10129. 7	10954. 5
1. 食品烟酒	2554. 4	2814. 0	3048. 0	3266. 1	3415. 4
2. 衣着	453. 8	510. 4	550. 5	575. 4	611. 6

续表

指标	2013 年	2014 年	2015 年	2016 年	2017 年
3. 居住	1579. 8	1762. 7	1926. 2	2147. 1	2353. 5
4. 生活用品及服务	455. 1	506. 5	545. 6	595. 7	634. 0
5. 交通通信	874. 9	1012. 6	1163. 1	1359. 9	1509. 1
6. 教育文化娱乐	754. 6	859. 5	969. 3	1070. 3	1171. 3
7. 医疗保健	668. 2	753. 9	846. 0	929. 2	1058. 7
8. 其他用品及服务	144. 2	163. 0	174. 0	186. 0	200. 9
现金消费支出	5978. 8	6716. 7	7392. 2	8127. 4	8856. 3
1. 食品烟酒	2038. 8	2301. 3	2540. 0	2763. 4	2921. 2
2. 衣着	453. 1	509. 7	549. 9	575. 0	610. 9
3. 居住	692. 4	758. 5	779. 0	832. 8	956. 0
4. 生活用品及服务	451. 0	500. 1	538. 3	589. 7	624. 9
5. 交通通信	874. 7	1012. 5	1162. 6	1357. 8	1508. 1
6. 教育文化娱乐	754. 4	859. 2	969. 0	1069. 9	1170. 7
7. 医疗保健	573. 2	614. 9	681. 4	755. 8	868. 2
8. 其他用品及服务	141. 2	160. 5	172. 0	183. 0	196. 3

表 1-4　2013—2017 年城镇家庭每百户耐用商品拥有量

商品名称	2013 年	2014 年	2015 年	2016 年	2017 年
家用汽车（辆）	16. 9	19. 2	22. 7	27. 7	29. 7
摩托车（辆）	38. 5	43. 5	42. 2	40. 0	39. 3
电动助力车（辆）	39. 5	43. 8	47. 6	53. 2	56. 5
洗衣机（台）	80. 8	83. 7	86. 4	89. 8	91. 7
电冰箱（柜）（台）	82. 0	85. 5	89. 0	93. 5	95. 3
微波炉（台）	34. 6	36. 0	36. 9	38. 4	40. 0
彩色电视机（台）	116. 1	119. 2	119. 9	120. 8	122. 2
空调（台）	70. 4	75. 2	81. 5	90. 9	96. 1
热水器（台）	64. 2	67. 7	71. 2	76. 2	78. 6
排油烟机（台）	42. 5	44. 3	45. 7	48. 6	51. 0

续表

商品名称	2013 年	2014 年	2015 年	2016 年	2017 年
移动电话（部）	203. 2	215. 9	224. 8	235. 4	240. 0
计算机（台）	48. 9	53. 0	55. 5	57. 5	58. 7
照相机（台）	21. 0	21. 7	20. 4	17. 7	18. 4

表 1-5　2013—2017 年农村家庭每百户耐用商品拥有量

商品名称	2013 年	2014 年	2015 年	2016 年	2017 年
家用汽车（辆）	9. 9	11. 0	13. 3	17. 4	19. 3
摩托车（辆）	61. 1	67. 6	67. 5	65. 1	64. 1
电动助力车（辆）	40. 3	45. 4	50. 1	57. 7	61. 1
洗衣机（台）	71. 2	74. 8	78. 8	84. 0	86. 3
电冰箱（柜）（台）	72. 9	77. 6	82. 6	89. 5	91. 7
微波炉（台）	14. 1	14. 7	15. 0	16. 1	17. 3
彩色电视机（台）	112. 9	115. 6	116. 9	118. 8	120. 0
空调（台）	29. 8	34. 2	38. 8	47. 6	52. 6
热水器（台）	43. 6	48. 2	52. 5	59. 7	62. 5
排油烟机（台）	12. 4	13. 9	15. 3	18. 4	20. 4
移动电话（部）	199. 5	215. 0	226. 1	240. 7	246. 1
计算机（台）	20. 0	23. 5	25. 7	27. 9	29. 2
照相机（台）	4. 4	4. 5	4. 1	3. 4	3. 9

3. 产业结构持续优化

改革开放以来，中国产业规模不断扩大，特别是非农产业的快速发展对于拉动经济增长起到了重要的促进作用。同时，在持续推进工业化的过程中，中国的产业结构呈现出一定的规律性变化。

首先，三次产业对经济增长的贡献呈现不同的特征。总体来看，第一产业对经济总量的贡献率波动下降；第二产业对经济总量的贡献率由 1978 年的 61. 8%下降至 2017 年的 36. 3%；第三产业对经济总量的贡献率稳中有升，从

1978 年的 28. 4%提升到 2017 年的 58. 8% （见表 1-6）。其次从三次产业对 GDP 的拉动作用来看，非农产业的拉动力大于农业的拉动力。在 2014 年之前，第二产业的拉动力强于第三产业的拉动力；在 2014 年之后，第三产业的拉动力高于第二产业的拉动力（见表 1-7）。这是因为在产业结构变化中，第三产业所占比重开始超过第二产业的比重（见图 1-2）。

表 1-6 1978—2017 年三次产业对 GDP 的贡献率 （单位:%）

年份	第一产业	第二产业	第三产业	工业	批发和零售业	金融业
1978	9. 8	61. 8	28. 4	62. 2	12. 7	1. 9
1979	20. 9	53. 6	25. 6	52. 8	8. 1	-0. 6
1980	-4. 8	85. 6	19. 2	74. 9	-1. 7	1. 8
1981	40. 5	17. 7	41. 8	15. 0	24. 4	1. 7
1982	38. 6	28. 8	32. 6	27. 3	-0. 4	8. 9
1983	23. 9	43. 5	32. 7	37. 3	9. 3	6. 0
1984	25. 6	42. 7	31. 7	39. 8	8. 4	5. 6
1985	4. 1	61. 2	34. 8	54. 7	14. 0	4. 0
1986	9. 8	53. 2	36. 9	45. 6	7. 0	11. 1
1987	10. 2	55. 0	34. 8	48. 0	8. 4	7. 6
1988	5. 4	61. 3	33. 4	58. 1	7. 2	7. 7
1989	15. 9	44. 0	40. 1	53. 6	-17. 5	28. 5
1990	40. 2	39. 8	20. 0	38. 6	-7. 9	3. 1
1991	6. 8	61. 1	32. 2	56. 5	3. 8	1. 8
1992	8. 1	63. 2	28. 7	56. 6	4. 8	2. 6
1993	7. 6	64. 4	28. 0	58. 3	3. 9	4. 3
1994	6. 3	66. 3	27. 4	61. 6	3. 8	3. 9
1995	8. 7	62. 8	28. 5	57. 3	4. 3	4. 1
1996	9. 3	62. 2	28. 5	58. 1	4. 3	3. 9
1997	6. 5	59. 1	34. 5	57. 8	5. 2	4. 7
1998	7. 2	59. 7	33. 0	54. 5	4. 5	3. 2

续表

年份	第一产业	第二产业	第三产业	工业	批发和零售业	金融业
1999	5.6	56.9	37.4	54.3	6.1	3.3
2000	4.1	59.6	36.2	56.9	6.0	3.8
2001	4.6	46.4	49.0	42.0	8.9	4.1
2002	4.1	49.4	46.5	44.3	7.9	3.9
2003	3.1	57.9	39.0	51.6	8.1	3.5
2004	7.3	51.8	40.8	47.6	5.3	2.1
2005	5.2	50.5	44.3	43.1	9.0	5.4
2006	4.4	49.7	45.9	42.3	11.4	7.4
2007	2.7	50.1	47.3	43.8	11.2	7.9
2008	5.2	48.6	46.2	43.4	13.7	6.0
2009	4.0	52.3	43.7	40.7	11.1	8.6
2010	3.6	57.4	39.0	49.6	12.3	4.4
2011	4.2	52.0	43.8	45.9	11.4	5.0
2012	5.2	49.9	44.9	41.9	11.7	7.3
2013	4.3	48.5	47.2	40.5	12.4	8.4
2014	4.7	47.8	47.5	39.2	12.5	8.7
2015	4.6	42.4	52.9	35.4	8.5	15.2
2016	4.3	38.2	57.5	30.7	10.2	5.6
2017	4.9	36.3	58.8	31.9	10.0	5.4

注：贡献率指三次产业或主要行业增加值增量与 GDP 增量之比。

表 1-7　1978—2017 年三次产业对 GDP 的拉动作用

年份	国内生产总值	第一产业	第二产业	第三产业	工业	批发和零售业	金融业
1978	11.6	1.1	7.2	3.3	7.3	1.5	0.2
1979	7.6	1.6	4.1	1.9	4.0	0.6	0.0
1980	7.8	-0.4	6.7	1.5	5.9	-0.1	0.1
1981	5.1	2.1	0.9	2.1	0.8	1.2	0.1

续表

年份	国内生产总值	第一产业	第二产业	第三产业	工业	批发和零售业	金融业
1982	9.0	3.5	2.6	2.9	2.5	0.0	0.8
1983	10.8	2.6	4.7	3.5	4.0	1.0	0.6
1984	15.2	3.9	6.5	4.8	6.0	1.3	0.9
1985	13.4	0.5	8.2	4.7	7.3	1.9	0.5
1986	9.0	0.9	4.8	3.3	4.1	0.6	1.0
1987	11.7	1.2	6.4	4.1	5.6	1.0	0.9
1988	11.2	0.6	6.9	3.7	6.5	0.8	0.9
1989	4.2	0.7	1.8	1.7	2.3	-0.7	1.2
1990	4.0	1.6	1.6	0.8	1.5	-0.3	0.1
1991	9.3	0.6	5.7	3.0	5.2	0.3	0.2
1992	14.3	1.2	9.0	4.1	8.1	0.7	0.4
1993	13.9	1.1	8.9	3.9	8.1	0.5	0.6
1994	13.0	0.8	8.6	3.6	8.0	0.5	0.5
1995	11.0	1.0	6.9	3.1	6.3	0.5	0.4
1996	9.9	0.9	6.2	2.8	5.8	0.4	0.4
1997	9.3	0.6	5.5	3.2	5.3	0.5	0.4
1998	7.9	0.6	4.7	2.6	4.3	0.4	0.2
1999	7.7	0.4	4.4	2.9	4.2	0.5	0.3
2000	8.6	0.4	5.1	3.1	4.8	0.5	0.3
2001	8.4	0.4	3.9	4.1	3.5	0.7	0.3
2002	9.1	0.4	4.5	4.2	4.0	0.7	0.4
2003	10.0	0.3	5.8	3.9	5.2	0.8	0.3
2004	10.0	0.7	5.2	4.1	4.8	0.5	0.2
2005	11.4	0.6	5.8	5.0	4.9	1.0	0.6
2006	12.7	0.6	6.3	5.8	5.4	1.5	0.9
2007	14.2	0.4	7.1	6.7	6.2	1.6	1.1

续表

年份	国内生产总值	第一产业	第二产业	第三产业	工业	批发和零售业	金融业
2008	9.7	0.5	4.7	4.5	4.2	1.3	0.6
2009	9.4	0.4	4.9	4.1	3.8	1.0	0.8
2010	10.7	0.4	6.1	4.2	5.3	1.3	0.5
2011	9.6	0.4	5.0	4.2	4.4	1.1	0.5
2012	7.8	0.4	3.9	3.5	3.3	0.9	0.6
2013	7.8	0.3	3.8	3.7	3.1	1.0	0.7
2014	7.3	0.3	3.5	3.5	2.9	0.9	0.6
2015	6.9	0.3	2.9	3.7	2.4	0.6	1.0
2016	6.8	0.3	2.6	3.9	2.1	0.7	0.4
2017	6.8	0.3	2.5	4.0	2.2	0.7	0.4

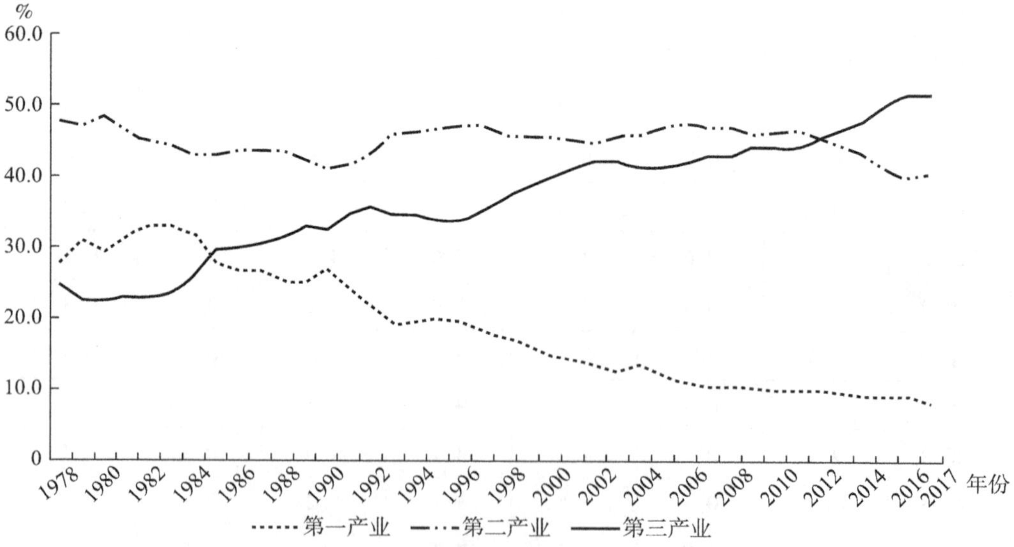

图 1-2　1978—2017 年中国产业结构变化

从 1978—2017 年中国产业结构演变的历程可以看出，产业比重转换分为三个阶段。第一阶段是从 1978 年到 1984 年，第二产业居首位，第一产业比重高于第三产业。第二阶段是从1985年到2012年，第二产业依然居首位，但是第三产业比重高于第一产业。1978—2012年，第二产业的比重都处于第一位。这意味着中国自改革开放以来第二产业占经济总量的比重一直占主导地位，第二产业对经济总量的拉动力和贡献率都比较高。从2013年开始，中国产业结构进入第三阶段，第三产业比重高于第二产业比重，并且在2015年达到50%以上。这说明第三产业占据经济总量的半壁江山，到2017年第三产业的比重高达51.6%。第二产业和第一产业的比重分别为40.5%和7.9%。从2013年开始，第三产业对经济总量的贡献开始处于第一位，对经济发展的拉动作用也明显跃升。

同时，产业吸纳就业人口的数量也呈现出相应的变化趋势。1978年以来，虽然中国第一产业的就业人数仍占多数，但是下降速度较快，到2003年，第一产业的就业人数降到全部就业人数的50%以下，2017年其就业人数占比降到27.0%，较1978年的70.5%下降了43.5个百分点。中国第二产业的就业人数比重先从1978年开始快速增加，到2012年达到30.3%，而后减少至2017年的28.1%。而中国第三产业就业人数比重持续增加，从1978年的12.2%增加到2013年的38.5%，自此成为吸纳就业人数最多的产业，到2017年其就业人数比重增加到44.9%（惠宁、刘鑫鑫，2019）。

目前，我国经济已经进入以服务业为主体的时代。这一明显的产业结构转变是中国深入推进工业化的重要体现。

与前一个发展时期相比，1978—2017年，中国通过产业演进，产业体系日益完善，形成了结构合理、完备的现代化经济体系。在该体系中，第一产业（即农业）的基础性作用日益增强。尽管第一产业已经不再是产业的主体，但是以粮食安全为主要内容的农业安全成为国家安全的重要保障。同时，尽管服务业已经成为中国经济第一大产业，但是不能因此忽视制造业在国民经济中的基础地位，只有处理好服务业与制造业两者之间的关系，才能推动经济转型和产业转型升级，实现经济高质量发展。

4. 破解城乡二元结构，促进城乡融合发展

自改革开放以来，在积极提高农民生产积极性和确保粮食安全的基础上，

中国走出了一条具有中国特色的城镇化道路。通过推动城镇化进程，引导更多的农民向市民转变，让更多的人享受城市文明带来的红利。

作为世界上城镇化规模最大的国家，中国通过建立开发区、建设新区和新城、城市扩展、旧城改造、建设中央商务区、乡镇产业化和村庄产业化七种推进模式（李强、陈宇琳和刘精明，2012），取得了举世瞩目的城镇化发展成就。

第一，城市规模体系更加完善。根据国家颁布的城市规模最新标准，中国目前拥有北京、上海、天津、重庆、广州、深圳6个常住人口规模1000万以上的超大城市（张鹏，2017）。此外，还有特大城市、大城市和中小城市等。在中国295个地市级以上城镇中，400万人口以上的城市15个，所占比重为5.1%；200万~400万人口的城市38个，所占比重为12.9%；100万~200万人口的城市94个，所占比重高达31.9%；50万~100万人口的城市92个，所占比重为31.2%；50万及以下人口的小城市56个，所占比重为19.0%（国家统计局，2016）。不仅如此，在长三角、长江中游、成渝、哈长、中原和北部湾6个城市群的框架基础上，北京、天津、上海、广州、重庆、成都、武汉、郑州8座国家级中心城市布局建设得以凸显（何立峰，2017）。由上可见，中国已经形成了国家中心城市带动城市群发展的大中小城镇体系。

第二，城市群人口集聚度增大。中国城市人口从1978年的1.7亿增加到2017年的8.1亿，年均增速为1.6%。中国城镇化率不断攀升，由1978年的17.9%增加至1981年的20%，而后在1996年突破30%，2003年超过40%，2011年突破50%，达到51.27%。由此，中国城镇化开始进入战略转型期（魏后凯，2014）。到2017年，中国城镇化率达到58.52%。从1978年到2017年的40年间，中国城镇化率的增速平均为1.42%。

随着中国城镇体系的日益完善，城乡融合发展的势头越发强劲，更多的农民涌入城镇，尽享城镇发展中的就业、医疗、教育红利等。但在此过程中还需要解决户籍、医疗、教育等问题。

党的二十大报告提出，全面推进乡村振兴。坚持农业农村优先发展，坚持城乡融合发展，畅通城乡要素流动。其中，坚持城乡融合发展，畅通城乡要素流动，是推进乡村振兴的制胜之招。① 例如，可以将一些城市近郊农村纳入城镇发展模式；一些远郊农村，特别是具有传统特色的农村则保持历史传统，厚植历史文化，展现农村的乡土人情。这种城乡和谐发展的方式既能为城镇化发展创造城乡互动的支撑条件，也能为农村的发展提供重要的物质基础和社会条件。

1.1.2 发展特征及其原因探讨

1. 经济高速增长

1978—2017 年，中国经济高速发展。经济高速发展不仅体现在经济总量的增长上，还体现在人均收入水平的提高上。国家统计局在《波澜壮阔四十载 民族复兴展新篇——改革开放 40 年经济社会发展成就系列报告之一》中指出，1978—2017 年，中国 GDP 按不变价计算增长了 33. 5 倍，其年均增速为 9. 5%，远高于同期世界经济 2. 9%左右的年均增速。按照这样计算，中国 GDP 平均每 8 年翻一番，在全球主要经济体中名列前茅。同时，人均国民收入不断提高，成功由低收入国家跨入中等偏上收入国家行列。2017 年，中国人均 GDP 为 59660 元，扣除价格因素，比 1978 年实际增长 22. 8 倍，年均实际增长 8. 5%。如果用美元计算，中国人均国民总收入（GNI）由 1978 年的 200 美元提高到 2016 年的 8250 美元，超过中等偏上收入国家平均水平，在世界银行公布的 217 个国家（地区）中排名上升到第 95 位。

中国经济创造持续高速增长的奇迹。相比其他国家，中国经济高增速的历时很长。根据日本、韩国和新加坡等国家经济增长历程的研究，可以发现，这些国家在成为发达经济体之前，都经过一个 20～30 年的高速增长期，增速最高的为日本。1956—1973 年，日本经济年均实际增长率高达 9. 3%。但是，自 1974 年起，日本经济增速开始下降，1974—1991 年，年均实际增长率为

① 张全林．渝论丨走好融合发展之路 全面推进乡村振兴［EB/OL］. http：//say. cqnews. net/html/2022-10/26/content_1034629934205427712. html.

3.7%；1992—2006年，年均实际增长率只有1.2%。① 1963—1991年，韩国经济年均增长率达到9.6%；而从1992年开始，韩国经济增速有所下降，为5.2%。新加坡从1965年到1994年的30年经济年均增速为9.2%；而1995年至今，新加坡经济的年均增速为5.9%（张培丽，2014）。尽管主要亚洲国家在成为发达经济体之前都保持了长达30年9%左右的高速增长期，但是如果把中国的高速增长期界定在1978—2007年，那么中国经济的年均增速达到9.8%，高于韩国最高增速0.2个百分点。如果把高速增长期拉长至2017年，中国经济年均增速则达到9.5%，和韩国的最高增速平分秋色。因此，总体来看，无论是从持续时间，还是从经济增速，与曾经的高速增长国家相比，中国经济高速增长持续时间之长在全球都是少有的。

2. 经济高速增长形成的原因

中国经济在这一阶段得到高速发展，主要在于以下红利效应。

（1）市场化改革是关键

市场化改革为中国经济持续高速增长释放了巨大的空间，有助于提高市场经济活跃度，能够让市场资源要素得到更有效的配置，发挥出更大的作用。市场化促进了资源的合理流动，让资源物尽其用、人尽其才；市场化促进了竞争机制的形成和完善，让社会经济变得有序化；市场化促进城镇化和城镇繁荣，同时缩小城乡差距；市场化提升了社会分工水平和专业化水平；等等。这些都大大提高了资源配置的效率，也是改革开放以来中国经济持续稳定高速增长的关键。②

（2）工业化和城镇化加速推进带来的发展红利

改革开放以来，中国工业领域取得巨大成就，中国用几十年时间走完了发达国家上百年工业化过程，建立了全世界最完整的现代工业体系，成为世

① 中银研究：日本消费升级对中国的启示［EB/OL］. https：//baijiahao. baidu. com/s? id = 1686405376243059099&wfr = spider&for = pc.

② 周业安．实现“美好生活”的路径和选择［EB/OL］. http：//dianzibao. cb. com. cn/html/2017-10/23/content_60957. htm? div = 0.

界第二大经济体，第一制造业大国。① 工业化是城镇化发展的根本推动力量，城镇化是工业化发展的空间载体，40 年的城镇化，使中国的城镇经济高速增长，产业结构持续升级。② 通过推进工业化和城镇化，为经济高速发展奠定了坚实的基础，实现了“产业—城镇”的良性循环。当前，中国整体上已经进入工业化后期，而城镇化总体上落后于工业化，为此，需要加快推动城镇化进程。

1.2 中国经济高质量发展阶段

党的十八大以来，习近平总书记做出我国经济发展进入新常态的重大判断。在新常态下，我国经济发展的环境、条件、任务、要求等都发生了新变化，增长速度从高速转向中高速，发展方式从规模速度型转向质量效率型。这些变化是我国经济向形态更高级、分工更优化、结构更合理的阶段演进的必经过程。

党的十九大明确提出，我国经济已由高速增长阶段转向高质量发展阶段。2020 年 7 月，中共中央政治局会议提出我国已进入高质量发展阶段，发展具有多方面优势和条件，同时发展不平衡不充分问题仍然突出。党的十九届五中全会进一步指出，“十四五”时期经济社会发展要以推动高质量发展为主题，必须把发展质量问题摆在更突出的位置，着力提升发展质量和效益。③

1.2.1 经济高质量发展的内涵要义

2017 年 12 月 18 日，习近平总书记在中央经济工作会议上指出：“高质量发展，就是能够很好满足人民日益增长的美好生活需要的发展，是体现新发

① 智库动态丨改革开放 40 年中国工业化的进程、成就及问题［EB/OL］. https：//www. thepaper. cn/newsDetail_forward_3601734.

② 倪鹏飞．改革开放 40 年中国城镇化发展的经验与启示［EB/OL］. http：//theory. people. com. cn/n1/2018/1211/c40531-30457404. html.

③ 如何理解我国经济已由高速增长阶段转向高质量发展阶段？［EB/OL］. https：//www. 12371. cn/2021/08/24/ARTI1629760465592323. shtml.

展理念的发展，是创新成为第一动力、协调成为内生特点、绿色成为普遍形态、开放成为必由之路、共享成为根本目的的发展。”

党的二十大报告指出，“高质量发展是全面建设社会主义现代化国家的首要任务”。可以从以下五个层面理解高质量发展的深刻内涵。

从宏观上看，就是要保持增长、就业、价格、国际收支等主要宏观经济指标的均衡；从产业上看，就是要实现产业体系现代化，生产方式平台化、网络化、智能化，产品的高端化、数字化、低碳化；从空间上看，就是要实现人口、经济、资源环境的空间均衡，各地区和城乡居民的生活水平大体相当，基本公共服务均等化，基础设施通达程度比较均衡；从要素投入上看，就是要提高资本、劳动、土地、资源、能源等传统生产要素的效率，以及人才、科技、数据、环境、碳等新生产要素的效率；从分配上看，就是要实现投资有回报、企业有利润、员工有收入、政府有税收，各市场主体以及居民、企业、政府之间的分配公平合理。①

1.2.2 中国经济高质量发展的必然性

推动高质量发展，是保持经济持续健康发展的必然要求，是适应我国社会主要矛盾变化和全面建设社会主义现代化国家的必然要求，是遵循经济规律发展的必然要求。

进入高质量发展阶段，我国需求条件、要素条件和潜在增长率发生了重要变化，如果不顾客观实际追求高速增长，势必带来较大的风险隐患。进入新时代，我国社会主要矛盾发生转化，发展中的矛盾和问题集中体现在发展质量上。只有大力提高发展质量，才能解决好我国社会主要矛盾，以更加平衡、更加充分的发展满足人民日益增长的美好生活需要，实现“两个一百年”奋斗目标。经济发展规律表明，一个国家进入工业化中后期，只有实现发展方式从规模速度型转向质量效益型，推动经济高质量发展，才能顺利完成工

① 专访杨伟民：要争取经济增长重回疫情前水平［EB/OL］. https：//finance. sina. cn/2022-10-27/detail-imqqsmrp3905658. d. html.

业化，实现现代化。①

1.2.3 推动经济高质量发展的根本遵循

习近平总书记关于经济高质量发展系列重要论述，是我党在新时代经济发展实践中形成的重要理论成果，为新发展阶段推动经济高质量发展提供了根本的理论指导和行动指南。

必须坚持以深化供给侧结构性改革为主线。习近平总书记指出，“当前和今后一个时期，制约我国经济发展的因素，供给和需求两侧都有，但矛盾的主要方面在供给侧”，“供给侧结构性改革，说到底最终目的是满足需求，主攻方向是提高供给质量，根本途径是深化改革”。新发展阶段必须适应新时代我国社会主要矛盾变化带来的新要求，坚持以供给侧结构性改革为战略方向、以扩大内需为战略基点，提升供给体系对国内需求的适配性，形成需求牵引供给、供给创造需求的更高水平动态平衡，以高质量发展更好满足人民日益增长的美好生活需要。深化供给侧结构性改革，重在畅通国内大循环，重在突破供给约束堵点，重在打通生产、分配、流通、消费各环节。以深化供给侧结构性改革为主线推动高质量发展，必须打通制约经济循环的关键堵点、促进商品要素资源在更大范围畅通流动，必须从全局和战略高度加快建设高效规范、公平竞争、充分开放的全国统一大市场，为构建新发展格局和高水平社会主义市场经济体制提供坚强支撑。

必须推动我国经济发展的质量变革、效率变革、动力变革。习近平总书记指出，“提高发展质量和效益，关键是要加快转变经济发展方式、调整经济结构，采取果断措施化解产能过剩，这是唯一正确的选择”。推动经济发展质量变革，就是要从过去主要看增长速度有多快转变为主要看质量和效益有多好，要在质的大幅提升中实现量的有效增长，推动经济发展实现量的合理增长和质的稳步提升。推动经济发展效率变革，就是要提高资源尤其是稀缺资源的

① 人民日报：以推动高质量发展为主题［EB/OL］. https：//m. gmw. cn/baijia/2020-11/17/34376852. html.

配置效率，以尽可能少的资源投入生产尽可能多的产品、获得尽可能大的效益，不断提高全要素生产率。推动经济发展的动力变革，就是要从要素驱动转向创新驱动，以创新驱动塑造我国发展新优势、以科技创新催生我国发展新动能。推动质量变革、效率变革、动力变革，是新发展阶段推动高质量发展的必然要求，同时也是当前和今后一段时期确定发展思路、制定经济政策、实施宏观调控的根本要求。应按照宏观政策要稳、产业政策要准、微观政策要活、改革政策要实、社会政策要托底的总体思路，加快形成推动高质量发展的指标体系、政策体系、标准体系、统计体系、绩效评价和政绩考核体系，不断在转方式、调结构、提质量、增效益上取得新进展。

必须加快建设现代化经济体系。建设现代化经济体系是我国发展的战略目标，是转变经济发展方式、优化经济结构、转换增长动力的迫切要求，是党中央从党和国家事业全局出发做出的重大决策部署。只有形成现代化经济体系，才能更好顺应现代化发展潮流和赢得国际竞争主动，才能为其他领域现代化提供有力支撑。习近平总书记指出，“现代化经济体系，是由社会经济活动各个环节、各个层面、各个领域的相互关系和内在联系构成的一个有机整体”。新发展阶段推动高质量发展，必须加快建设创新引领、协同发展的产业体系，统一开放、竞争有序的市场体系，体现效率、促进公平的收入分配体系，彰显优势、协调联动的城乡区域发展体系，资源节约、环境友好的绿色发展体系，多元平衡、安全高效的全面开放体系，充分发挥市场作用、更好发挥政府作用的经济体系，推动我国经济发展焕发新活力、迈上新台阶。①

① 胡怀国．立足新发展阶段推动高质量发展［EB/OL］. https：//m. gmw. cn/baijia/2022-08/27/35982256. html.

2 中国经济高质量发展的能源保障

党的十八大以来，在习近平新时代中国特色社会主义思想的指引下，我国能源行业步入高质量发展的全新阶段，由能源大国向能源强国转变。“十三五”时期，我国能耗强度大幅下降，能源消费总量增速较“十一五”“十二五”时期明显回落，在支撑经济社会发展的同时，为促进经济高质量发展、保障能源安全发挥了重要作用。党的二十大报告提出的能源消费总量和强度“双控”转向碳排放总量和强度“双控”，更加鲜明地突出了控制化石能源消费、鼓励和推动可再生能源发展的政策导向，更加有利于统筹发展和减排，有利于实现能源领域深度脱碳和本质安全。①

2.1 提高能源保障能力

能源是经济社会发展的重要物质基础和主要动力来源，“无能不动”是能源对经济社会发展影响的最有力诠释。从世界发展来看，每一次工业革命，能源都是强有力的助推器之一。

党的十八大以来，我国积极推动能源供给革命，能源保障能力不断提升，有力支撑了我国经济平稳运行，为实现“两个一百年”奋斗目标、实现中华民族伟大复兴的中国梦筑牢坚强能源保障。

---

① 领悟战略安排　认清能源使命：二论深入学习贯彻党的二十大精神［EB/OL］. https：//baijiahao. baidu. com/s？id＝1747730975780853029&wfr＝spider&for＝pc.

2.1.1 能源是支撑中国经济高速增长的基础

经过70余年的发展，中国已成为能源生产大国和能源消费大国，这为改革开放以来经济长期保持高速增长奠定了坚实的能源基础。

——能源生产和消费大国地位逐步得到确立。新中国能源生产从1949年的2374万吨标准煤提高到2018年的37.7亿吨标准煤，其间增长了150多倍，保障了14亿人口的用能，满足了人们的用能需求和生产用能，能源生产量在全球的比重由2000年的10%上升至2018年的21%。而能源消费总量和人均能源消费量更是突飞猛进，能源消费总量从1953年的5411万吨标准煤增长至2018年的46.4亿吨标准煤，增长了约85倍；人均能源消费量从1953年的0.11吨标准煤增长到2018年的3.33吨标准煤，增长了近30倍，满足了人们对煤炭、石油、天然气和电力等的需求。能源消费总量占世界的比重不断提高，根据BP能源统计数据，2018年，中国能源消费量占世界能源消费量的23%。

——煤炭生产和消费大国地位逐渐成形。自新中国成立以来，煤炭一直是中国富集的优势能源，其储量特别是生产量位居世界前列。中国煤炭资源储量仅次于美国和俄罗斯，占世界煤炭资源储量的比重为13.4%。《中国煤炭工业统计资料汇编》显示，1949年，中国原煤产量为3243万吨，而到2009年，增长至30.1亿吨，增长了约92倍。早在1992年，中国煤炭产量便超越美国，成为世界第一。《2018年国民经济和社会发展统计公报》显示，2018年，中国原煤产量为36.8亿吨，占世界原煤产量的46.0%，较2009年增长了11多倍，1949—2018年中国原煤产量年均增速为2.99%。同时，中国煤炭消费量也在明显增加，从1949年的2286万吨标准煤增长到2018年的27.3亿吨标准煤，增长了118.4倍，中国煤炭消费量占世界煤炭消费量的50.7%。我国已成为世界上最大的煤炭生产国和消费国，在经济高速发展中扮演了稳定器和压舱石的角色。

——油气开发不断提升。原油生产量从1949年的12万吨增至2018年的1.9亿吨，增长了1582倍。同时，中国已经超过美国成为世界第一大原油进口国，根据中国海关发布的2018年原油进口量数据，中国原油进口量为4.62亿吨，原油的对外依存度达到70.9%。1949年，中国天然气产量仅为0.07亿立方米，而到2018年，其产量超过1600亿立方米，增长了2.3万倍。而2018年，中国原油和天然气消费量分别为6.25亿吨和2803亿立方米。同年，中国石油和天然气生产量及消费量占世界比重分别为4.3%、4.2%和13.1%、7.3%。中国在国际油气市场中发挥了重要作用。

——火电和清洁电力快速发展。电力是中国经济社会发展的重要推动力量。1949年，中国发电量仅为43亿千瓦时，到2018年，发电量增长到6.8万亿千瓦时，较1949年增长了1500多倍，占世界的比重为25.5%，成为世界电力生产大国。在电力生产中，仍然以火电为主，2018年，火电占比为73.5%，可再生的清洁电力占比为26.5%。根据BP能源统计数据，2018年中国可再生能源发电量为1.87万亿千瓦时，是美国的1.3倍，其消费量占世界的比重为21.9%，这得益于不断增长的风电、太阳能发电。同时，中国水电消费量占世界的比重约为29%。综合来看，中国已成为世界上火力发电、可再生能源发电和水力发电第一大国，更是世界上电力第一大国。因此，中国电能的人均指标都在明显地呈倍数增长，例如，人均装机容量、人均发电量和人均用电量从1978年的0.06千瓦、268千瓦时和260千瓦时分别增加至2018年的1.30千瓦、4871千瓦时和4921千瓦时。

2.1.2 中国取得能源发展成就的基本经验

短短40年时间，中国能源行业实现了从短缺到极大丰富的历史跨越，走出了一条具有中国特色的能源发展之路，为全面建设社会主义现代化国家提供了坚实可靠的能源保障。

第一，确立国家能源发展的思想、原则与道路。面对新中国成立之初的能源短缺，党中央号召独立自主、自力更生地解决中国的能源问题。1978年以来，我国对能源体制机制进行市场化改革，能源生产总量不断增加，在不断满足人民日益增长的物质文化需求方面提供了能源保障。党的十八大以来，我国能源领域一系列重磅规划和政策密集出台，形成了推进能源革命的战略规划体系，不断推进我国能源结构优化及可再生能源高质量发展。

第二，深化能源领域市场化改革方向，推动能源转型。在市场经济体制推动下，中国能源生产保持较快增长，满足了全国对能源的基本需求。认真总结能源市场化改革的有益经验，加大力度推动油气和电力市场化改革，在能源全产业链上从开采、生产到流通、分配与使用等各环节充分发挥市场在资源配置中的决定性作用，同时发挥政府在能源领域的监管作用。特别是要贯彻《关于营造更好发展环境支持民营企业改革发展的意见》的精神，将能源领域中竞争性业务全部开放，允许民营企业从事经营。

第三，能源技术自主创新能力和装备国产化水平显著提升。改革开放之后，我国出台了多项能源科技发展规划及配套政策，走出了一条引进、消化吸收、再创新的道路，能源技术自主创新能力和装备国产化水平显著提升。煤炭绿色开采、机械化开采、重载铁路运输技术达到世界先进水平。① 洁净煤技术的突破和应用，油气开采新技术的引进、应用及推广，太阳能、风能和水电技术的开发应用，共同构成中国能源发展的大架构。以东北、西北、西南和海上四大能源通道的建设为主体内容，中国构建了连通海外和布局国内、较为畅通的能源大通道。同时，以电力网络为走廊，以特高压技术为纽带，布局全球能源互联网，在能源互联互通方面走在了世界前列。这对于中国能源发展起到了至关重要的作用。在煤炭资源配置方面，建设并运营 4 条运煤专线，即大秦线、神朔黄线、侯月线、浩吉线，形成“西煤东运、北煤南运”的格局。在油气管道方面，1978 年，管道输油气里程只有 0.83 万千米，到 2018 年，管道输油气里程达到 12.23 万千米，增加了 13.7 倍，取得了新中国成立以来的辉煌成就。“十三五”时期，中国油气长输管道总里程超过 16 万千米，为中国油气在全国的输送奠定了重要基础。随着我国能源技术自主创新能力的不断提升，能源技术装备迅猛发展，不断推动能源绿色低碳转型和高质量发展。

① 辉煌 40 年　再启新征程：改革开放以来我国能源发展之路观察［EB/OL］. http://www.nea.gov.cn/2018-11/15/c_137607928.htm.

2.1.3　构建以清洁低碳能源为主体的能源供应体系

党的十八大以来，我国坚定不移推进能源革命，能源生产和消费方式发生重大变革，以清洁低碳能源为主体的能源供应体系已经成为我国能源转型的重要目标。

第一，大力发展可再生能源。可再生能源是绿色低碳能源，对于保障能源安全、改善能源结构、保护生态环境、应对气候变化、实现经济社会可持续发展具有重要意义。在我国碳减排约束条件下，大力发展可再生能源已成为加快构建清洁低碳、安全高效能源体系，立足国内多元供应保安全，逐步实现能源独立的必然选择。党的十八大以来，我国可再生能源发电总装机规模达到 11 亿千瓦，水电、风电、光伏发电、生物质发电装机规模稳居世界第一位。国家发展改革委、国家能源局等九部门联合印发的《“十四五”可再生能源发展规划》指出，“十四五”时期我国可再生能源将进入高质量跃升发展新阶段，呈现大规模、高比例、市场化、高质量发展新特征，将进一步引领能源生产和消费革命的主流方向、发挥能源绿色低碳转型的主导作用，为实现碳达峰、碳中和目标提供主力支撑。

第二，加快构建新型电力系统。随着我国碳达峰、碳中和目标的提出，加快构建新型电力系统是实现碳达峰、碳中和目标的重要手段。构建以新能源为主体的新型电力系统，一方面将大幅减少化石能源开发和使用带来的环境污染，另一方面将提供更加绿色低碳的能源供给，满足人民日益增长的优美生态环境需要。2022 年 5 月，国家发展改革委、国家能源局发布了《关于促进新时代新能源高质量发展的实施方案》，要求加快构建适应新能源占比逐渐提高的新型电力系统，全面提升电力系统调节能力和灵活性，着力提高配电网接纳分布式新能源的能力，稳妥推进新能源参与电力市场交易，完善可再生能源电力消纳责任权重制度。

2.2 电力行业高质量发展为经济高质量发展提供保障

电力是经济发展的命脉、民生保障的基础，是关系国计民生的基础产业。党的十八大以来，我国电力发展取得了举世瞩目的成就，为经济高质量发展和民生保障提供了坚强保障。

2.2.1 电力行业高质量发展面临的问题

近年来，我国电力市场体系建设得到稳步有序推进，电力消费结构不断优化，电源装机结构迈向清洁，电网结构不断完善，电力技术创新取得实效，较好地实现了电力高质量发展目标，有力地保障了经济社会发展用能需求。但我国电力发展仍然存在新能源消纳困难、灵活调节电源不足、跨区输电配套电源建设滞后、局部地区季节性电力供需偏紧、大电网安全运行风险复杂、社会用能效率总体偏低等发展不平衡、不充分的问题。①

1. 用电量持续增长，部分地区短缺

2019 年，中国全社会用电量达到了 72255 亿千瓦时，同比增长 4.5%。从产业来看，皆处于增长状态，第三产业增长比率最大，用电量 11863 亿千瓦时，同比增长 9.5%；第二产业增长比率最小，用电量 49362 亿千瓦时，同比增长 3.1%；第一产业用电量 780 亿千瓦时，同比增长 4.5%。城乡居民生活用电量同样增长，达到了 10250 亿千瓦时，同比增长 5.7%（国家发展和改革委员会、国家能源局，2020）。

2021 年，中国电力企业联合会发布了《2021—2022 年度全国电力供需形势分析预测报告》，明确指出，2022 年中国电力消费将会呈现一种持续增长的态势，整个社会用电量的增长幅度继续上扬，而局部地区也会出现高峰时段电力供应偏紧的情况（中国电力企业联合会，2020）。

---

① 代贤忠，韩新阳，朱瑞．协调发展是“十四五”我国电力发展的内在要求［EB/OL］. https：//power. in-en. com/html/power-2375225. shtml.

2. 发电生产结构有待进一步优化，电力能源发电与输配电网发展不均衡

我国的电力能源结构以碳基能源的燃煤发电为主，燃煤发电量约占全国总发电量的60%，核电、水电、新能源发电等相对较弱。由于我国燃煤发电机组大多数布局在经济发达的中东部地区，而发电用的燃煤主要集中在西部，需要进行西煤东运，随着我国燃煤发电继续发展，这种矛盾将不断扩大。我们要将以输煤发电为主转变为输煤和输电共同发展的方式，以满足我国东中部地区的电力能源需求，解决我国的交通运输能力不足的问题，促进我国电力能源行业的可持续发展。而以碳基能源为主的电力能源结构，由于排放的污染物严重影响环境，要解决问题的关键在于推进煤电绿色开发。①

3. 电力市场运行机制不完善

我国现有的电力市场尚存在市场体系不完整、绿色电力消纳机制不健全、运营规则不统一、市场电价机制不完善、跨省跨区交易市场不通畅、市场主体风险防控意识不强等问题，影响了电力资源的深度优化配置。电力行业应准确把握电力市场发展规律，深入完善电力市场运行机制，加快推进全国统一电力市场的建设，为新型电力系统建设和“双碳”目标落实提供有力的市场保障。②

2.2.2 中国电力高质量发展的方向和路径

1. 坚持绿色、高效、创新的方向

绿色是新时代发展理念的重要组成部分。党的十九届五中全会提出，要坚持“绿水青山就是金山银山”理念，坚持尊重自然、顺应自然、保护自然，坚持节约优先、保护优先、自然恢复为主，守住自然生态安全边界。环境是我们赖以生存的基本条件，我们要与大自然和谐共处。要抓住生产和消费这两个重要环节，实现绿色生产和绿色消费，发展绿色经济和绿色金融，构建

① 导致电力与经济发展不协调的因素有哪些？［EB/OL］. https：//baijiahao. baidu. com/s？ id = 1733174699273780469&wfr = spider&for = pc.

② 电力行业发展取得新成绩 面临新形势新挑战［EB/OL］. https：//news. bjx. com. cn/html/20220406/1215499. shtml.

绿色经济体系，加强技术创新，支持节能环保产业、清洁产业等产业的发展，形成绿色产业链，打赢蓝天保卫战。

高效包括高效率的电力生产体系等，对存量煤电机组进行升级改造，高效融合电力系统源网荷，提高电力设备利用率，以提高存量煤电机组的灵活、低碳和高效，实现新能源的高效开发利用。

创新是电力高质量发展的关键。首先，加强在科技方面的能源技术开发、利用创新，大力推动新能源的规模化发展，加快技术和电能装备的结合，提高新能源转化为电能的能力和水平。要按照创新链和技术链不断融合、渗透的总体要求，提升电能创新链和技术链对新能源规模化发展的支撑能力。要顺应管理智能化的趋势，把"互联网+"、大数据等先进技术的能源模式与新能源电网充分结合起来，积极开展能源管理智能化的试点，深入推动能源领域的智慧化改革；同时，在能源智慧化管理过程中，加大新能源转化为电能的效率，不断提高电力高质量发展水平，持续提升其对经济高质量发展的助推作用。

2. 探索新能源发电的道路

第一，持续深入推进能源供给侧结构性改革，化解煤电产能过剩问题，保障供需平衡，推动新能源高质量发展。化解产能与转型升级相结合，严格把控各种新增煤电产能，充分发挥市场机制的决定性作用，加大政策和奖金补助的支持力度，广泛开展煤电去产能的工作，探索实行煤炭的"存去挂钩"，通过重新实施减量生产、确定产能等多种手段减压现在的部分产能（国家发展和改革委员会、国家能源局，2020）。通过推进企业改革重组，支持大型煤炭企业兼并重组中小型企业，促进环保、安全、能耗等办厂标准和生产水平的提高，形成更为绿色的产业链。

第二，加大力度支持太阳能、风能和核能等类能源的发展。持续推进光伏发电产业的发展。加大光电技术创新力度，持续增强光电发展效果，不断增强其在电能体系中的作用，广泛布局光电设备，推崇集中化和分布式并举，让更多民众享受光电带来的实在红利。

对于风电产业的发展，应当突破地方保护的限制，为能源产业的良性竞争营造良好的环境，加强风电管理，创新风电装备技术。同时，需要加强对海上风电发展标准的管理，进一步促进风电能源体系的发展。风电资源的投入利用是构建绿色产业链中的重要一环，可以有效缓解能源匮乏的现状。我们可以从装备供应、装备制造等方面入手，做到促进节能环保，构建绿色供应链，让绿色深入生活，从而促进绿色经济发展。

核电是低碳能源，对电力高质量发展具有重要意义。在核电的发展利用方面，美国的核能利用对我国有着重要的借鉴意义。加大核电技术创新力度，大力发展第三代和第四代核电技术，在沿海增减核电装机规模，在内陆合适的地方新增核电站建设，建立内陆核电站将会突破能源和环境的制约作用，不仅能保障内陆的能源供给，满足社会经济发展的能源需求，而且能有效地缓解当地的环境污染问题。

总而言之，促进电力高质量发展的路径，就是不断降低煤电占比，积极探索太阳能、风能和核能等可再生能源如何高质量发展，形成以新能源为主体的新电力体系。

3. 政策支持

电力是重要的基础产业，关系国计民生和经济发展全局，国家发布了多项政策支持和引导电力行业高质量发展。“十四五”规划提出，要注重电力的安全保障工作、推动供给侧结构性改革、统筹做好优化电源规划建设和煤炭的清洁高效利用。为促进可再生能源高质量发展，2020 年 1 月，财政部、国家发展改革委、国家能源局联合印发《关于促进非水可再生能源发电健康发展的若干意见》。关于海上风电项目，重点提出了将由地方依照当地实际情况给予扶持，不再将其纳入中央财政的补贴范围，风电将迎来平价上网的关键期。2022 年 6 月，国家发展改革委等九部门联合印发的《“十四五”可再生能源发展规划》指出，推动深远海海上风电技术创新和示范应用，积极推进深远海海上风电降本增效，开展深远海海上风电平价示范工作。

2.2.3 电力高质量发展的意义

电力在国家能源结构中占有重要地位，在清洁低碳、安全高效的现代能源体系中发挥着枢纽作用，具有重要的经济发展、减碳降污等多方面意义。首先，电力高质量发展是推动经济发展方式转型的重要抓手。要以电力的高质量发展积极推动经济方式的深刻转型。其次，电力高质量发展为我国减碳降污提供持续不断的原动力，加快推动可再生能源成为我国能源电力的增量主体，为实现碳达峰、碳中和目标提供坚强保障。

以绿色电力为主体的电力体系是中国经济高质量发展的重要支撑，电力行业高质量发展助推中国经济高质量发展，加快构建以清洁电力为主体的电力体系，是中国当前发展的重要任务。

3　中国工农建产业高质量发展

中国经济高质量发展体现在产业高质量发展方面，本章重点从河南省的农业、工业和建筑业角度探讨高质量发展，分析不同产业高质量发展的具体路径和措施。

3.1　中国农业农村高质量发展：以河南省为例

推动农业农村高质量发展，是我国经济转向高质量发展阶段的重要任务。农业农村高质量发展是乡村振兴的基础，也是统筹协调乡村振兴和县域经济的关键。本节我们以传统农业大省——河南省为例，分析农业高质量发展的路径选择。

2017 年，习近平总书记在党的十九大报告中指出，中国经济已由高速增长阶段转向高质量发展阶段。2018 年，十三届全国人大一次会议审议的政府工作报告中提出了关于深入推进供给侧结构性改革和重点领域、关键环节改革。2019 年，《中共中央　国务院关于坚持农业农村优先发展做好“三农”工作的若干意见》（简称中央一号文件）正式发布，文件指出要深化农业供给侧结构性改革。2019 年 2 月 20 日，中央农村工作领导小组副组长、办公室主任，农业农村部部长韩长赋解读中央一号文件突出农业供给侧结构性改革主线，围绕“巩固、增强、提升、畅通”八字方针，对调整优化农业结构、发展乡村特色产业、促进一二三产业融合发展等做出部署，着力推动农业供给侧结构性改革。2021 年，中央一号文件明确“新发展阶段‘三农’工作依然极端重要”，要坚持“把全面推进乡村振兴作为实现中华民族伟大复兴的一项重大任务”；并按照党的十九届五中全会的总体部署，进一步强调“以推动高质量发展为主题”，“全面推进乡村产业、人才、文化、生态、组织振兴”，“促进农业高质高效、乡村宜居宜业、农民富裕富足”。①

2018 年，河南省委十届六次全会暨省委工作会议召开，会议提出在推动农业高质量发展的进程中要持续稳定粮食产能、推进农业供给侧结构性改革、推动产业转型升级、推进农业绿色发展、推进农村改革、推进农业产业扶贫。同年，在内黄县也召开了“推进质量兴农、绿色兴农、品牌强农”的工作会议。2019 年，河南省政府在漯河召开全省高效种养业和绿色食品业转型升级推进会，提出要加快从生产导向向需求导向、传统农业向现代农业、分散经营向规模经营转型，推进农业高质量发展。

3.1.1 河南省农业进入高质量发展阶段的历程

新中国成立以来，河南省农业发展可以概括为如下五个阶段。

1. 恢复发展阶段（1949—1957 年）

新中国成立初期，河南省农业生产水平还不高。1949 年，河南省农业总产值为 17.19 亿元，粮食总产量为 71.35 亿千克。至 1952 年，河南省农业总产值增加 10.55 亿元，达到 27.74 亿元，而粮食总产量也比 1949 年增加了 29.35 亿千克，达到了 100.70 亿千克。

1953 年，第一个“五年计划”开始实施，在这 5 年中发展了部分集体所有制的农业生产合作社。在第一个“五年计划”结束时，国民经济实现了快速增长，河南省的农业也获得了较大发展。1957 年，河南省农业总产值为 31.57 亿元，粮食总产量为 118 亿千克，较 1949 年皆有了巨大增长。

2. 徘徊和缓慢发展阶段（1958—1978 年）

1959—1961 年的三年困难时期使河南省的农业总产值大幅下降。1962 年，河南省农业总产值低至 28.13 亿元，粮食总产量也下降至 90.3 亿千克，

① 一号文件解读：全面推进农业农村经济高质量发展落地见效 [EB/OL]. https://m.thepaper.cn/baijiahao_11656936.

此时的农业生产遭到了严重破坏，农村经济处于困难时期。1965 年，河南省农业总产值为 42.17 亿元，大致恢复到了 1957 年的水平。而到 1978 年，河南省农业总产值更是达到了 81.74 亿元。

3. 改革开放和全面发展阶段（1979—2008 年）

党的十一届三中全会后，河南省的农业生产进入一个新的阶段。1978 年开始的家庭联产承包责任制开始发挥明显的促进作用。到 1983 年，河南省农业总产值达到 187.02 亿元，粮食总产量达到 290.4 亿千克。

1991 年，党的十三届八中全会上提出，把以家庭联产承包为主的责任制、统分结合的双层经营体制作为中国乡村集体经济组织的一项基本制度长期稳定下来，并将这种制度逐渐地丰富完善。当年，河南省农业总产值为 531.05 亿元。此后，河南省农业不断加快发展。2008 年，河南省农业总产值达到了 2561.1 亿元（王应君，2010）。

4. 高速发展阶段（2009—2017 年）

2009—2017 年，河南省的农业基本处于高速发展阶段。至 2017 年，河南省农业总产值达到 4577.2 亿元。2017 年，河南省克服不利天气影响，省内粮食总产量达到了 594.66 亿千克，处于历史第二高位。而且，2017 年，河南省的粮食生产量连续 11 年超千亿斤，持续保持高位运行，其中，小麦产量为 346.60 亿千克，居全国第一位（河南省农业现代研究会，2018）。

5. 高质量发展阶段（2018 年至今）

2018 年以来，河南省不断推进质量兴农、绿色兴农、品牌强农的工作，确立了“农业质量年”的行动方案，切实树立了河南省农业高质量发展的基本理念和导向。此外，河南省政府提出要加快构建现代化的农业生产方式，积极推动绿色农业发展，扩大经营规模，推进河南省农业快速走上高质量发展的道路，真正意义上为国家的粮食安全和食品安全做出应有的贡献。

3.1.2 河南省农业发展的现状

河南是人口大省、农业大省、粮食大省、劳动力输出大省与粮食加工大省，同时更是经济大省、工业大省。自2000年起，河南省的粮食总产量几年蝉联全国第一，解决了全中国近1亿人的吃饭问题。除粮食外，近几年，河南省依靠气候与地理优势，农业生产条件不断改善、生产规模不断扩大，农业也获得了全方面发展，综合实力不断增强，农业发展有了很大进步。

1. 粮食生产量稳定增长，综合生产能力不断提高

2009年，国家印发了《河南省粮食生产核心区建设规划》，提出河南省即将开始通过推进高标准农田建设、加快农业的科技创新、创新原有的体制机制等措施建设成为粮食生产核心区、全国重要的粮食稳定增长核心区、农业体制机制创新的试验区和农村经济全方面发展的示范区。

至2015年底，河南省粮食总产量由2007年的524.5亿千克增加到了606.7亿千克，提前5年完成了《全国新增千亿斤粮食规划》中要求河南省至2020年增产155亿斤粮食的任务。2017年，粮食作物播种面积达到了10915千公顷且常年稳定在10000千公顷左右。粮食产量总体呈现上升趋势。

截至“十二五”末的2015年，河南省畜牧业产值为2445.3亿元，占农业总产值的比重为32%，比全国平均水平高出4个百分点，稳居全国前列。畜牧业在全国的竞争力不断提高。总体来说，近几年，河南省在粮食的生产量上持续实现了稳定增长，且综合生产能力不断提高。

2. 农产品加工业蓬勃发展，规模不断扩大

近年来，河南省农产品加工业蓬勃发展，从中原粮仓变成了“国人厨房”，形成了以食品加工业、粮食加工业、油料加工业、肉类加工业、酒精加工业为主的农产品加工格局，更是培育出了一大批诸如郑州三全食品股份有限公司、漯河双汇集团、郑州思念食品股份有限公司、新郑好想你枣业股份有限公司、开封市家家福面粉有限公司、郑州香祖油脂有限公司等豫字号农业品牌，为河南省农业高质量发展奠定了一定的基础。

《河南统计年鉴2018》数据显示，2017年，河南省农产品加工企业达到了3.87万家，其中，规模以上的农产品加工企业实现营业收入2.36亿元，占河南省规模以上农产品加工业营业收入的29%，占全国规模以上农产品加

工业营业收入的 12.2%。

“全国市场 1/2 的火腿肠、1/3 的方便面、1/4 的馒头、3/5 的汤圆、7/10 的水饺产自河南。” 由此可见，河南省不仅仅是 “国人厨房”，更是在走向 “世界餐桌”。河南省农产品加工业已经成为河南省农业现代化的支撑力量，同时为促进农民收入持续增长、农村经济发展提供了强有力的保障。

3. 农业机械化水平不断提高

农业机械化不仅仅是现代农业发展的基础，更是农业现代化的主要内容和重要标志，中国一直重视农业机械化的发展，连续 13 个中央一号文件中都有提到要加快推进农业机械化，提高农业机械化水平。河南省一直在努力地提高省内农业机械化水平。

2017 年，河南省主要农作物耕种收综合机械化水平首次超过 80%，达到 80.6%。其中，小麦机播、机收水平稳定在 98%左右，玉米机播水平稳定在 90%以上，机收能力达到了 80.3%。另外，河南省农机购置补贴资金为 15.132 亿元，较大的资金规模保障了河南省农业机械化水平的提高。

4. 农业产业化集群培育取得一定的成绩

发展农业的产业化集群是促进农业增效、提高农民收入的必然选择，而且发展农业产业化集群也有利于实现农业朝规模化、标准化、专业化和集约化的方向发展，有利于促进农村经济的发展，带领农民致富，是加快转变农业发展方式的科学途径。

早在 2012 年，河南省政府就印发了《关于加快农业产业化集群发展的指导意见》。随后，河南省按照该意见，不断加快省内对于农业产业化集群的培养。至 2018 年，河南省农业产业化集群达到 254 家，其中，郑州市 19 个，开封市 7 个，洛阳市 8 个，平顶山市 7 个，安阳市 10 个，鹤壁市 11 个，新乡市 14 个，焦作市 14 个，濮阳市 10 个，许昌市 10 个，漯河市 13 个，三门峡市 10 个，南阳市 14 个，商丘市 15 个，信阳市 21 个，周口市 16 个，驻马店市 21 个，济源市 5 个，兰考县 3 个，巩义市 1 个，汝州市 4 个，滑县 3 个，长垣市 2 个，邓州市 2 个，永城市 5 个，固始县 4 个，鹿邑县 2 个，新蔡县 3

个，基本上覆盖全省。河南省农业产业化集群培育取得一定成效（河南省农业现代研究会，2018）。

3.1.3 河南省农业高质量发展面临的问题

近年来，河南省粮食产量实现了稳定增长，农业生产条件有了巨大改善，农产品加工业蓬勃发展，农业产业化集群培育有了一定成效，综合实力不断增强，农业在各个方面较之以前都有了巨大进步，但制约河南省农业发展特别是阻碍河南省农业高质量发展的因素仍然存在，有些问题亟待解决。

1. 农民文化素质不高

农民向来是农村改革发展的主体，农民文化素质水平的高低不仅直接影响农村经济的发展，而且影响农业的生产。

河南省是人口大省，与沿海发达省份及周边省份相比，河南省农村人口文化素质总体不高，这在一定程度上阻碍着河南省农业的高质量发展。而且，现如今河南省内农村强壮劳动力大多向二三产业转移，留下的多为妇女、老年人，他们大多文化程度不高，没有接受过新技能和新知识的培训，大部分仍然使用传统农耕技术，接受现代农业科技和应对各种市场信息的能力较差，难以为农业生产做出更大的贡献。

2. 农产品质量安全有待提高

一些农村地区在缺乏科学指导的情况下，滥用化肥、农药，导致农产品中农药残留量过大。农产品生产、加工中滥加化学添加剂，导致农产品质量下降。由于目前农产品质量安全保障措施不完善，且相关部门无法做到有效监管，农产品质量无法得到有效保障。

3. 农业生产条件有待进一步提高

农业基础设施薄弱，机械化程度低，农田灌溉体系、防洪除涝体系等不健全，农业减灾抗灾能力还需要进一步增强。从历史上看，河南每当遭遇重大自然灾害时，农业生产水平就会下降。据河南统计年鉴数据（不完全统计），自1949年以来，河南每年受灾面积约为158.7万公顷，而且旱灾多于涝灾。在旱灾最重的年份，受灾减产近三成的农田在133.3万公顷以上。涝灾最重的年份，受灾面积在266万公顷以上，其中，最严重的是1994年，受灾面积达到868.7万公顷。要持续加大对农田、水利等农村基础设施的投入力度，提高投资效率，突出重点、择优扶持农村基础设施建设项目。同时，为保证农村基础设施能够持续利用，对于农村基础设施的管理应引入竞争机制，推行市场化管理。

4. 农产品结构不合理

随着社会经济的发展和人们生活水平的提高，人们对农产品的品种、品质要求也越来越高。河南省虽然是农业大省，但在农产品贸易市场中，农产品供应结构比较单一，多为一些熟肉制品、速冻食品、调味品等附加值较低的农产品，且在国内外的农产品贸易市场中供应的多为一些初级农产品，在农产品贸易中处于中下游。

5. 科技投入不足

科技发展带来的新型农业生产技术和农业生产设备提升了农业生产水平。农业科技投入与农业经济增长之间形成了一种良好的促进关系，投入越大产出就越明显。河南省作为农业大省却算不上农业强省，其中，最主要的原因就是农业科技投入不足，整体机械化水平较低。

因为财力不足，所以河南省在农业科技上的投入不多，不到发达国家平均水平的1/10，而且农业科技进步贡献率平均只有45%，远低于发达国家的水平。河南省农业科技体系不完善，缺乏突破性的科技成果，虽有国家的科技拨款，但县、乡的科研经费仍旧难以获得保障，不仅导致农业生产效率低下，而且使人们在利益的驱动下大量使用化肥、农药（刘科，2019）。

6. 农村科技人才缺乏

河南省农村科技人才匮乏。据测，全国平均每1万个人中有8名农业技术人员，世界发达国家平均每1万人中有100名农业技术人员，而河南省每1万个人中只有2.5名农业技术人员。总体来看，河南省农村人才呈现科技人才总量少、高级人才占比少、农民参加培训总量少的“三少”状况，无法适应现代农业发展需要。因此，解决农村农业科技人才短缺的问题，是推动河南省农业高质量发展的关键所在。

3.1.4 推进河南省农业高质量发展的对策

河南作为农业大省，推动农业农村高质量发展，是高质量发展阶段的重要任务、时代要求、市场要求，是转变农业发展方式的必由之路。

1. 提高农民科技文化素质

提高农民科技文化素质，培养新一代高素质新型农民，是实施乡村振兴战略的应有之义。科技文化素质在很大程度上决定了农民学习和应用科技的能力，直接影响农业现代化水平。为培育高素质农民，以种养技术培训为主要手段，通过视频网络教学，传授新品种、新技术，同时设置农业政策解读、普法教育、乡村振兴等综合素养课程，加强特色产业发展带头人在生产技术、金融信贷等方面的培训，提升其示范带动能力，促进特色产业可持续发展。

2. 促进农业绿色高质量发展

2019 年 3 月 8 日，习近平总书记在参加十三届全国人大二次会议河南代表团审议时强调："要树牢绿色发展理念，推动生产、生活、生态协调发展，加强农业生态环境保护和农村污染防治，保证让老百姓吃上安全放心的农产品。"

（1）树立绿色发展理念

协调农业生产与生态环境保护的关系。绿色发展观是农业农村向现代化建设迈入的一场重要革新，将绿色发展理念植入农业发展规划、政策制定、法律修订和管理执行等全环节，用绿色发展理念统领农业资源保护、生态修复、科技研发、生产经营、加工流通、市场消费等全过程，让绿色发展理念覆盖种养业、农产品加工业及乡村旅游业等全领域，渗透农业生产的全链条，真正将绿色的理念和精神融入现代农业发展。①

① 绿色发展是现代农业建设的重大使命［EB/OL］. https://baijiahao.baidu.com/s?id=1605668003554403019&wfr=spider&for=pc.

（2）种养结合循环发展

推动农业绿色高质量发展，可以实行种养结合循环发展方式。种养结合循环发展可以让种植业与养殖业内在地形成天然的循环关系，种植业的植物秸秆和必要的粮食用作养殖业的饲料，而养殖业的废弃物则成为种植业的有机肥。这种循环发展模式有利于实现农业的绿色发展，减少农业的化学投入品使用，降低土壤污染风险。

（3）保护农业生产环境，确保农产品质量安全

农业生产环境是保证农产品质量安全的基础，要想实现农业的高质量发展，就必须保护好农业生产环境。加强顶层设计，把化肥、农药减量化作为促进农业绿色发展、持续改善农业生产环境的重要内容。深入开展化肥、农药“零增长”整治行动，寻找绿色无污染的有机肥代替化肥，大力推进病虫害绿色防控工作，构建科技含量高、环境污染小、资源消耗低的农业产业结构。与此同时，要进一步加大对农业生产环境的防治力度。

加大相关部门的监管力度、细化各部门对农产品质量的监察工作；严格实施从农田到餐桌的全方位无死角监管，从源头上严格管控农产品质量。

（4）强化农田水利基础设施建设，改善农业生产条件

农田水利设施是促进农业发展、保障粮食丰收的重要基础设施。积极争取国家政策和资金支持，加大以农田水利为重点的农业基础设施建设力度，重点加强高标准农田建设，统筹推进水、电、路、林等田间生产设施建设。

（5）优化农产品结构和产业布局

综合河南省气候特点、产业基础、设备设施等因素，合理安排本地区的品种种植结构，科学布局农产品产业结构，制定切实可行的保障条件，大力发展优势特色农产品。根据各地的实际情况，重点扶持地方具有竞争优势的特色农产品，提高河南省的农产品竞争力，培育河南省农业发展新动能新优势。

（6）加大农业科技投入，培养农业科技人才

随着科技兴农政策的贯彻和落实，科技创新成为现代农业发展的关键。要紧跟农业科技发展趋势，以绿色、集约、高效为引领，推进现代农业基础

科技、应用科技和前沿科技全面振兴。加强生物技术、田间管理、疫病防控等基础科技研究，提升支撑绿色发展的原始创新能力。不断完善现代农业产业技术体系和农技推广体系，加快农业科技成果转化，加大农业科技成果推广力度，健全农业科技社会化服务体系。

加强农业科技人才队伍建设，是发展现代农业、增强农业竞争力、提高农业综合效益的重要支撑。要加快建设农业战略科学家、科技领军人才、青年科技人才和农业领域卓越工程师四支队伍。持续打造“中国·河南招才引智创新发展大会”亮丽名片，推动博士后“招引培育双提”行动，从而培养、引进农业高科技人才。①

（7）打造河南省农业品牌

河南作为全国农业大省，近年来通过调品种、提品质、创品牌，农业品牌建设呈现快速发展、稳步提升的良好势头。品牌数量不断增加，品牌建设质量效益日益提升。截至 2020 年，河南省共培育 600 个省级知名农业品牌，其中，农产品区域公用品牌 60 个、农业企业品牌 140 个、农产品品牌 400 个，年平均增幅 103%。河南省有效期内“三品一标”农产品 4679 个，这里的“三品一标”是指无公害农产品、绿色食品、有机农产品和农产品地理标志（魏国强，2018）。打造河南省农业品牌，应以提升优质农产品供给能力和市场竞争力为重点，深入实施品牌带动策略，提升品牌影响力，不断培育并壮大绿色农产品、有机农产品和标志农产品市场。

3.1.5 搭上农业高质量发展的“顺风车”

河南作为农业大省，实现农业高质量发展，大力推进绿色兴农、质量兴农、品牌强农，不仅是中央的明确要求，也是河南省农业发展的内在需求。农业高质量发展是经济高质量发展阶段的重要任务，是新时代的要求，也是追求农业发展转折的必由之路，更是河南省由农业大省转变为农业强省的必由之路。

河南省将继续全面实施乡村振兴战略，深入推进农业供给侧结构性改革，

---

① 孔凡哲，焦飒．聚集要素为“中原农谷”搭台筑巢［EB/OL］. http：//www. agri. cn/province/henan/nyyw/202205/t20220524_7855195. htm.

将提高农民素质、促进绿色发展、改善生产条件、加大科技投入等举措落到实处，在新征程上努力建设“农业强、农村美、农民富”现代化农业强省。

3.2 中国工业高质量发展：以河南省为例

党的十八大以来，河南省以深化供给侧结构性改革为主线，以制造业高质量发展为主攻方向，统筹稳增长、促改革、调结构、惠民生，河南省工业经济发展呈现出生产运行平稳、效益同步改善、产业结构转型升级、新动能孕育加快的新特点，工业经济发展的质量和效益明显提升，为国民经济的平稳增长发挥重要的支撑作用。

3.2.1 河南省工业发展取得巨大成就

1. 新兴工业崛起，河南制造走出国门

改革开放以来，河南省工业取得了突破性进展，经济规模迅速扩大。河南省统计局发布的数据显示，河南省全部工业增加值由2012年的12868.70亿元攀升至2021年的18785.30亿元，占地区生产总值的比重达到31.9%；规模以上工业企业单位数由2012年的18774家增加至2021年的20133家，增长7.2%，资产总计达到54479.46亿元，实现营业收入54006.42亿元，实现利润2581.17亿元。截至2021年底，河南省规模以上工业资产总量居全国第九位，营业收入居全国第六位。河南省制造业不断发展，一大批河南制造走出国门。河南省统计局发布的数据显示，2014—2021年，河南省规模以上工业共实现出口交货值34336.19亿元，年均增长14.8%。2021年，河南省规模以上工业实现出口交货值5567.21亿元，其中，高新技术产业实现出口交货值5209.70亿元，占全部出口交货值的93.6%，对规模以上工业出口交货值增长的贡献率高达97.0%。由郑州煤矿机械集团带头研发的8.8米电液控制两柱掩护式液压支架在2018年调试成功并迅速投入市场，由此担起了“世界第一高”的综采工作，其旗下研发的液压支架产品随之进入了澳大利亚、美国、俄罗斯等国家，打破了欧美等其他国家对中国煤炭综采设备的垄断局面，使中国的液压支架在国际上处于领先地位。此外，位于河南省许昌市的许继电气集团更是累计获得了高达 100 余项的核心专利，强势包揽了数十项“世界第一”，为世界上已经投运的特高压直流输电等工程提供了高达 50%的换流阀和高达 75%的控制系统（陈辉，2019）。

2. 不断加大科技投入力度，提高科技创新水平

随着经济发展水平的不断提高，河南省不断加大对科技的投入力度，为科研提供了资金保障和设备支持。河南省科技研发能力不断增强，科技成果不断涌现，同时在工业技术上取得了巨大进步。据统计，2017 年，河南省规模以上研究与试验经费支出 472.25 亿元，较 2004 年增长 13.9 倍，研发投入强度（研究与试验经费支出与主营业务收入之比）为 0.57%，比 2004 年的 0.33%提升了 0.24 个百分点。截至 2017 年，河南省规模以上工业有效发明的专利数 1.4 万件，是 2004 年的 24.6 倍（杨森山，2019）。

3. 重工业得到快速发展，产业结构不断优化

新中国成立之初，河南省三次产业比例失调。统计数据显示，1949 年，河南省的三次产业比例为 67.6∶18.2∶14.2，以农业为主的第一产业占比较大，工业发展远落后于农业，大部分产业仍以劳动密集型为主，劳动力需求较大且科技含量不高。改革开放以后，河南省不断增加对重工业的投入力度，充分利用资源和能源优势，建立了一大批具有河南特色的优势重工业产业。河南省工业化程度不断加深，产业结构也持续调整，工业发展取得了巨大进步，到 2018 年，河南省的三次产业结构之比优化为 8.9∶45.9∶45.2，产业结构的持续调整促进了河南省工业的发展，农业、轻工业、重工业比例也不断得到优化，特别是以黑色有色金属工业、石油化工工业、煤炭化工工业、装备制造业等为主体的重化工业得到迅速发展，工业产业结构不断优化升级。不断发展的重工业，使河南省的工业产业逐步由以劳动密集型为主转向以技术和资本密集型为主，产业结构的持续优化有利于吸引境外一大批优秀企业前来投资，增加了河南省的资本积累，为河南省工业做大做强奠定了坚实的基础（陈辉，2019）。

3.2.2 河南省工业发展的现状

1. 工业经济平稳运行，优势、特色工业产业较为明显

如图 3-1 所示，2018—2019 年，河南省工业经济总体实现了平稳运行，河南省规模以上工业总体保持健康发展。2018 年 10—12 月，河南省规模以上工业处于较高速的增长阶段；到了 2019 年，河南省规模以上工业增加值增速没有大幅度的波动，处于较为平稳的增长阶段；截至 2019 年 12 月，河南省规模以上工业增加值同比增长 7.2%，增速较 2019 年 1—2 月的 8.8%和 3 月的 9.3%有所放缓。此外，由表 3-1 可知，河南省规模以上工业增加值 2019 年同比增长 7.8%，在工业生产中，大部分产业保持着同比增长状态，优势特色工业增长也比较明显，从规模以上三大产业类型增加值来看，采矿业增长较快，为 11.6%，明显高于制造业（7.5%）和电力、热力、燃气及水生产和供应业（7.4%）；从规模以上主要行业增加值来看，2019 年河南省主要行业增加值同比增长由高到低分别为金属制品业、通用设备制造业、电气机械及器材制造业、医药制造业、黑色金属冶炼和压延加工业、有色金属冶炼和压延加工业等。另外，河南省的电子信息和通信等产业近几年有了很大发展，工业企业份额占比不断增加，逐渐向河南省的优势产业靠拢，对实现河南省工业经济的又好又快发展具有重要意义和影响（河南省统计局工业处，2020）。

2. 电子信息产业不断发展

电子信息产业作为一种优势产业，具有较强的市场竞争力。近年来，在保持经济平稳运行和推动工业高质量发展的同时，河南省更是把电子信息产业当作一种战略性先导产业重点培育和扶持。河南省对电子信息等相关企业进行政策激励，不断完善福利制度，鼓励青年企业家创新创业，为河南省电子信息产业的发展注入新的血液、增加新的活力。同时，不断加大对河南省电子信息企业的扶持力度，为河南省电子信息产业的快速发展提供资金支持和制度保障。

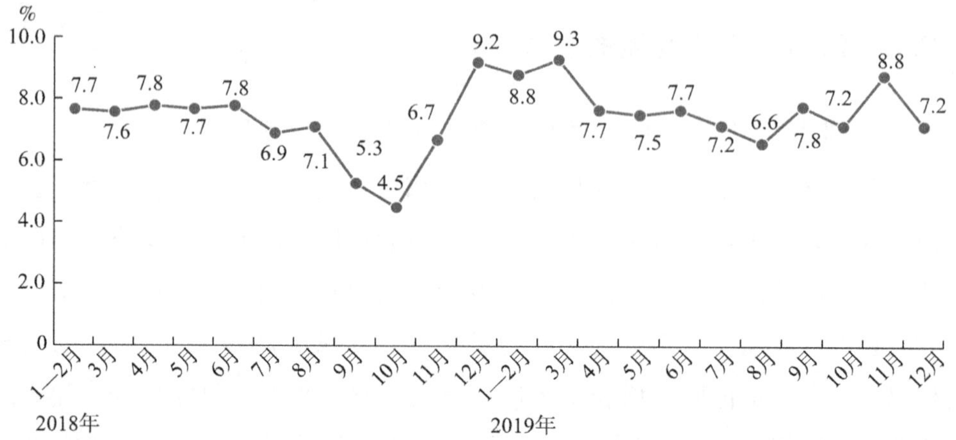

图 3-1　2018—2019 年河南省规模以上工业增加值同比增长速度

资料来源：2019 年 12 月我省规模以上工业增加值增长 7.2%（转引自河南省统计局工业处）。

表 3-1　2019 年 1—12 月河南省规模以上工业生产主要数据　（单位:%）

指标	1—12 月同比增长
规模以上工业增加值	7.8
分三大门类	
采矿业	11.6
制造业	7.5
电力、热力、燃气及水生产和供应业	7.4
主要行业增加值（由高到低）	
金属制品业	22.5
通用设备制造业	19.4
电气机械及器材制造业	19.1
医药制造业	15.0
黑色金属冶炼和压延加工业	14.7
有色金属冶炼和压延加工业	13.0
纺织业	11.9
计算机、通信和其他电子设备制造业	11.4

续表

指标	1—12月同比增长
食品制造业	11.2
专用设备制造业	10.9

河南省电子信息产业的发展迈上了新台阶，不断涌现的电子信息企业和不断扩大的产业规模使电子信息制造业得到了快速发展，一系列电子信息产业在智能终端制造、软件开发和使用、组装等方面逐渐形成体系，加快了河南省信息产业链的快速形成，促进了河南省电子信息产业的高质量发展。调查结果显示，2017年，河南省电子信息制造业增加值及其主营业务收入同比增长了16.1个和15.9个百分点，其增加值增速高于河南省规模以上工业8.1个百分点，其主营业务收入5048亿元，位居全国第六（河南省电子学会，2018）。2019年，计算机、通信和其他电子设备制造业同比增长11.4%，增长势头较好，具有较大的发展潜力。因此，电子信息等高新技术产业的快速崛起促进了河南省工业高质量发展。

3.2.3 河南省工业高质量发展存在的问题

1. 科技创新水平不高

改革开放以来，河南省工业发展虽然取得了成就，但仍存在科技创新整体实力不强等问题。科技创新水平较低，是制约河南省工业高质量发展的重要因素。河南地处中原地区，自然资源丰富，地理位置优越，为工业发展创造了条件。但河南省的发展长时间以资源、能源、矿产等传统工业为主，这些大部分是一些技术含量不高、粗放式生产经营的劳动密集型产业。由于科技创新能力不足，造成资源浪费和产能过剩。高科技人才缺乏，拥有的自主知识产权产品和技术较少，关键核心技术、关键共性技术、关键材料及零部件缺乏，科技创新水平不高，导致电子信息技术、航空航天、生物工程以及服务业等高新技术产业发展缓慢且与我国东部沿海等发达地区存在较大差距。传统产业升级也比较缓慢，粗放式生产普遍存在，过度开发引起的资源枯竭、环境污染问题依然严重。河南省的科技发展水平与我国发达地区存在较大差距，科研投入不足、高科技成果转化为生产力的水平还远远不够，高新技术产业的发展也受到制约，阻碍了河南省工业高质量发展。

2. 部分地区产业结构单一，第一产业增加值占比高于全国平均水平

由表 3-2、表 3-3 中 2018 年、2019 年河南省和全国三次产业增加值占比的对比数据可以看出，河南省产业结构优化的空间较大，并且近两年河南省的第一产业增加值占比明显高于全国水平，第三产业增加值占比均低于全国水平，以服务业为代表的第三产业仍有较大的发展空间。部分地区产业结构仍然比较单一、落后，传统的高耗能、高污染等发展模式很难适应行业需求，低层次和高消耗的不对称式发展导致工业经济效益低下，产业升级步伐缓慢。濮阳市、新乡市和三门峡市的发展经验就是一个明显的例子，工业结构长期保持以高耗能行业为主的濮阳市，其高耗能行业能耗占比高达 80%以上，据统计，仅 2019 年 1—11 月，濮阳市高耗能行业就消耗了 421.60 万吨标准煤（濮阳市统计局能源科，2020）。新乡市高耗能行业占比较大。三门峡市火力发电行业不断增长，使该市规模以上工业综合能源消费量不断上涨，2018 年前三个季度，三门峡市火力发电同比增长 13.6%，火电行业综合能源消耗量为 387.43 万吨标准煤，累计增长 13.4%，占三门峡市整个规模以上工业综合能源消费量的 58.7%，导致三门峡市高耗能的增长。由此可见，河南省部分地区产业结构单一、高耗能产业占比较大、能源消耗大，加快转型升级已成为产业发展的迫切要求（三门峡市统计局能源科，2018）。

表 3-2　对比 2018 年河南省和全国三次产业增加值占比　（单位：%）

产业类型	河南省	全国
第一产业	8.6	7.0
第二产业	44.1	39.7
第三产业	47.2	53.3

资料来源：2019 年全省经济运行总体平稳　稳中有进；经济持续平稳增长　发展质量继续提升（转引自河南省统计局综合处）。

表 3-3 对比 2019 年河南省和全国三次产业增加值占比 （单位：%）

产业类型	河南省	全国
第一产业	8.5	7.1
第二产业	43.5	39.0
第三产业	48.0	53.9

资料来源：2019 年全省经济运行总体平稳　稳中有进；经济持续平稳增长　发展质量继续提升（转引自河南省统计局综合处）。

3. 工业发展落后

河南省工业发展落后，主要是传统重工业、采矿业和食品加工业，缺少新兴高端制造产业。目前，河南省还处于工业化中期的初期阶段，虽然重工业基础较好、工业企业的资产总量和盈利能力已经有了很大提高，但企业规模普遍偏小，缺乏一批在国内外具有较大影响、能对行业发展起到带动作用的大型企业或企业群，整体水平仍然偏低，优势工业主要集中在纺织、食品加工、机械工业等一些技术含量不高、附加值较低、污染比较严重、能源消耗量大的传统产业上。虽然河南省的矿产资源比较丰富且类型比较齐全，但是粗放式工业发展方式造成了资源浪费、人均资源占有量越来越少，工业经济发展与资源、环境之间的矛盾越来越明显，工业发展面临着巨大的压力。

3.2.4 创新对于推动河南省工业高质量发展的重要意义

1. 创新推动技术进步，带动河南省工业高质量发展

“科技是第一生产力。”科技也是河南省工业高质量发展的集中体现。要想通过科技创新引领河南省工业高质量发展，创新是必由之路。近年来，河南省在坚持创新引领、推动工业经济高质量发展进程中取得了显著成效。随着河南省经济实力的增强，工业企业科研投入稳步增长，创新能力显著增强，研发成果日益丰硕，技术水平明显提升，工业装备水平和产品附加值持续提高。努力运用信息技术特别是新一代信息通信技术改造传统产业、发展战略

性新兴产业，加快产业转型升级，促进河南省工业持续快速发展。企业研发力量不断增强。2017 年，河南省规模以上工业企业中有研发活动的机构数为 2397 个，比 2004 年增长 4.9 倍，占规模以上工业企业的比重从 2004 年的 4.5%上升至 2017 年的 10.9%，提高了 6.4 个百分点；规模以上工业 R&D 经费支出为 472.25 亿元，比 2004 年增长 13.9 倍，研发投入强度（R&D 经费支出与主营业务收入之比）由 2004 年的 0.33%提升至 2017 年的 0.57%，提高了 0.24 个百分点。①

2. 创新推动产业升级，促进河南省工业高质量发展

调查显示，传统产业集群占河南省产业集群的 21.4%，位居全省第一，推动传统产业转型升级的任务非常迫切和必要。当前，河南省正处于产业转型升级的关键时刻和重要节点，而科技创新作为产业转型升级的第一推动力，对推动河南省工业高质量发展具有不可替代的作用。河南省科技创新水平日益提高，特别是互联网信息技术的发展以及通信技术的不断改进，使产品数据化、智能化生产成为可能，产品的质量不断提升并且附加值不断提高，为工业企业迅速打开了市场，一大批具有竞争力的战略性新兴产业不断涌现，这些逐渐发展起来的新兴产业极大地改造了河南省的传统产业，加速了河南省产业结构的转型升级。以制造业为例，河南省传统制造业生产、加工比较粗放，产业层次比较低，劳动力需求比较大，生产成本比较高，生产技术比较低，产能过剩严重，产业链较短。随着科技的不断创新和进步，“互联网+工业”日益发展，先进的互联网技术被运用在工业生产的重要环节中，大大降低了企业的生产成本和风险成本，工人的生产、工作环境也得到了很大改善，使“无人车间”生产成为可能，智能监控、智能管理、智能制造不断增加，加快河南省传统制造业升级步伐，促进了河南省制造业产业结构的转型升级和工业高质量发展。

3. 转变经济发展方式，助力河南省工业高质量发展

河南省在加快经济发展方式转变过程中把科技创新摆在更加突出的位置，

① 河南工业 70 年：工业经济跨越发展 新兴工业大省崛起 [EB/OL]. https://dhh.dahe.cn/con/124167.

坚持走新型工业化道路，扎实推进供给侧结构性改革，重点抓好“三去一降一补”，积极探索结构更优、效益更佳、活力更足、后劲更强的发展路子。河南省坚持以创新驱动经济发展方式的转变，不断创新和完善绿色产业链、价值链，加大对绿色清洁能源的开发和利用代替传统的高排放、高污染化学燃煤等，积极推进节能减排工作，经过长时间的不懈努力，河南省在减少高耗能和高污染产业、打造绿色经济、淘汰落后产能、降低企业生产能耗等方面取得显著成绩。在努力保持工业经济运行速度和质量的同时，河南省在创新驱动工业经济发展方式的转变上不断努力、不断探索，在排污降能方面取得了巨大进步（见表3-4）。

表3-4　2018年河南省有关工业行业能耗下降的情况　（单位：%）

主要行业（能耗）	综合累计下降
吨水泥熟料	67.6
吨原煤	62.1
氧化铝	56.2
机制纸及纸板	36.3
电解铝	21.0

资料来源：能源事业飞速发展　节能降耗成效巨大（转引自河南省统计局）。

3.2.5　创新驱动下河南省工业高质量发展的路径选择

1. 加快打造河南省工业互联网，为河南省工业高质量发展助力

“工业互联网”作为新一代信息技术与制造业深度融合的产物，是新一轮工业革命的关键支撑，对于推动河南省工业变革具有极其重要的意义。习近平总书记在向“2019工业互联网全球峰会”致贺信时指出，中国高度重视工业互联网创新发展，持续提升工业互联网创新能力，推动工业化与信息化在更广范围、更深程度、更高水平上实现融合发展，这充分体现了国家对工业互联网的高度重视，全面打造工业互联网的战略性任务十分紧迫。

工业互联网对于推动河南省的工业高质量发展具有重要意义。河南省是

著名的制造大省。近年来，河南省制造业发展迅速，跃居中西部第一位，制造业对河南省经济增长的贡献率也不断提高，在河南省地区生产总值中占比超过37%。如何充分发挥河南省制造业的优势，为河南省工业发展助力，是我们必须思考的问题。首先，必须创新河南省制造业的发展方式，加快实现河南省"互联网+"与制造业的深度融合和变革式发展，推动河南省制造业从中低端向中高端转型升级。充分利用互联网工具，挖掘工业互联网的潜能和优势，通过有效的核心数据资源，进行及时的数据监控和数据管理，提高资产运营效率，有效进行风险评估，降低工业企业生产的风险成本。其次，提高智能自动化生产水平，改善工业部门的生产环境，为实现河南省高端制造业的发展创造有利条件。努力提高河南省工业竞争水平，为河南省工业发展创造新机遇，促进河南省工业高质量发展。

2. 加快普及5G技术，赋能河南省工业高质量发展

5G技术是目前中国新一代移动通信技术，是继3G、4G系统之后的延伸。首先，相较于3G、4G网络，5G网络具有不可比拟的优势：数据传输速率远高于之前的蜂窝数据，最快速度可达10GB/s，比当前的有线网络更快，比先前的4G网络快近100倍。另外，5G网络具有大宽带、低时延、泛在网、低功耗、物物互联等特点，如果将5G网络技术运用到工业的工作场景当中，可以在很大程度上提高工作效率和资源利用率，降低生产能耗，同时在去产能、调结构等方面发挥重要作用，能够有效地推进工业高质量发展进程，将工业发展推向新高度。其次，与3G、4G网络相比，5G网络覆盖面非常广泛，信号也更加稳定，可以全方位覆盖各个地区，实现对各地区资源、环境的实时监测，因此，可以支持更多丰富的业务类型，适应更复杂的工业工作场景。5G技术作为新一代互联网技术，对于工业的高质量发展至关重要，中国工业互联网研究院院长徐晓兰指出："5G是驱动工业互联网蓬勃发展的关键性技术。"因此，河南省要加快普及5G技术，促进全省工业的高质量发展。

近几年，随着河南省经济的不断发展，河南省工业发展水平不断提高，工业互联网也向前迈了一步，但与中国其他发达地区相比，仍存在较大差距。2018年，河南省政府指出，要大力支持工业互联网平台建设和互联网企业的

快速发展。随着互联网信息技术的不断发展，河南省的工业互联网得到快速发展，部分地区（如郑州等发达城市）工业发展得到很大改善。5G新一代互联网信息技术为河南省工业发展带来了新机遇，5G新型网络构架采用了云原生设计，能够大幅提升工业互联网的智能化服务水平，如果建设河南省5G工业企业专网，可以将整个工业企业的研发、生产、经营和管理、营销以及售后相关服务等多个环节融合在一起，有助于解决河南省工业生产中资源利用率低造成的资源浪费和产能过剩等问题，提高资源利用率和资本运营效率。5G工业场景的全面覆盖可以实时监测工业生产状况，提供准确的数据分析，对工业生产实现精准控制，提高生产效率，降低网络运营成本。在河南省工业发展中全面普及5G技术，可以实现工业产业内部的转型升级、变革工业发展方式、优化工业生产，推动河南省工业高质量发展（徐晓兰，2019）。

3. 实现河南省工业高质量发展，必须坚持创新驱动发展战略

"创新引领高质量发展。"任何一个国家的发展都离不开创新，只有不断创新，才能在激烈的国际竞争中处于领先地位。创新为中国经济的持续健康发展注入了新的活力，更为河南省工业的高质量发展创造了机遇和可能。当前，河南省工业正处在重要的上升发展阶段，正处于结构转型和升级的重要转折点，河南省工业经济发展正面临着压力和挑战，坚持深入实施创新驱动发展战略必须提上日程、落实到行动中，既要促进河南省传统落后产业的全面改革，改变旧的粗放式发展模式，又要加快河南省高新技术产业的蓬勃发展；积极探索新的工业发展模式，加快河南省工业化和信息化的进一步融合，不断创新和延长工业企业的产业链与价值链，为河南省工业发展创造更多的可能机会。

要实现创新驱动河南省工业高质量发展，必须大力引进高科技人才。河南省工业发展区域差距较大、创新能力不足、部分地区工业发展方式落后，与发达地区还存在较大差距，主要原因就是高科技人才相对匮乏，关键性领域技术人才严重不足，导致河南省工业发展中许多关键核心技术仍需要从其他地区引进，不利于河南省工业高质量发展。要促进河南省工业高质量发展，必须大力培养高科技创新型人才，加强人才队伍建设。在大力培养和引进人

才的同时还要坚持创新鼓励、激励，不断创新和改进相关政策及资金激励机制，吸引优秀人才，特别要重视高新技术人才和创新型人才的培养和发展，实现科技创新引领河南省工业高质量发展这一目标。

创新发展理念，推动河南省工业高质量发展。党的二十大报告指出，“必须完整、准确、全面贯彻新发展理念”，“贯彻新发展理念是新时代我国发展壮大的必由之路”。深入贯彻创新发展理念，破除制约高质量发展、高品质生活的体制机制障碍，着力解决河南省工业发展与生态环境之间的矛盾，在努力实现河南省工业又好又快发展的同时，加大环境建设以维持河南省工业发展和环境保护之间的友好和谐状态。积极打造和发展新型循环、绿色、低碳的河南省高质量工业产业体系，并努力开发绿色产品和绿色科技，走新型绿色工业化道路，为打造资源节约型和环境友好型社会出一份力（王奎荣，2018）。

3.2.6 小结和展望

充分发挥河南省制造业优势，坚持推动河南省制造业结构性变革，将持续不断地推动制造业的高质量发展作为促进河南省工业总体健康发展的重要抓手和行动指南。政府要不断增加对科技研发的投入，努力提高生产技术，以科技创新为引领，拓展“智能+”和“大数据+”涉及的领域，持续深化信息化与工业化融合，促进制造业数字化、网络化、智能化发展，加快建设河南省工业互联网，加快普及5G技术。不断加大对新兴产业的培育与扶持力度，为河南省工业发展创造有利条件。加快实现河南省产业结构的转型升级，降低生产能耗，减少产能过剩；持续不断地推动河南省绿色化改造进程，转变发展方式，树立新发展理念，为打造“创新、协调、绿色、开放、共享”的河南省高质量工业开辟一条新道路。

3.3 中国建筑业高质量发展：以河南省为例

建筑业是指国民经济中从事建筑安装工程的勘察、设计、施工以及对原有建筑物进行维修活动的物质生产部门。研究和推进建筑业高质量发展对整个建筑行业和国民经济的发展都具有重大意义。

建筑业是河南省传统优势产业和富民强省的支柱产业，在扩大劳动就业、拉动经济增长、增加财税收入、带动关联产业发展、改变城乡面貌等方面做出了突出贡献（赵文东，2019）。习近平生态文明思想的重要内容之一就是全面推动绿色发展，构建现代化经济体系，推动高质量发展。习近平生态文明思想对传统建筑业的高质量发展具有重要的指导性意义。

新中国成立以来，河南省建筑业取得了一系列令人瞩目的成就，建筑业在河南省国民经济发展中的支柱作用也更加凸显。然而，河南省建筑业在新形势下还面临着很多困难和挑战，省内建筑企业在产值规模、外向度、市场竞争力和整体实力等方面相比其他建筑强省依然存在较为明显的差距。长期以来，河南省建筑业在快速发展的同时，也带来了如建造过程中资源消耗过大、污染排放过量等问题。河南省作为建筑大省，充分利用区位优势、交通优势和资源与劳动力丰富优势，加快建筑业的改革与发展（金恩平、刘俊华，2017）。面对新时代、新形势、新常态，河南省全面深入拓展绿色建造与创新驱动发展路径，实现转型升级，从而促进省内建筑业高质量发展。本节拟对河南省建筑业现状及存在的问题进行分析，并提出相关推动建筑业高质量发展的建议。

3.3.1 河南省建筑业发展现状分析

根据《河南统计年鉴2019》中的数据，2018年，河南省建筑业总产值高达11360.52亿元，比2017年增长12.6%，增加值1273.94亿元，占河南省地区生产总值的2.7%，在全国各省份中居第八位，在国内中部省份中排名仅次于湖北，居第二位，且连续两年总产值超过万亿元；河南省全年房屋建筑面积（施工和竣工）84413.81万平方米，同比增长11.2%，在全国各省份中排名第七；河南省建筑业利税总额1041.18亿元，比上年增长39.19%，税收505.5亿元，占河南省地方税收总额的13.4%，在全国各省份中排名第三。2015—2018年，河南省建筑业企业就业人员从238.83万人增加到292.08万人，平均增长率为6.93%；2015—2018年，河南省建筑业劳动生产率从

287604元/（人·年）增加到373130元/（人·年），平均增长率为9.06%。

早在2005年河南省建筑业总产值就突破了千亿元，2018年建筑业利税总额突破千亿元，在全省其他行业就业人员数相比上年下降的情况下，建筑业就业人员继续呈小幅增加趋势，这意味着省内建筑业正在高质量发展中不断扩大规模，建筑业在经济发展中支柱产业地位越来越明显，在促进省内经济发展中的作用也越来越大。建筑业在河南省民生就业方面做出了巨大贡献。2018年，河南省建筑业企业共有6732家，比上年增长5.9%；河南省建筑业就业人员753.61万人，占全省就业人员总数的11.3%，在省内就业类别排名中仅次于农林牧渔业和制造业，位居第三，占全国建筑业就业人员总数的28%，全省建筑业就业人员相比上年增加了5.49万人，占全省就业人员变化总数的7.3%。

2018年以来，河南省严禁对所有河道砂石进行开采，造成多家建筑原材料企业停工停产，建筑原材料市场出现供需失衡状态，价格大幅上涨，多个建筑施工现场不得不延长工期。

3.3.2 河南省建筑业高质量发展中存在的问题

1. 建筑业产能过剩

（1）建筑企业单位

多数建筑企业和单位管理能力低下、承包工程水平一般、工程质量低劣，存在垫资施工、工程款资金不到位等现象。

（2）建筑产品和服务

建筑业产业集中程度较低、产业分布不均匀、产业涉及领域过于狭窄是导致产能过剩的主要原因。企业提供的建筑产品和服务质量一般，没有突出特色，建筑产品价值低下。

（3）建筑材料

小型材料企业多数以挂靠单位为名，混乱建筑材料品类，哄抬材料价格，造成建筑材料市场的混乱，同时给建筑施工带来质量、安全隐患，破坏了整个建筑行业的市场环境和秩序。

(4) 市场开拓

建筑市场范围比较狭窄，开拓能力不足。企业和单位对市场营销工作的重视程度不够，没有关注到市场热点和新需求，对“一带一路”倡议和“走出去”战略认识不到位，没有借力新政策开辟新的建筑市场。

2. 建筑业产业结构失衡

由于建筑行业的劳动力偏向老龄化，新生青年劳动力较少，对于整个建筑市场上的工程策划、实施等还停留在一般的建筑上，而对于未来城乡发展的基础施工，以及大力提倡的绿色施工、智能施工不具备实施的能力。整个建筑行业偏向中低端市场，供给侧结构性改革迫在眉睫。

3. 建筑企业财务内部控制管理水平低下

(1) 建筑企业财务内部控制管理系统不够完善

内部控制财务制度的完善与否直接影响内部管理工作的开展，进而影响企业整体工作的正常开展。当前，除大型企业建立有完整的财务内部控制管理系统外，部分建筑企业的财务内部控制管理体系仍不够完善，影响了内部财务控制的效果，进而影响了企业经营效果。

(2) 工程项目成本预算能力水平不高

成本预算需要考虑的内容较多，主要对人工、材料、机械、施工工艺流程等进行全面的预算管理。但是，对于专业水平不高的预算人员，则无法对整个施工的各要素进行全面、准确的把握及精确计量，造成的后果就是整个预算工作缺乏科学性和合理性。如果不能为成本管理提供更准确的依据，就会降低成本管理的效率，并且将无法有效地控制企业的建筑成本。

4. 建筑业创新能力和水平低下

(1) 建筑企业对新技术重视不足

建筑企业与建筑类相关专业院校、技术研究开发机构合作较少，没有认识到引进新技术对企业高质量发展的重要性。企业对开展复杂条件下工程项目施工技术、装配式建筑技术、智能建筑技术、建筑垃圾资源化利用技术等新型科学技术的研究力度不够。

（2）绿色建筑发展地域不均衡

虽然河南省已经出台了一系列相关政策促进绿色建筑的发展，但是绿色建筑在河南省各地市的发展水平不均衡。由于绿色建筑成本较高，在整个工程实施过程中，绿色建筑的执行力度不够，地域差异较大。一些地区虽然具备发展条件，但是缺乏有效的政策支持，需要具体的刺激手段推动绿色建筑的发展；还有一些地区忽略了绿色建筑发展，这些都导致该地区的绿色建筑发展仍然处于起步阶段。

（3）企业财务战略没有可持续发展潜力

企业财务战略是企业实行可持续发展战略的保证，直接影响企业的可持续发展。企业在制定财务战略时，偏重投资规模，忽视投资质量，大多关注的是账面利润，而非可持续发展及长期效益，以单一指标为核心的财务分析体系不利于企业的可持续发展和价值创造。

3.3.3 河南省建筑业高质量发展的对策建议

1. 改善建筑业营商环境和市场秩序

第一，根据建筑市场需求，出台相关政策、法律法规及各类标准，规范企业管理行为。同时，加大监督力度，确保相关政策、法律法规及各类标准落到实处，发挥其真正的作用。

第二，提高建筑类企业管理人员素质，完善管理人员行为规范制度。加强企业管理人员对相关政策、法律法规及各类标准的学习，不断提高管理人员的综合素质和专业能力，充分发挥施工现场管理的作用，提高管理水平。

第三，严格管理工程项目施工现场。提高施工人员的安全意识，保证建筑工人的生命安全；提高工程项目组织管理人员的质量意识，提高材料的质量要求，严格材料的质量管理。

2. 加快推进体制改革

第一，调整建筑产业结构。引导传统建筑企业跨越式发展，促进建筑产业结构调整，扶持大型建筑企业参与重大建设项目，向投资、建设、运营一体化企业和工程总承包企业转型。

第二，加速推动建筑业国有企业混合所有制改革。提倡民营企业与国有企业跨所有制进行组合，组建混合所有制建筑企业单位；引导有条件的民营企业建立股权可以充分合理流动、股东可以有序进退、股权可以重构的机制（王放，2017）。

第三，加快推进节能绿色建造模式。大力提倡采用绿色化的建造理论、新的建造创意、新的建造材料、新的建造工具器械、新的建造方式方法等，形成多种新型的零碳建造模式。

第四，深化供给侧结构性改革。建筑业产能过剩的主要原因是市场供应与需求不均衡，资源配置不合理。实行供给侧结构性改革是解决河南省建筑业产能过剩问题的重要举措。政府部门要着力完善河南省建筑行业市场进出机制，提高市场准入条件，加大对市场的治理力度。

3. 加大监管力度，完善建筑企业信用评价体系

第一，加大对工程项目招投标监督力度，严格建筑工程施工许可管理，严格建筑工程发包与承包监管，强化工程质量行为监管，重点打击工程质量虚假检测行为，强化施工安全生产监管。

第二，完善建筑企业市场信用评价体系。与税务、统计、大数据中心等部门进行数据对接，对建筑企业市场主体进行信用信息数字化评价，通过落实建设工程安全生产信用监督、失信惩戒制度和安全生产“黑名单”制度，充分发挥信用评价体系在市场清除机制中的作用，不断规范建筑市场生产秩序。

4. 完善企业财务内部控制管理制度

第一，提高建筑企业财务内部控制管理意识，加快企业财务内部控制管理制度的建设。

第二，完善建筑企业内部信息档案储存系统，便于财务内部控制管理。加快财务部门对信息数据的收集、提高财务部门对信息数据的分析能力，实

现各职能部门财务信息共享。

第三，提升建筑企业财务预算工作水平。构建财务预算体系，确定好财务预算管理目标，在施工项目进行的同时，建筑企业要根据实际情况改变预算管理办法。

5. 提升建筑业创新能力

第一，完善科技创新管理体系。出台科技创新指导性政策，设置科技创新专项经费，对接市场需求，推动成果转化。

第二，加强创新人才队伍建设。加强技术人员科技创新能力的培养，深化竞争机制，提升技术人员的创新精神。进一步完善企业的技术创新奖励机制，对在技术攻关等方面取得突出成绩的技能人才可实行股权、期权等奖励，为建筑业高质量发展提供智力支撑。

第三，加大与战略合作伙伴的合作创新与技术整合，促进技术与市场的对接，提升创新效率。积极推进建筑业“产学研”合作发展，支持建筑企业与高等院校、科研单位合作，开展装配式建筑、智能建筑等研究。同时，鼓励企业建立研究中心、重点实验室和技术中心等研发平台，支持骨干企业建立装配式建筑技术研发中心、实验室和新型研发机构，开展关键技术的标准化研究。

4 中国服务业和对外贸易高质量发展

4.1 中国服务业高质量发展：以生产性服务业为例

改革开放以来，第三产业取得了巨大发展，已成为中国第一大产业，2019 年第三产业增加值占 GDP 的 53.9%。

生产性服务业是中国第三产业的重要组成部分，是现阶段中国经济规模扩张最快、产业增加值最大的生产部门之一。推动生产性服务业高质量发展是优化经济结构、引领行业向全产业链延伸的重要推动力。生产性服务业是构建现代化经济体系的重要组成部分，是推动产业结构优化升级的关键因素。

关于进一步促进中国生产性服务业高质量发展问题的分析与探讨，是与加快现代化经济体系建设、支持传统产业优化升级、深化供给侧结构性改革的国家发展战略一脉相承的（姜长云，2019）。当前，中国生产性服务业专业化程度较低，部分行业处于产业链、价值链的中低端，国际竞争力水平较为低下。《“十四五”规划和 2035 年远景目标纲要》强调“推动生产性服务业融合化发展”，提出“以服务制造业高质量发展为导向，推动生产性服务业向专业化和价值链高端延伸”。这为我们推动生产性服务业高质量发展、发挥生产性服务业的牵引作用指明了方向。

4.1.1 生产性服务业发展现状

2019 年 4 月，国家统计局公布了《生产性服务业统计分类（2019）》，调整、修订了生产性服务业的范围。生产性服务业主要包括为生产活动提供的研发设计与其他技术服务、信息服务、金融服务及货物运输、通用航空生产、仓储和邮政快递服务等。

1. 研发设计与其他技术服务业基本情况

近年来，中国高度重视研发设计行业的发展，积极开展研发设计服务，加强新材料、新产品、新工艺的研发和推广应用，促进工业设计向高端综合设计服务转变。同时，推进“产学研用”合作网上知识产权交易，加快创新成果产业化步伐，推动研发设计创新转换为现实生产力，取得了不俗的成绩。①

如表 4-1 所示，2015—2019 年中国专利申请数不断增长，国家授权专利 1000 万件左右，其中，2018 年中国专利授权数增长迅速，比上年增长 33.3%。到 2019 年底，中国有效专利 972.2 万件。从事中国研究与试验发展（R&D）的人员不断攀升，2015—2019 年研究经费支出从 14170 亿元增长至 21737 亿元，增加了 7567 亿元。

表 4-1　2015—2019 年中国专利申请数和授权数

年份	申请数（万件）	申请数比上年增长（%）	授权数（万件）	授权数比上年增长（%）
2015	279.9	18.5	171.8	31.9
2016	346.5	23.8	175.4	2.1
2017	369.8	6.7	183.6	4.7
2018	432.3	16.9	244.7	33.3
2019	438.0	1.3	259.2	5.9

资料来源：国家统计局网站。

2. 交通运输业基本情况

中国交通运输业发展迅猛，2019 年货物运输总量较 2015 年增加 181.3 亿

① 夏杰长，肖宇．生产性服务业：发展态势、存在的问题及高质量发展政策思路［J］．北京工商大学学报（社会科学版），2019（4）：22.

吨，2019 年铁路运输总量较 2015 年增加 9.6 亿吨，2019 年公路运输总量较 2015 年增加 28.5 亿吨，2019 年水路运输总量较 2015 年增加 13.3 亿吨，2019 年民航运输总量较 2015 年增加 127.9 亿吨，2019 年管道运输总量较 2015 年增加 2.0 亿吨（见表 4-2）。

表 4-2　2015—2019 年各种运输方式完成货物运输量　（单位：亿吨）

指标	2015 年	2016 年	2017 年	2018 年	2019 年
货物运输总量	1042.4	1107.1	1185.2	1253.1	1223.7
铁路	33.6	33.3	36.9	40.3	43.2
公路	315.0	336.3	368.0	395.9	343.5
水路	61.4	63.6	66.6	69.9	74.7
民航	625.3	666.9	705.8	738.5	753.2
管道	7.1	7.0	7.9	8.5	9.1

资料来源：国家统计局网站。

2019 年，中国快递业务量达到 635.2 亿件，比上年增长 25.3%。2017 年快递业务量突破 400 亿件，快递业务增长率已经连续 3 年维持在 25%以上。现代物流业已成为居民生活和企业生产中不可缺少的一部分，其对社会经济发展和生产性服务业高质量发展的正向促进作用日益凸显。

3. 信息技术服务业飞速发展

信息传输、软件与信息技术服务业具有规模提升快、发展空间大、吸纳就业能力强、人均收入水平高、盈利能力不断提升、可持续性好等特点。2018 年，中国信息传输、软件与信息技术服务业呈井喷式增长，增加值达到 32431 亿元，增长幅度高达 30.7%；2019 年，中国信息传输、软件与信息技术服务业相比 2018 年增长 18.7%，增加值达到 32690 亿元。近年来，中国网络基础设施日渐完善，2019 年末，全国移动电话用户 160134 万户，移动电话普及率从 2008 年每百人拥有 48.53 部移动电话上升至每百人拥有 114.4 部。2019 年，固定互联网宽带接入用户达到 4 亿多，用户增长迅速，宽带覆盖范围急速扩张。高效率的通信是生产性服务业高质量发展的基础，依托信息技术支持，“互联网+”、大数据是实现产业升级的重要渠道。

4. 批发与零售业发展平稳

2019 年，中国批发与零售业增加值达到 95846 亿元，比 2018 年增加了 12654 亿元，增长幅度达 13. 2%。批发与零售业作为传统的生产性服务业，2018 年法人企业达到 113969 家，吸纳 526. 9 万名从业者，商品销售额达到 566174. 2 亿元（数据统计范围为限额以上法人企业）。批发与零售业是中国市场化程度最高、竞争最激烈的行业之一，着重于通信、仓储、运输、信息、融资等服务项目。互联网时代下，传统批发与零售业要抓住发展机遇，推动产业转型升级，提升服务质量，提高整体素质水平，朝着国际化水平发展（刘奕、夏杰长，2018）。

5. 金融服务业发展态势良好

中国金融服务行业发展迅猛，发展前景乐观。2018 年，中国金融业增加值达到 69100 亿元，同比增长 4. 4%。2019 年，中国金融业增加值为 77077 亿元，比 2018 年增加了 7977 亿元，同比增长 11. 5%，金融服务业产值增加幅度逐年提升。金融业是现代经济的核心，建立一套多层次的金融服务体系以保障行业良性发展尤为重要。

4. 1. 2 影响生产性服务业高质量发展的因素

1. 市场开放程度低

现阶段中国生产性服务业的市场开放程度较低、市场准入与退出机制不明确，相关统计数据不完整、不系统，相关法律法规不够完善，这些因素不利于生产性服务业健康、良性、规范发展。与中国货物贸易的市场开放程度相比，生产性服务业的市场进口额与 GDP 比值较低，市场开放程度还有较大的提升空间，生产性服务业领域垄断格局尚未完全打破，部分行业仍然存在行业壁垒。生产性服务业发展受体制因素影响较大，现存的制度体制问题阻碍生产性服务业的开放进程，导致其市场化程度较低，缺乏创新动力，生产效率不高。

2. 产业融合度低

生产性服务业规模偏小、产业融合度低。中国生产性服务业偏好制造业上游原料生产环节，对制造业高技术复杂度中间品生产环节的支持相对较少，是生产性服务业与制造业融合效率偏低的根本原因。①

3. 产业集聚度低

现阶段中国生产性服务业产业集聚度较低，空间布局不合理，存在低效率的同质化竞争现象，规模经济效应较差，生产性服务业的集聚效应得不到有效发挥。生产性服务业中各细分行业之间的集聚程度存在较大差异，不同地市之间生产性服务业各细分行业的集聚度也存在较大差异，集聚水平不高，产业集聚区优势不明显、辐射带动作用弱，规模效益、品牌效益低，经营管理水平低下，未形成有影响力的产业集群。产业集聚度低导致产业集聚化、资源集约化进程缓慢，影响生产性服务业高质量发展。以物流业为例，中国物流园区建设起步晚，发展不成熟，中、东、西部地区间发展不平衡，高质量的物流园区数量少。

4. 产业内部发展态势不均衡

处于价值链低端的部分传统生产性服务业占较大份额，而处于价值链高端的现代化生产性服务业仍占比较低。创新水平低、利润空间小的传统生产性服务业比较发达。以批发和零售业为例，2019 年，我国批发和零售业增加值占整个第三产业生产总值的 17.9%，居服务各行业之首。但是，信息传输、软件与信息技术服务，研发设计与其他技术服务等知识密集型生产性服务业发展不足。2019 年，信息传输、软件与信息技术产业增加值仅占当年第三产业生产总值的 6%。生产性服务业内部几大主要行业虽然整体上都呈增长态势，但不同行业之间增速相差较大，传统的生产性服务业与当前中国经济发展变革的步调不一致，亟须升级改造，提升行业专业化水平。

当前，中国服务产品结构仍存在一定的优化空间。生产性服务业提供的

---

① 刘慧，陈晓华．推进生产性服务业与制造业高效融合［EB/OL］. http：//ex. cssn. cn/zx/bwyc/202102/t20210224_5313412. shtml.

并非最终消费产品，而是市场化的中间服务，具有专业化程度高、知识密集的特点，但目前中国生产性服务业专业化水平仍比较低。大部分生产性服务业仍以初级服务为主，品种少、质量差、附加值小，无法满足国内增长迅速、不断升级的消费需求。现阶段中国生产性服务业总产出量占全部生产要素真实投入量比例较低，部分行业仍过度依赖生产要素大规模、高频次地投入，行业效益不高，在国际市场上竞争能力较弱。

5. 高质量人才短缺影响企业创新能力

生产性服务业是建立在信息技术和知识基础上的产业，中高级人才资源对生产性服务的发展特别重要。生产性服务业需要的中高端专业技术和管理人才匮乏，已成为制约我国生产性服务业突破性发展的重要“瓶颈”。

4.1.3 推动生产性服务业高质量发展的对策建议

1. 深化改革，消除体制机制障碍

优化生产性服务业发展环境，对生产性服务业的行业准入政策进行清理，破除行业垄断、进入门槛等隐形限制，完善生产性服务业的融资、税收等相关政策体系，建立包容、审慎、公开透明的监管体系，健全相关法律法规，为生产性服务业的高质量发展提供保障。政府要顺应新产业、新业态、新模式的产业发展要求，提倡多部门协同监管，推行信息互通、监管互认、执法互助的监管模式（周宗波、朱兵、陈至宜，2017）。政府要推动完善生产性服务业市场信用体系，为生产性服务业构建一套完备、科学的信用体系，包含企业的诚信档案等，同时健全对失信主体的惩罚机制，推动生产性服务业企业做出服务质量承诺，充分发挥信用体系的作用。

2. 持续扩大对外开放

对外开放是推动生产性服务业“引进来”和“走出去”的关键。在一些涉及企业生产、金融服务、信息传输和信息技术等对外资限制较多的重点领域，需要适度降低外资准入门槛，放宽外资进入限制，有序放开生产性服务业市场。把握发展机遇，以“一带一路”建设为重点，充分开拓沿线国家和地区市场，与“一带一路”沿线国家和地区开展研发设计、交通运输、信息技术、软件与信息传输、商务服务、金融服务等生产性服务业领域的深度合作（包浩斌，2019）。

在国内国际双循环新格局下，中国要持续推进高水平对外开放，鼓励企业对外投资，提升自主创新能力，突破产业低竞争、低创新水平的“瓶颈”，促进产业优化升级，通过这种良性循环推动中国生产性服务业高质量发展（林春燕、李建平，2019）。

3. 深化产业融合

生产性服务业与制造业融合发展，有利于进一步推进生产性服务业企业在产业链上下游的拓展延伸（潘莉，2019）。产业融合要将不同产业之间的要素禀赋优势最大化，以产业链的上下游为中心进行跨行业、跨产业要素整合。依托新一代信息技术推动一二三产业跨领域、跨行业深度融合，推动生产方式创新，促进产业“互联网+”发展。创建信息共享平台，不同地区的行业组织、行业协会或政府可以实现信息资源共享，进而根据本地区的特点建立一套完备的、适应本地区工业发展需要的生产性服务体系，将优质的服务纳入体系，为工业企业提供第三方服务，推动工业和生产性服务业的相互融合（蔡宁，2019）。

生产性服务业是产业融合度高的中间服务产业，要明确其他产业发展需求，推动生产性服务业向专业化和价值链高端延伸，加速向三次产业各环节渗透，有效促进生产性服务业与先进制造业相互渗透、融合发展，构筑经济发展的新优势。

4. 构建生产性服务业集聚区

通过构建生产性服务业集聚区，实现生产性服务业产业集聚，提高生产性服务业整体集聚水平，促进集聚区内各生产性服务业良性互动发展。生产性服务业集聚区可促进服务产业集聚，资源要素集聚、高端人才集聚，带动高素质人口的就业，提高资源的集约化利用程度和地区经济社会效益。

政府要结合地区特点为生产性服务业集聚区提供扶持政策。以天津市为例，为发挥生产性服务业集聚的规模效应，天津市依据生产性服务业“十三五”规划，在空间布局方面重点打造中心商务区、河东区金融商务集聚区、环天南大知识创新集聚区等生产性服务业集聚区（潘家顺，2019）。

5. 聚焦重点领域打造龙头产业

树立行业标杆，重点培育技术含量高、附加值高、可以支撑地区经济发展的现代生产性服务业，在研发设计，金融服务，信息传输、软件与信息技术等具有发展潜力的领域，发展一批适应生产性服务业高质量发展的企业，树立品牌，打造知名度，提升质量水平和品牌影响力，逐步建立起与国际接轨的生产性服务业标准体系。

以金融服务行业为例，政府可以引导、扶持、培养生产性服务业的专业化发展，培育建成一批具有较强国际竞争力的示范性企业，一方面能够丰富国内金融服务市场的产业形态，另一方面能够提高金融服务行业生产要素的资源配置效率，进而提高中国金融服务行业的实力。对内可以引领行业高效发展，对外可以形成合力使中国企业在国际竞争中利益最大化（夏杰长、肖宇，2019）。

龙头企业可以引导、凝聚、创造市场需求，可以推进生产性服务业高质量发展。通过龙头企业引领带动一批新兴生产性服务业企业兴起，鼓励龙头企业带头制定高于国家标准的行业、企业标准，提升整个行业的国际化、专业化水平，占据产业链高端位置，提高生产性服务业对社会经济发展的引领、支撑能力。

6. 重视创新，加强人才队伍建设

加快发展生产性服务业，对增强我国自主创新能力、推动工业生产的战略转型升级具有重要意义。生产性服务业高质量发展的驱动力在于创新，生产性服务业要高效利用创新示范区的人才、技术红利，顺应国家发展趋势，推动生产性服务业高质量发展。

优化人才激励机制，加大对生产性服务业领域的国际高端人才引进和培养力度。一方面，政府要推动建立多层次、多梯度的人才培训体系和培育机制，培养领军型、复合型人才；另一方面，企业在全球范围引进生产性服务业领域的高端人才，运用股权激励等机制引留人才。

加强人才队伍软环境建设，建立求新求异、开放平等、崇尚竞争、宽容失败的创新创业环境。营造创新氛围，让优秀人才带动企业创新，以科学技术创新引领生产性服务业高质量发展，同时要重视知识产权的保护。政府对于那些影响生产性服务业发展水平和方向的专利项目，要给予一定的政策倾斜。各级政府要设立专项资金，对于那些发展前景广阔、科技含量高、附加值高的专利项目给予资金支持。政府还要逐步完善知识产权立法和执法体系，通过法律保护激励生产性服务业人才创新。

7. 政策引导生产性服务业高质量发展

政府对于规模大、发展前景好、服务质量高的现代化生产性服务业企业要给予一定的政策倾斜，通过财政补贴、信用担保等手段，鼓励有能力的优质企业跨地域收购重组、强强联合，推动生产性服务业高端化、规模化、专业化、国际化高质量发展。

政府对于进行技术创新的企业，给予税收优惠，为企业科技研发项目提供经费补贴，对优质的创新项目成果进行奖励，引导行业走创新驱动发展的道路。引导银行等金融机构对生产性服务业企业降低放贷门槛，解决企业融资难的问题。

4.1.4 小结

生产性服务业的高质量发展是实现经济高效、和谐、稳定、健康、持续发展的重要保障，推动生产性服务业高质量发展是优化经济结构、引领产业向价值链高端提升的必然选择。世界经济低迷、国际经济大环境的不确定因素给中国经济发展带来不小的压力，面对这些不利因素，我们要推动产业结构优化升级，助力中国经济持续健康发展。

4.2 中国对外贸易要走高质量发展的道路：基于河南省的经验

河南省作为一个人口大省，资源丰富，地理位置优越，在最近几年对外贸易的发展中取得了不小的成就。河南省的外贸总额不仅是中部六省第一，连续3年外贸进出口额达到5000亿元人民币，并且在2019年突破了5700亿元人民币（贺志泉，2020）。郑州市作为河南重要节点枢纽城市，积极参与“一带一路”建设，并在“一带一路”倡议推动下快速提高自身外贸水平。经过多年发展建立了“陆上丝绸之路”——中欧班列、“空中丝绸之路”——豫卢航空、“网上丝绸之路”——跨境电商。

4.2.1 河南省对外贸易的现状分析

1. 河南省对外贸易的不断发展

自1978年以来，河南省在对外贸易方面取得了辉煌成就。特别是最近几年，河南省对外贸易发展迅速。

河南省统计年鉴中的数据显示，1980年，河南省的进出口总额仅为22644万美元，而到了1990年，河南省的进出口总额进步飞快，突破了10万亿美元。1990—2000年，虽然从1993年开始采取适度从紧的货币政策，并且经历了亚洲金融危机，但河南省进出口总额在2000年达到了227486万美元。进入21世纪后，河南省的对外贸易快速发展，2007年，河南省进出口总额首次突破百亿美元，为128.82亿美元。2008年，河南省进出口总额达到174.79亿美元，比上年增长35.69%，同时这一年河南省出口贸易额达到107.2亿美元，突破百亿美元大关。2009年，由于国际金融危机的爆发，河南省的外贸发展受阻，当年进出口总额为134.38亿美元，比2008年下降了23.1%，而全国的进出口贸易总额由2008年的25632.55亿美元下降为2009年的22075.35亿美元，下降了13.88%。

2009年，河南省贸易总额开始稳步提高。2017年，河南省进出口外贸总额突破了5000亿元人民币；2019年，河南省进出口外贸总额达到了5711.6亿元人民币，比2018年增加了3.6%，而2019年中国整体进出口总额增速为3.4%。

2. 河南省进出口贸易方式的转变

出口贸易方式有多种，占比较大的是一般贸易和加工贸易，此外还有对外承包工程出口、“三资”企业投资设备进口、保税监管场所进出境货物和其他贸易。

根据政策规定的不同，一般贸易的货物除了普通货物，还有可以享受减税优惠的特定减免税货物，为了提高外贸的便利性，有些货物只需要出关时再缴税，这种货物就是保税货物。

加工贸易是进口外国的一些原材料或是半成品到国内加工成商品或者半成品再出口销售。加工贸易出口的效益，受加工程度和技术水平的影响较大，加工程度和技术水平越高，出口商品的效益也就越高。在2009年之前，河南省贸易方式为一般贸易占主导地位；在2009年之后，虽然一般贸易依然占有很大的比重，但随着国家宏观政策调控以及外贸需求状况改变，加工贸易开始慢慢占据主导地位。2010年，河南省的加工贸易成为中部六省第一，占当时河南省进出口总额的39.3%。2018年，河南省的加工贸易额为3563.50亿元人民币，在进出口总额中占比为64.64%；一般贸易额为1856.9亿元人民币，占进出口总额的33.67%。由此可以看出，河南省的贸易结构发生了巨大改变，加工贸易已经成为河南省主要的贸易方式。

3. 河南省外贸产品结构的不断优化

改革开放以来，随着经济的快速发展，河南省自身的商品贸易结构逐步优化，由低质量、低技术的初级产品转向工业制成品。另外，河南省的汽车行业近年来发展较快，2019年，河南的小汽车出口额相比上年增加43.5%，小客车（九座以下）出口额比上年增加了近1倍，汽车行业的发展进一步优化了河南省进出口商品结构（赵振杰，2019）。

数据显示，2019年，河南省一些经济效益较高和劳动密集型产品出口趋势良好，如太阳能电池商品出口额突破了 6 亿元人民币，同比增长 16.4%；服装类商品出口额达到了 15 亿元人民币；还有家具、汽车等商品出口额都有所提升。

4. 河南省出口贸易的市场结构改变

如表 4-3 所示，河南省的外贸出口市场大部分集中在亚洲和北美洲。2018 年，河南省在亚洲市场的出口额占据总额的 32.08%，在北美洲市场出口额占总额的 39.24%。到了 2019 年，河南省对亚洲、非洲、欧洲、拉丁美洲的外贸出口额均有增加，而对于大洋洲和北美洲则有所下降。其中，欧洲的发达国家有很多，国民生活条件比较高，但河南省对欧洲市场的外贸出口额并不高，说明对欧洲市场的开发还不够。

表 4-3　2019 年河南省对外贸易出口额（分地区统计）　（单位：万元）

贸易地区	2018 年出口值	2019 年出口值
合计	35782521.3	37546361.4
亚洲	11480254.0	12836172.0
非洲	1537946.3	1608451.5
欧洲	6235339.5	7355962.2
拉丁美洲	1579364.6	1671408.5
北美洲	14041826.4	13256775.2
大洋洲	907790.5	817592.0

资料来源：河南省统计年鉴。

由于 2018 年的中美贸易摩擦，中国与最大的贸易伙伴美国进出口贸易额出现了负增长，但对一些其他国家如澳大利亚、加拿大、韩国等，河南省的出口额在逐年上升（见表 4-4），有利于河南省外贸多元化市场的形成。

表 4-4 2019 年河南省对外贸易进出口额（分国别统计） （单位：万元）

国家	2018 年进出口额	2019 年进出口额
日本	3574099. 2	2936086. 8
美国	13826647. 5	12712853. 7
韩国	3269347. 0	373408811. 0
印度	800757. 1	1002730. 8
加拿大	917548. 4	1043210. 7
澳大利亚	1628526. 2	1757277. 6

资料来源：河南省统计局。

5. 河南省外贸物流的状况

独特的地理位置优势，使河南成为全国举足轻重的铁路、公路、航空、通信和能源枢纽。河南省内的铁路铺设已经布满全省，各种高速铁路、城际铁路相互交错，大大提高了河南省内的物流运作效率（李平，2017）。在对外方面，河南省建立了郑欧班列，用于外贸进出口运输。中欧班列是“一带一路”建设的重要标志，是共建丝绸之路经济带的实践落实。郑欧班列作为中欧班列的重要组成部分，起点为中国的郑州市，终点为德国最大的外贸中心汉堡市，途经多个国家，如俄罗斯、哈萨克斯坦、波兰等，总里程 10214 千米。

除了陆运，于 2013 年开始建立的郑州航空港区，弥补了河南省在航空运输领域的不足。在入驻郑州航空港的国际物流公司中，很大一部分来自参与中国“一带一路”建设的国家，如德国的卢森堡，还有美国的联邦快递等（李志远，2018）。

4. 2. 2 河南省外贸发展存在的问题

1. 对外贸易商品结构失衡

虽然河南省一直在不断优化自身出口商品结构，并且出口商品由原来的初级产品转变为工业制成品，但大部分出口商品依旧是对技术水平要求较低的产品。据统计，2019 年，河南省出口商品中占比靠前的是电器电子产品、农产品、铝金属加工、服装和汽车。出口贸易中的商品过于单一，商品结构失衡。产品结构的单一失衡使河南省的加工贸易发展面临很大的不确定性。

2. 河南省总出口额全国占比较低

近年来，河南省对外贸易取得了很大的成就。2018 年，河南省的进出口额突破 5500 亿元人民币，虽然相较于内陆邻省，河南省进出口额较高，但仅占全国进出口总额的 1.81%，与一些沿海省份差距较大。一些沿海省份由于自身的地理环境优势、早期的国家政策扶持，已经成为出口大省，如 2015 年河南省外贸进出口额为 7378056 万美元，而广东省为 102249568 万美元，是河南省的近 14 倍。到了 2018 年，广东省的外贸进出口额为 71602.1 亿元人民币，是河南省的 12 倍，占当年全国外贸总进出口额的 23.48%。相比之下，虽然河南省与广东省的差距有所缩小，但仍存在很大差距。

3. 河南省内各地区外贸发展水平差异较大

河南省内的不同市级地区因为发展水平不同，产业结构差异大，导致对外贸易发展不均衡。尽管 2018 年河南省进出口额突破 5500 亿元人民币，但排名第一的郑州市进出口额占全省进出口总额的 74.64%，而排名第二的南阳市 2018 年进出口额仅为 169.5 亿元（见表 4-5），只占 3.08%。可见地区间的外贸发展很不均衡。郑州有着一定的经济基础，再加上“一带一路”政策的扶持、交通便利、城市规划完善、高新技术人才较多，对于发展对外贸易有着很大优势，特别是最近几年富士康选择在郑州发展，郑州的外贸发展水平迈上了新台阶。河南省一些自身发展水平较低的市级地区，如周口市因为自身经济基础较差、缺乏有竞争力的产品等，对外贸易发展举步维艰。

表 4-5　2018 年河南省进出口额排名前十的市级地区　（单位：亿元）

地区	进出口总额	地区	进出口总额
郑州	4105.4	南阳	169.5
漯河	623.0	焦作	161.5

续表

地区	进出口总额	地区	进出口总额
洛阳	143.7	济源	135.0
周口	93.7	新乡	79.6

资料来源：河南省统计局。

4. 河南省对外贸易进出口市场多元化程度低

根据2019年的统计数据，河南省的外贸商品出口市场主要分布在亚洲、欧洲和北美洲，亚洲市场的主要出口国家为日本、韩国、新加坡、阿联酋等国，北美洲市场的主要出口国家为美国，欧洲市场的主要出口国家为欧盟国家。

早期河南省亚洲出口市场为日本和韩国，但是最近几年对日本的出口不断减少。2019年，河南省对日本的出口额为199415.1万元人民币，比2018年降低了19%，但仍在亚洲出口国家中排第一位。形成明显对比的是，韩国2019年对河南省的进口额为1333547.6万元人民币，年增长率为67.3%，排名第二，有望在未来几年超过日本。另外，泰国、新加坡、马来西亚和沙特阿拉伯等国2019年对河南省的进口额相比2018年都有显著提高。2019年，河南省对美国的出口额比2018年下降了6.8%，为12355410.1万元人民币，在所有出口国中排名第一。欧洲市场的主要贸易伙伴是欧盟国家，2019年出口额为6459857.5万元，比上年增加了19.8%。

整体来说，河南省在亚洲地区外贸市场多元化程度较高，而在北美洲、拉丁美洲和大洋洲这些地区，河南省外贸市场开放度还远远不够。

4.2.3 河南对外贸易的优势所在

1. “一带一路”助力河南企业“走出去”

郑州市作为“一带一路”建设的重要节点城市，不仅面临着挑战，更面临着机遇。近年来，河南省逐渐与一些东亚和中亚地区的国家建立了贸易往来，其中的主要助力因素就是河南省积极参与“一带一路”建设，推动了出口市场的开发。另外，河南省处于内陆，外贸发展较晚，但“一带一路”倡议为河南省规划自身国际贸易平台的发展提供了思路。从最近几年的数据中可以看出，河南省这几年的外贸总额在快速增加。在“一带一路”倡议的推动下，河南省开通了郑欧国际铁路货运班列，建设河南自贸区和郑州航空港，充分发挥了河南省的区位优势和交通优势。

2. 河南跨境贸易与电商的成功结合

2012 年，宁波、重庆、上海、杭州、郑州成为首批跨境电子商务服务试点城市，其中，郑州是中国唯一一个综合性跨境贸易电子商务试点城市。

2015 年 12 月，河南省政府办公厅印发了《中国（郑州）跨境电子商务综合试验区申建工作方案》（荣长玲，2016）。2015 年，郑州 E 贸易试点的业务量突破 5000 万单，是其余 4 个试点订单量的总和。此后，河南省跨境电商交易额快速增长，2016 年跨境电商交易额为 768.6 亿元人民币，2018 年达 1289.2 亿元人民币。跨境电子商务的成功吸引了更多知名电商入驻河南，如阿里巴巴、UPS 等。据海关统计，2019 年的前 10 个月，新郑海关监管跨境电商进出口清单数量同比增加了 2.38 倍，有 4484.05 万单（侯爱敏，2019）。

跨境电子商务出口的商品种类繁多，大多数为具有河南本土特色的优势商品，包括日常用品、工业品、加工食品和特色农副产品等，并且出口的市场多元化程度较高，涵盖了 200 多个国家和地区，主要分布在欧美和东南亚地区。河南省的跨境电商出口商业模式以 B2B 平台为主，占比超过了 80%。其他众多平台虽然占比不高，但发展势头强劲，如 B2C 和 C2C 两个跨境电商零售平台发展潜力巨大。

3. 郑州航空港区对河南省发展的助力

2013 年 3 月，经国家有关部门批准，《郑州航空港经济综合实验区发展规划（2013—2025 年）》正式通过，这标志着中国第一个航空港经济发展先行区在河南省建立。郑州航空港总体布局分四大区，分别为临港型商展交易区、城市综合性服务区、高端制造业聚集区以及最重要的空港核心区。

郑州航空港对河南省的发展具有重要的带动作用。郑州航空港可使资源得到更加高效和公平的配置，对市场发展有着重要推动作用。郑州航空港将慢慢发展为高端制造业产业集群，最终优化河南省的外贸商品结构，将河南省的临空资源进行整合，建立完善的国际航空枢纽网络，促进河南省物流业在航空方面的发展。

4.2.4 河南省外贸高质量发展的路径探索

1. 不断优化营商环境，大力推进制度创新

河南省应不断优化营商环境，着力破解跨境电商体制性、机制性障碍，放宽市场准入、简化审批程序、创新监管模式，按照国际化、便利化、法治化的要求，制定跨境电商国际上互认的商品准入、通关流程、关税征缴、金融结算等方面的规则标准，为促进投资便利化、贸易自由化、物流便捷化提供良好的制度条件。

2. 继续简化一体化通关流程

2019 年 6 月 12 日，国务院常务会议提出“继续简化一体化通关流程，实施进口货物概要申报、完整申报‘两步申报’通关模式改革，大幅压缩通关时间”。“两步申报”将企业办理货物进出关口需要填报的近百个项目改为 10 个，项目越少，进出关口的时间越短，效率越高，极大地提高了外贸货物的通关效率。

3. 打造河南省本土品牌

河南省应大力发展本土自主品牌，培育一批具有发展潜力的出口企业。鼓励企业加快研发新技术提高生产力，支持企业生产高附加值、高技术和高效益的产品出口，加大对优秀企业的专利保护力度，树立起河南特色商品的好形象，提高整个河南省出口商品的竞争力。

4. 促进市场多元化发展

开发欧美、日韩等发达国家细分市场，争取更多商品进入中高端市场、大型商家供应链体系，稳定传统市场进出口增速。大力拓展“一带一路”沿

线国家和地区以及金砖国家、非洲、拉美、中东欧等新兴市场，提升河南省产品在当地市场的占有率。推动外贸外经联动，积极参与“一带一路”建设和国际产能合作，引导企业开展对外投资和对外工程承包，带动成套设备、原材料、技术、标准、品牌和服务出口。

5. 加大政策扶持力度

加大财政支持力度，重点对国际市场拓展、外贸新业态发展、特色产业基地培育、国际知名品牌建设、贸易便利化水平提升、扩大进口、应对贸易摩擦、出口信用保险等进行支持。鼓励有条件的地方设立出口退税资金池，缩短企业退税周期，提高企业资金周转效率。引导金融机构加大对外贸企业的支持力度，支持金融机构与支付机构合作，为企业和个人跨境货物贸易、服务贸易人民币结算提供服务。①

① 河南省人民政府办公厅关于促进外贸转型发展的通知 [EB/OL]. https://www.xiucai.com/news/laws/195423/.

5　中国经济高质量发展的绿色推力与生态支撑

5.1　中国经济高质量发展的绿色推力

5.1.1　绿色发展推动经济高质量发展的理论依据

党的二十大报告明确指出，推动经济社会发展绿色化、低碳化是实现高质量发展的关键环节。

从理论背景来看，马克思和恩格斯的生态思想为绿色发展理念提供了重要的理论来源，西方生态学者对人类发展模式的反思为绿色发展理念提供了重要的理论参考与借鉴。中国传统文化中包含的丰富的绿色发展思想为绿色发展理念提供了思想渊源。①

2015 年，在党的十八届五中全会上，习近平总书记提出“创新、协调、绿色、开放、共享”新发展理念，将绿色发展作为关系我国发展全局的一个重要理念。只有坚持绿色发展理念才能不断拓展我国经济社会发展的空间，实现我国经济社会的高质量发展，不断增强人民的幸福感。

5.1.2　绿色发展的内涵

学者从不同角度对绿色发展的概念及内涵进行了总结。胡鞍钢和周绍杰

---

① 朱波．绿色发展理念的思想理论特征及其历史地位［EB/OL］. https：//www. fx361. com/page/2020/0612/6779012. shtml.

（2014）认为，绿色发展是可持续发展的延伸，绿色福利、绿色财富、绿色增长分别是绿色发展的目标、基础和手段，强调经济系统、社会系统和自然系统之间的协调。蒋南平和向仁康（2013）指出，对资源和能源合理有限的利用是绿色发展的关键，我们要保持经济的稳健发展，并在此前提下保证人与生态环境能够和谐共存。国务院发展研究中心与世界银行（2012）认为，绿色发展是指经济增长摒弃了以往对各种资源的利用与依赖，通过创造出新型的绿色产品交易市场、绿色科学技术、绿色金融投资、抛弃陈旧的消费理念和环保行为共同促进经济增长。

绿色发展是对过去经济发展方式的扬弃，重点强调人要与自然和谐共处。在保持低碳经济、循环经济、绿色经济的前提下，以效率、协调、可持续为经济发展的新目标，采取适合中国现阶段国情的绿色生产方式与发展模式，使经济社会的发展与节约资源、减少污染、改善环境形成相辅相成的依存关系。

5.1.3 绿色发展面临的挑战

1. 面临以煤炭为主的高碳能源结构问题

绿色发展面临以煤炭为主的高碳能源结构等问题，我国“富煤、贫油、少气”的能源特点决定了以煤炭为主的能源消费结构。近年来，随着能源结构调整力度的加大，煤炭在我国一次能源消费结构中的比重虽有所下降，但主体能源的地位没有改变。国家统计局数据显示，2021 年，煤炭占能源消费总量的比重由 2012 年的 68.5%降低到 56.0%，下降了 12.5 个百分点；石油占比由 17.0%上升到 18.5%，提高了 1.5 个百分点；天然气、水电、核电、新能源发电等清洁能源占比大幅提高，天然气占比由 4.8%上升到 8.9%，提高了 4.1 个百分点；一次电力及其他能源占比由 9.7%上升到 16.6%，提高了 6.9 个百分点。短期内以煤炭为主的能源消费结构难以改变，以煤炭为主的高碳能源消费结构对碳减排压力依然较大。①

① 碳中和背景下我国绿色发展面临哪些关键问题［EB/OL］. http：//www.china-cer.com.cn/shuangtan/2021080613984.html.

2. 经济结构调整和产业升级任务艰巨

近年来，中国制造业在全球价值链中提升的速度在加快，正处于由中低端向高端迈进的转变过程中，但在关键核心技术领域的研发、工艺流程创新以及数字化管理等方面仍与发达国家存在较大差距，主导产业绿色化升级压力较大。

3. 绿色发展所需的生产要素投入不足

要全面实现产业结构绿色化、生产绿色化、消费绿色化，大量的资金支持是前提，科学技术是核心动力，创新型的人才资本是保证。一些经济欠发达地区开放程度不高、人才流动不畅、资金支持不足等问题尤为突出，交通、人才、资金等关键要素的缺乏制约了绿色转型和长远发展。

4. 生态补偿机制不健全

党的十九大报告指出，建立市场化、多元化生态补偿机制。但在实践中，受传统行政区划影响，某些大江大河上下游跨地区“成本共担、效益共享、合作共治”的流域保护和治理体系不健全，资源有偿使用、生态保护补偿等工作机制尚未有效落实，排污权、碳汇交易、水权交易市场化程度不高，制度“红利”未得到充分释放，影响了上游地区生态保护工作的积极性。

5.1.4 绿色发展推动经济高质量发展的对策

1. 建立健全绿色低碳循环发展经济体系

扎实推动产业绿色化发展，做强绿色制造业，壮大清洁能源产业，发展绿色服务新业态，增强绿色农业发展新优势，从生产体系、流通体系、消费体系以及基础设施绿色升级等方面加快构建绿色低碳循环发展经济体系，促进经济社会发展全面绿色转型。

2. 完善体制机制，加强政策保障

以绿色发展、可持续发展为目的，建立以市场为导向的绿色发展促进机制，完善支持绿色发展的财税、金融、投资、价格政策和标准体系，健全碳排放权市场交易制度、跨流域和跨区域的生态保护补偿等机制。

3. 优化调整产业结构，大力发展低碳经济

完整、准确、全面贯彻新发展理念，紧紧围绕落实碳达峰、碳中和目标任务，加快调整产业结构，加快传统产业改造升级，对高能耗、高排放、低水平项目实现清单管理，按国际先进水平提高准入标准，推动产业链延链、补链、强链，在煤炭清洁利用、智慧电力、现代化工等领域积极进行技术创新。

5.2 中国经济高质量发展的生态支撑：以河南省南阳市为例

5.2.1 研究背景

南阳市是豫陕鄂川渝交界处区域性中心城市，素有“中州粮仓”之称，是豫西南政治经济、文化教育、交通物流中心，是全国出口商品综合基地之一，也是南水北调中线工程核心水源地和渠首所在地。

近年来，南阳市持续推进污染防治攻坚战，生态环境质量得到进一步改善。2019年12月25日，南阳市中心城区 PM_{10}平均浓度为94微克/立方米，与2018年同期相比下降了1.1%，在河南省并列第四位；$PM_{2.5}$平均浓度为58微克/立方米，与2018年同期相比上升了5.5%，在河南省并列第六位；优良天数为190天，同比减少43天，居河南省第七位。南阳市大气污染防治工作以2020年空气质量二级达标为目标，以“三散”污染治理为重点，推进环保“六大专项”和工业、企业提高改造治理，坚持问题导向，强化督查管控，有力解决了环境污染突出问题，空气环境质量得到有效改善，并在全市实行水环境生态质量补偿，推行水环境治理重点工程建设。按照“预防为主、保护优先、分类管理、风险管控”的原则，南阳市逐步建立了全市土壤污染防治体系，土壤环境质量总体稳定，良好的生态环境为南阳市经济发展提供了保障。

处在河南省西南方位的南阳市，西面是秦岭和大巴山脉的东部，北面为

伏牛山脉，东面则是桐柏山脉，是典型的盆地地形，得天独厚的地理位置为南阳市经济发展奠定了良好的自然生态基础。南阳市有 2 个市辖区、10 个县、1 个县级市。2014—2018 年，南阳市地区生产总值比上年分别增长了 8.6%、9.2%、8.5%、6.8%、7.2%。近 5 年，由于“碧水蓝天”工程的推进，南阳市水质得到了提升，且南水北调中线调水的水质稳定地维持在Ⅱ类以上水平，市中心城区空气优良天数均超过 197 天。南阳市近年来的造林面积逐年递增，截至 2018 年底，南阳市森林覆盖面积已经高达 39.52%。虽然南阳生态环境质量得到持续改善但成效并不稳固，还存在土壤污染、大气污染和水污染等问题。

5.2.2 研究区概况

1. 水资源概况

南阳市建设水生态文明城市目标明确、重点突出、进展有序，“一心两山环众湖，两渠九水绕南阳”是建设水生态文明城市的总体格局（郭雪白，2016）。自 2014 年 12 月 12 日起，南水北调中线工程正式通水，有效缓解了中国北方地区水资源短缺的问题。南水北调的生态意义在于，优化、改善了黄淮海地区的生态环境概况，提高了受水区饮用水的质量，改善了流经地区的生态环境。其经济意义在于，通过改善受水地区的水资源条件，促进了受水地区经济发展和结构的战略性调整，并为受水地区的经济发展提供了保障，扩大了内需。

南阳市管辖的部分地区居民的生活污水处理方式绝大部分是直接排放到就近废弃沟渠中。例如，在宛城区的乡镇和社旗县，周边村庄和郊区的生活废水直接排放不同程度地污染了周围的地下水，加之化肥和农药的残留物质流入地下，威胁着当地人的健康，加大了当地政府治理水污染的难度。

2. 土地概况

南阳市降水量相对较大，土壤呈微酸性，盐粒子淋溶速度快，土壤质地黏重，土地退化主要表现为水土流失（常秋玲，2007）。近年来，南阳市的土壤肥力并没有得到有效的监测，土壤肥力监测点也不尽完善，并且水土流失是导致土壤肥力下降的原因之一。

3. 林业生态概况

2014 年，南阳市全年营造林的面积为 54.52 千公顷，相比 2013 年下降了 8.8%，森林覆盖率达到了 35.30%，重点地区防护林工程和天然林保护工程分别为 6.00 千公顷和 2.20 千公顷。截至 2018 年底，南阳市拥有森林公园 13 个，其中包括 2 个国家级森林公园，分别是位于西峡县的寺山国家森林公园以及桐柏县的淮河源国家森林公园。2018 年，南阳市整体森林覆盖率达到 47.61%（见表 5-1）。

表 5-1　2014—2018 年南阳市林业概况

项目	2014 年	2015 年	2016 年	2017 年	2018 年
全市全年营造林（千公顷）	54.52	26.53	104.60	44.46	41.99
重点地区防护林工程（千公顷）	6.00	15.00	3.27	6.93	6.30
天然林保护工程（千公顷）	2.20	5.40	1.33	1.33	0.60
森林覆盖率（%）	35.30	35.80	36.60	39.52	47.61

资料来源：南阳市统计局。

内乡县宝天曼自然保护区被联合国教科文组织命名为“世界生物圈保护区”，是河南省建立的第一个生物圈保护区，核心区面积达 2030 公顷，随着保护区机构的建立和完善，过渡带森林生态系统得到了有效保护，为内乡县生态旅游业的发展带来了机遇，并为 180 户贫困群众脱贫带来了希望。2017 年，内乡宝天曼的旅游项目吸纳了葛条爬、万沟、大块地村和牡珠琉村 120 余人的就业。依托青山绿水，宝天曼生态旅游扶贫项目带动了周边经济的发展。

南阳市的地理位置得天独厚，为花卉种植提供了良好的自然地理条件。近年来，南阳市花卉种植面积逐渐扩大，花卉产业对南阳市的经济发展起到了带动作用，缓解了农村就业问题，开拓了南阳市的花卉旅游市场，改善了市区的绿化形象，生态效益和社会效益显著。花卉产业园的发展和繁荣很好地适应了产业结构调整的趋势。例如，南阳市的古桩月季园在2019年为20名贫困劳动力提供了稳定的就业，在月季的销售中，优先销售贫困户的月季种苗，这些贫困劳动力每人每月增加了2000元左右的收入。

4. 经济条件概况

2014—2018年，南阳市地区生产总值分别为2347.09亿元、2522.32亿元、2737.50亿元、3377.70亿元和3566.77亿元，年增长率分别为8.6%、7.5%、8.5%、23.4%和5.6%。2014年，南阳市坚持“一统四抓三关键”的总体部署，经济在新常态下保持了平稳增长。面对复杂多变的经济环境，2015年，南阳市上下齐心协力应对经济下行压力，实现以月保季、以季保年，经济保持了稳定较快增长，主要经济指标增速高于河南省平均水平。至2018年，面对复杂的经济社会发展环境，南阳市重抓重推九大专项，加强经济运行协调，经济社会保持总体平稳增长，进出口总额比2017年增长28.7%，三次产业结构为14.7∶41.4∶43.9。2014—2018年南阳市三次产业结构如表5-2所示。

表5-2 2014—2018年南阳市三次产业结构

年份	年增长值（亿元）	年增长率（%）	三次产业结构
2014	1027.68	9.2	16.3∶50.5∶33.2
2015	993.60	-3.3	16.0∶45.8∶38.2
2016	1053.09	6.0	15.1∶44.8∶40.1
2017	1221.99	16.0	15.9∶42.7∶41.4
2018	2000.30	63.7	14.7∶41.4∶43.9

资料来源：南阳市统计局。

5.2.3 经济高质量发展影响因素分析

生态环境是经济社会发展的基础，改善生态环境就是发展生产力。环境的恶化不仅影响地区的投资环境和竞争优势，还直接影响经济生产力。虽然南阳市生态文明建设取得了一定成效，但仍存在以下一系列问题。

1. 资源浪费，污染严重

就水资源而言，虽然南阳市的大小河流纵横，水系发达，地表水丰富，但仍旧是水资源欠缺的地区，再加上对水资源整体的利用效率不高，人们的环保意识不强，水资源污染和浪费的现象依然存在。农田灌溉用水是水资源浪费的一个主要方面。由于农田灌溉的设施较为传统落后，灌溉的方法也不尽合理，地下水水位有明显下降趋势，除了农村土地存在的水土流失和土壤肥力下降的问题，化肥和农药的使用，使其残留物质随雨水和人工灌溉等方式污染了地表水及地下水资源。此外，由于监管力度不足，乡镇的微型企业和小型企业产生的污染物未经深度处理就直接排放，这也对当地水资源造成了污染，影响区域经济高质量发展。

2. 工业基础薄弱，科技水平相对滞后

近年来，南阳市坚持“工业立市、兴工强市”战略不动摇，加快建设先进制造业，但是与先进地区相比，南阳市的工业基础还比较薄弱，工业科技含量不高，结构性效益低下，同时伴随着生产成本较高，资源利用率较低，自然会耗费大量成本，进而需要投入大量资金，影响投资数量和生产积极性。部分县域的工业水平虽然有所发展，但是规模较小，不能形成具有竞争优势的产品，市场竞争力较弱。

3. 产业结构单一，规模化水平较低

南阳市产业结构不优，传统产业占规模以上工业增加值的七成以上，而战略性新兴产业仅占不到三成，非金属矿物制品业、农副食品加工业、纺织业等 5 个增加值总量排在前五位的传统行业，合计占南阳市规模以上工业增加值总量的一半，高技术产业起步晚、总量小，尚未形成集群优势。同时，产品结构低端化，大部分工业企业处于产业链前端、价值链低端，产品附加值低。

4. 创新能力不足

2021 年，南阳市全社会研发投入强度仅为 1. 3%，低于河南省（1. 76%）、全国（2.58%）水平；开展研发活动的规模以上工业企业仅占37%，距河南省50%的目标还有不小差距；高新技术企业仅有353家，河南省占比不足4%，与郑州市3500多家、洛阳市900多家相比差距较大；高端创新载体严重不足，国家级重点实验室只有1家，郑州市、洛阳市均为6家；国家级孵化器也只有1家，郑州市11家、洛阳市7家；省级重点实验室和孵化器数量甚至少于新乡、许昌、开封、焦作等地市。①

5.2.4 南阳市经济高质量发展建议

1. 健全产业发展机制，优化经济生态结构

南阳市大多数县域经济的发展主要依靠农业、加工业和制造业等传统产业，因此，健全产业发展机制，应当从优化经济结构入手。要把战略目标瞄准在促进经济结构调整上。完善以政府为主导的县域经济机制，积极改善传统的技术方法，通过产业创新，积极参与县域的产业转型升级，推动优化经济生态结构。

2. 坚持工业立市、兴工强市，打造产业集群

坚定不移把工业经济作为构建现代产业体系的核心，推进“工业立市、兴工强市”战略，夯实现代化副中心城市建设的根基，锻造经济高质量发展的强力引擎。以产业集聚区为载体发展优势产业集群，致力打造先进制造业集群、特色农产品加工和高科技新兴产业集群，建设产城一体、产游融合的高新科技园区。加快发展高端建筑建材制品，实现产业升级、技术创新、集群发展，组建集生产、制造、服务于一体的综合型企业集团。

3. 赋能创新发展

深入实施创新驱动发展战略，依靠科技创新，强化科技攻关，加快创新链与产业链的深度耦合。大力培育创新龙头企业、高新技术企业和科技型中小企业，鼓励和支持龙头企业牵头组建创新联合体，加快制造业创新中心、

① 南阳市工业和信息化局．加快实施换道领跑战略全力打造先进制造业强市［EB/OL］. http：//gxj.nanyang.gov.cn/zcfg/526081.htm.

产业研究院等高能级创新平台建设。提升创新策源能力，省科学院南阳光电研究所、先进光学与功能镀膜中试基地、东方光微研究院等挂牌成立，建成许为钢、谯仕彦、王占国等院士工作站，与中国人民大学合作共建南水北调高质量发展战略研究院，“关键变量”正转化为经济发展的“最大增量”。

6 中国经济高质量发展的文旅支撑

6.1 中国文化高质量发展：以黄河文化为例

6.1.1 引言

2019 年 9 月 18 日，习近平总书记在郑州市主持召开黄河流域生态保护和高质量发展座谈会并发表重要讲话，明确指出，黄河文化是中华文明的重要组成部分，是中华民族的根和魂。要推进黄河文化遗产的系统保护，深入挖掘黄河文化蕴含的时代价值，讲好“黄河故事”，延续历史文脉，坚定文化自信，为实现中华民族伟大复兴的中国梦凝聚精神力量。

黄河文化蕴含的精神内涵具有重要的时代价值，对中华民族的伟大复兴具有重要意义。保护、传承和弘扬黄河文化，有利于增强中华民族的文化自信，为中华民族的伟大复兴提供精神力量。①

6.1.2 黄河文化的内涵和历史地位

作为中国第二大河，黄河干流全长大约 5464 千米，流经 9 个省份。黄河流域沿岸的许多城市都曾是中国古代王朝国都，如夏朝建都阳城（今登封）、商朝建都于亳（今商丘）、周朝都城镐京（今西安）、东汉与魏晋时期的都城都在洛阳、西汉与隋唐时期的都城都在长安（今西安）、宋朝都城东京（今开

① 苗长虹，艾少伟，喻忠磊．黄河文化的历史意义与时代价值［N］．河南日报，2019-11-01（9）．

封），这些城市是全国的政治、经济、文化中心，有着深厚的历史文化底蕴。黄河流域特殊的自然人文环境孕育出独具特征的黄河文化，不同时期出现了不同的文化形式，如夏商时期的青铜文化、周朝著名的礼乐文化、汉朝的服饰文化与雕刻文化等。

习近平总书记对黄河在我国文明发展史中的地位做了高度概括：在我国5000多年文明史上，黄河流域有3000多年是全国政治、经济、文化中心，孕育了河湟文化、河洛文化、关中文化、齐鲁文化等，分布有郑州、西安、洛阳、开封等古都，诞生了“四大发明”和《诗经》《老子》《史记》等经典著作。九曲黄河，奔腾向前，以百折不挠的磅礴气势塑造了中华民族自强不息的民族品格，是中华民族坚定文化自信的重要根基。

6.1.3 黄河文化高质量发展中存在的主要问题

千百年来，黄河文化源远流长，对中华民族产生了深远影响。在城市化进程中，由于不合理开发和保护意识淡薄，黄河文化资源遭到了破坏，黄河文化高质量发展面临诸多问题。

1. 黄河文化遗产资源破坏严重

据统计，黄河流域拥有19项世界文化遗产，占全国世界文化遗产总数的46%。但由于保护意识淡薄，加之地理环境、气候等原因，黄河文化遗产遭到了不同程度的破坏。一些省份片面追求经济效益，对黄河文化遗产进行盲目开发，急功近利，不仅破坏了黄河文化遗产，还破坏了黄河流域的生态环境，形成了一种“建设性破坏”的现象。比如，郑州市上街区马固村整体拆迁，对个别地方不计后果地兴建商业街、贸易中心、娱乐项目等，破坏了数千年的历史文化遗产，对其他文物遗址也造成了生态破坏。

2. 黄河文化遗产保护、开发利用手段单一，资源的整合程度不高

黄河沿线文化遗产数量众多，但对大量的遗产资源缺乏系统梳理和有效利用，黄河文化遗产保护、开发利用手段单一、力度不足，遗产活化传承与沿线旅游发展的联系不够紧密。许多省份只对物理形态的文物古迹进行保护，

忽略了对非物质文化遗产的保护、开发利用和继承。黄河文化资源的整合程度不高，文化资源整合与旅游文化产业没有形成良性互动，旅游知名度不高。

3. 文旅文创融合不够深入

黄河文化博大精深，但在文化与旅游融合方面，还存在规划不足、融合不足、宣传不足和资金不足等问题，产业化发展与它的历史地位、文化影响、社会价值、研究深度不相称，也与我国近年来文化产业的快速发展不相匹配，削弱了黄河文化产业建设和开发的综合实力与产品竞争力。

6.1.4　黄河文化高质量发展的原则

1. 统筹文化保护与环境保护

在推动黄河文化遗产传承、保护的同时，要注重对文化生态的保护。文化生态是生态问题的一个分支，是以“文化”为中心，由文化产生和发展的自然环境、科学技术、经济体制、社会组织、价值观念等构成，生态文化把“生态”作为整个系统的核心，把崇尚自然、保护环境、促进资源永续利用作为系统发展的核心理念，促使人与自然协调发展从而实现可持续发展（任经纬，2014）。

统筹推进黄河沿线文化遗产保护、生态环境保护。在生态保护方面，注重对黄河流域上中下游分段、分类进行治理，针对区域内出现的水土流失、水污染、空气污染等问题采取积极的应对措施，做到事先预防、防治共存、综合治理，维护黄河生态健康。

2. 加强资源整合发展

作为仅次于长江的中国第二条长河，黄河流域地形地貌比较复杂，需要对黄河文化遗产保护区域进一步明确，加强黄河流域各区域协调合作，统筹保护体制、机制、手段等，对沿线的文化资源分区、分类、分段整合，构建黄河文化遗产系统保护连片整体利用的大格局。要对黄河的不同流域，甚至是同一流域的不同区间进行详细统计，整合区域内的文化遗产构成、种类和数量以及非遗特色等，分类、分地区管理。同时，建立多层级制度，设立各地区文化管理负责人，加强管理。搭建九省联动云端数据库，实时将文化资源分类归纳，上传至国家文化遗产数据网。

3. 注重科技创新

利用新科技手段创新黄河文化的保护、传承和开发，加大科技创新平台建设力度，以数字化的形式推动黄河文化的高质量发展，形成创新驱动、内生发展的核心理念。创立数字化信息平台对黄河流域文化遗产进行实时动态监控，建立数据库，同时采用 AR、AI 等新技术，再现黄河流域的历史奇观（吴丽云，2020）。不断创新文化内容，同时大力开发新的传播渠道，以视听娱乐、游戏电影、演艺观赏等方式展示新时期黄河文化精神。

4. 促进文旅文创深入融合

着力推进黄河流域文旅产业融合，充分运用现代立体表达方式，将非物质文化遗产进行活化，融入文旅文创作品，开发黄河文化特色作品，打造黄河文化品牌形象，形成多渠道、立体化宣传的新格局。

6.1.5 黄河文化高质量发展的战略重点

1. 健全和完善文化体制

在市场体制建设方面，要针对目前文化市场的弊端进行文化产权制度变革，改善文化产业制度变迁方式并降低制度变迁的成本。健全完善文化建设领域组织领导体系、政策引导体系，明确文化产业责任主体，落实文物保护主体责任、相关部门监管责任和文物负责管理人的直接责任。在市场运营方面，明确政府在市场体制中的引领和监管地位，完善文化资源开发、利用的引导和鼓励政策，放宽文化资源的市场准入制度，适当扩大或下放相关体系机制的权力，把运营权交给市场，吸引资金和人才，营造良好的文化消费环境，建立长效的文化消费机制，促使供给端和消费端共同发力，保障文化产业的健康可持续发展。

在法律体系方面，出台文化发展基本法。规范和维护文化产业市场的竞争秩序，对文化产业的资本进入、权益保护、资本退出等基本问题做出明确规定，细化文化产业市场制度法律法规的原则性指导，突破文化行业的市场壁垒，建立快速有效的产权保护制度和侵权救济法。

2. 明确黄河文化遗产保护对象，加大管理力度

文化是人类日常生产活动的产物，不仅包括建筑、工艺品、文字、雕刻、绘画等有形实体的物质文化遗产，还包括特定时期的风俗习惯、表演艺术、音乐、礼仪等无形的非物质文化（庄孔韶，2009）。根据物质文化遗产、非物质文化遗产的特征对黄河文化遗产进行统计分类，充分运用互联网数字化信息技术，建立档案数据库和黄河文化系统保护网站。

对于物质文化遗产来说，一方面对一些破坏严重的文化遗产及时予以修缮维护，另一方面对一些可以申报世界物质文化遗产的遗址遗迹及时申报。对于非物质文化遗产来说，要加快把非物质文化遗产转化为经济优势，打通非遗商品销售渠道，不断丰富传统工艺品种，创新对非物质文化遗产的传承方式，促进非物质文化遗产的全方位发展。

3. 九省跨区域协调联动

黄河流域各省份经济发展程度不同，对文化发展的重视程度不一，在文化保护和传承方面影响因素多而复杂。所以，需要协调九省地方政府对黄河流域文化高质量发展进行整体联动、跨区域文化治理。鼓励各地政府根据本地域文化发展实际、资源禀赋和发展定位，分区域做好规划建设工作。地方各级政府管理部门要以黄河文化基金会和委员会为黄河文化协调管理的载体，并为黄河文化高质量发展提供充足的资金和人力支持。与此同时，要充分利用现代化数字技术建立黄河流域智能化监测预警系统，吸引各大高校或科研机构大规模开展黄河文化的高科技保护和开发活动。

4. 划分黄河文化遗产保护核心区和辐射区

基于黄河流域多省域异质性的特征，对黄河流域沿岸城市进行划分，设立黄河文化遗产保护核心区和辐射区，发挥引领和示范带动作用。以河南省为例，目前河南省已经确立了黄河流域生态保护和高质量发展示范区，该区由孟州市、温县、封丘县、长垣市、兰考县 5 个沿黄河县（市）和郑州市大

都市圈组成，占地总面积 1.98 万平方千米，城镇化率水平达到 66.5%，经济总量超过河南省的 1/3（喻新安，2020）。

郑州市在黄河文化高质量发展中处于重要地位。为了促使郑州市在黄河文化高质量发展中的作用不断提高，必须做大做强郑州市这个国家中心城市。一方面，运用郑州的区位优势扩大黄河文化的影响力。要根据郑州的地理位置和经济发展态势，推动郑州以及沿线城市的供给侧结构性改革。根据 2018 年批准的《郑州铁路枢纽总体规划》，郑州迎来了重大发展机遇，规划形成以石家庄、济南、徐州、阜阳（合肥）、武汉、重庆、西安、太原，京—广、徐兰、郑万、郑太、郑阜、郑济高速铁路，京广、陇海铁路为主要干线的八个方向，引进郑州—开封、新郑机场、洛阳等城际铁路环形辐射大型铁路枢纽。按照郑州内部、外部的总体布局，要充分发挥郑州市交通枢纽的优势，高效促进沿线城市周边群体的发展。所以，在郑州城市带建设方面，加强区域间的联系，推进运输系统、产业发展、政府公共服务和市场要素的一体化对接，不断优化资源配置的能力，形成高质量发展的产业经济带。综合上述集成优势，提升黄河文化影响力。另一方面，把民族文化植入黄河文化体系，推动黄河文化传承创新。要促进郑州民族中心城市建设，可以根据郑州本地区现有优势，结合新兴科学技术，打造有重要国际影响的文化产业基地。

总之，要把文化的地域属性和地域的文化属性高度统一起来，一方面，以黄河流域赋予中国文化地标意义；另一方面，把黄河文化发展和黄河流域发展统一起来，让黄河流域各省份成为黄河文化的建设者、保护者和受益者。

6.1.6 黄河文化高质量发展的策略

1. 组织开展文化活动，注重基础设施建设

在推动黄河文化高质量发展时，要注重文化基础设施建设，补齐短板，做好公共性服务事业，切实保障人民的利益。一方面，修复、完善现存的黄河文化设施，重塑其历史价值、文化价值、生态价值和经济价值。要高度注重对三峡黄河湿地、辉县五龙山、秦晋大峡谷、莫高窟壁画、黄河古栈道、九龙洞风景区等古遗址的修缮。另一方面，在这些景观区中把黄河号子、黄

河大水车、河灯等非物质文化遗产串联起来，以电子广告、影视文化传播、区域文化活动、服饰餐饮等形式传播黄河文化，拓宽黄河文化的传承载体和传播渠道，让黄河文化融入现代生产生活。同时，加大对沿黄博物馆、人民公园、图书馆、戏剧院和免费旅游景区的资金和人力投入力度。对一些历史悠久的遗址，可以通过国家审批，打造国家级文化公园。

加大地方性文化遗产的宣传力度，将沿黄地区的博物馆、历史名人学堂等以公共教育的名义吸引广大教育部门学习体验。将黄河流域文化故事、风俗习惯等编制成宣传册，分发给各地学校。政府也要搭建好黄河文化交流平台，在高校或者国际性交易中心开设讲座、研讨会。联合相关高校和科研部门，对黄河流域文化进行研究，进而引导、提升黄河文化建设，提高中华文化“软实力”。创新黄河文化传播手段，讲好“黄河故事”，加强黄河文化国际交流，推动黄河文化“走出去”，提升黄河文化传播力、影响力。

2. 促进沿黄地方经济市场化转型，建立现代化文化产业体系

打造开放化、公平化、市场化的文化发展平台，不断规范文化发展的市场秩序，建立现代化高质量的文化组织和交易体系。鼓励各层级政府加大政策引导力度，并积极采用财政拨款、财政贴息、税收返还等手段，推动大规模社会资本拓展黄河文化遗产保护和开发领域。

此外，要拓展黄河文化传承形式，不断丰富和完善文化市场的产业类型，如以音乐、绘画、戏剧、影视传播、网游等形式，推动黄河文化产业走出国门，增强其国际竞争能力。一方面，推动相关文化企业形成产业集群，构成产业链，并做好扩链、补链等各项工作，全面提高黄河文化竞争力。另一方面，加大对黄河文化产业发展的保障力度，建立高效全面的政策促进体系，并努力提高其实施效果，采取创新形式，将数字化传播和文化实体运营有机结合，让这些悠久的历史文化资源成为“中华文化的脸谱”。

将现代化技术融入黄河文化高质量发展进程。倡导广泛使用游戏服务、全息影像、VR 技术、遥感技术等科学技术，保存好黄河文化的底板，并为开拓黄河文化的市场提供坚实的技术支撑，为人们带来全新的文化感受。可以开发一些有关黄河文化的游戏，在游戏中融入黄河文化的一些元素，让年轻

人感受黄河文化的魅力；在构建黄河文化产业体系时，要结合不同群体的消费偏好，引导黄河文化发展和创新。

3. 打造地区文化品牌

要充分依托黄河内在的文化价值，将文化和旅游相结合，打造“中华源，黄河魂”文化旅游生态融合发展的知名品牌，建设黄河文化经济带，构造世界级旅游基地。

黄河沿岸各省份要整合本地黄河文化的旅游资源，将本地现有文化资源优势与本地生态建设密切结合，打造鲜明独特的文化形象品牌，例如，建设文化街、文化地标、文化贸易中心等。一方面，可以推动黄河文化民族性、多元性、历史性特点与红色文化、社会主义文化等文化内容的融合发展，建设一些具有本地特色的休闲小镇、共享农庄、度假区、风情旅游区，构建文化产业链。另一方面，可以举办区域文化节，开展多样的文化活动。在各类文化活动中，可以融入剪纸艺术、舞龙舞狮、诗词、皮影戏、编织、泥塑等古老的技艺活动，采用电影、动漫、手绘、设计等艺术载体，用新的表现手法将人物、典故、风俗习惯进行演绎表现。此外，还可以借明星效应，选取地区形象大使，在当地开展公益性活动，积极宣传推广黄河文化。

4. 提升黄河文化的开放程度

总体来看，黄河流域地处中国内陆，开放水平总体偏低。数据显示，黄河流域进出口总额、实际利用外资金额占全国的比重分别为10.32%、9.32%，仅相当于长江流域的23.70%和22.48%，比GDP占全国的比重低11.66个和12.48个百分点，对外开放程度明显较弱。①

黄河流域位于东西南北各方文明火花碰撞的交汇处，涵盖了博大精深的多元文化，是不同地区社会经济文化发展“活的纽带”。扩大黄河流域对外开放范围，发挥“一带一路”的优势，将黄河文化融入世界文化，开展国际性黄河文化产业交流活动，加强与世界各地文化的交流联系，推动黄河文化

① 苗长虹，赵建吉. 强化黄河流域高质量发展的产业和城市支撑［N］. 河南日报，2020-01-15（11）.

"走出去"。一方面，政府要充分发挥文化传播的作用，在世界各地举办一些国际性的文化活动。另一方面，根据国际消费文化需求，立足本土文化资源，打造消费者喜闻乐见的国际性文化产品，创立知识产权品牌，提升黄河文化的整体开放程度。

6.2 中国旅游业高质量发展：以河南省信阳市为例

旅游业是一个综合性的经济产业，是国民经济的重要组成部分，旅游业涉及面较广，包括旅游食宿、交通、购物、旅游资源开发、旅游辅助建设等，对经济及相关产业发展具有极大的带动力。

绿色旅游是一种遵循可持续发展的生态道路，其目的是力争实现旅游活动与自然环境生态之间平衡，并兼顾提供以生态环保为特点的各种旅游服务及产品。绿色旅游不仅能让旅行者享受自然风景的精神愉悦，也能接收到旅游风景地区文化的知识，同时，还能促进旅游景区的绿色生态发展和区域经济的稳定增长。

河南省信阳市绿色旅游业的发展优势凸显。信阳市位于河南省的最南端，南部与湖北相邻，东部与安徽搭界，位于河南、湖北、安徽三省交会处，地理位置优越，有着"江南北国、北国江南"的美誉。信阳市的气候宜人，生态资源和物产丰富，被誉为"中国十大最宜居城市之一"，同时又是历史悠久的红色革命圣地。独特的自然人文资源的聚集，促使信阳市绿色旅游业迅速发展，经过多年的发展，信阳市的旅游业已成为该市的优势产业，旅游资源得到一定的开发利用，规模不断扩大，绿色旅游业良好的发展趋势基本建立。

但是，信阳市旅游业发展战略缺乏科学、系统和长期的规划目标，存在资源与发展水平不匹配问题，旅游业的高质量发展相对落后。因此，信阳市要充分发挥独特的地域及自然资源优势，全面规划制定绿色旅游发展战略，打造信阳特色的旅游品牌，全面提高信阳市绿色旅游业高质量发展水平，为建设信阳市旅游城市品牌夯实坚实的基础。

6.2.1 信阳市绿色旅游业发展的现状与存在的问题

1. 信阳市旅游资源较为丰富

信阳市地势南高北低，属于阶梯形地貌特征。境内的山区和丘陵铺布整个城市，森林覆盖率很高。如今，已经建成多个国家级和省级森林公园、多个自然生态保护区和国家湿地公园，这对于绿色生态环境区域化构建尤其重要。信阳市又处于淮河上游，汇聚长江、淮河两大水系，河流众多，大小河流遍布全市，水资源总量大、水质好，有多个大、中、小型水库建设，如南湾湖水库是新中国成立后首批兴建的水利工程，对整个信阳市的生产生活有着重要的影响。同时，矿产资源种类多，储藏丰富。投建开采的大中型矿高达 42 处，特别是非金属矿产资源丰富，上天梯非金属矿是亚洲第一大非金属矿，信阳市就占据了全国上天梯非金属矿的一大半。

信阳市处于江淮之间，深受以长江流域为源头的荆楚文化和吴越文化以及以黄河流域为源头的中原文化的影响。信阳文化历史的起源可以追溯到商周时期，它是诸侯申伯的封邑地区，在秦朝的时候设立为义阳乡，唐朝演变成淮南道的申州、光州二州郡，在北宋时期改称信阳。信阳自古以来名人辈出，如古代的公祖句兹、孙叔敖、司马光、郑成功等，近现代的许世友、李德生、邓颖超等。开辟了鄂豫皖红色革命根据地，成为全国第二大革命根据地。

信阳市地理位置优越，交通便利发达，铁路公路网密布。京广、京九铁路以及多条国道、省道线路贯穿其中，高铁、火车、汽车站基础设施完善。信阳市距离湖北省武汉市、安徽省合肥市和河南省郑州市路程近，是三省经济文化交流合作的重点地区，交通枢纽重要地位更加显著。

信阳市茶文化历史悠久，茶品质优良，生长环境好。信阳毛尖多次获得国内外茶品牌大奖，是中国十大名茶之一。为进一步加大信阳茶文化品牌宣传推广力度，打造以信阳毛尖为代表的中国名茶的特色品牌，信阳市政府连续 14 年举办信阳茶文化节。

信阳市辖区内有着丰富的旅游资源，有鸡公山、南湾湖、灵山寺等一大批知名度高、绿色生态的国家级、省级风景名胜区、湿地公园和自然保护区。信阳市审批和开放 3A 级以上景区高达 47 家，省级、市级景区达 100 多处。中国著名的四大避暑胜地之一——鸡公山旅游景区，有八大独具特色的自然景观、森林植被、各类物种的自然发展生态圈。在以山峰、水流、森林、岛屿为特色的南湾国家森林公园，依靠湖泊开发的水上乐园南湾湖，汇聚了多个不同的岛屿，素有“豫南明珠”的美称。这些构成了绿色生态旅游突出的自然与人文优势，带动信阳绿色旅游业软发展。信阳市主要旅游资源如表 6-1 所示。

表 6-1 信阳市主要旅游资源

资源	类别	主要旅游资源
自然旅游资源	地文景观类	鸡公山风景区、商城县金刚台国家地质公园、信阳平桥区震雷山风景区、浉河区龟山风景区、浉河区贤山公园、新县金兰山国家森林公园、光山县紫云山风景区、光山县牢山风景区、光山县赛山风景区、商城县观阵山风景区、商城县观音山风景区、商城县伏山卧佛风景区、罗山县龙池大峡谷、新县九龙潭风景区、息县濮公山地质公园
	水域风光类	南湾湖风景区，商城县汤泉池风景区，光山县泼河湖水利风景区，浉河区董家河乡公母潭风景区，浉河区浉河港乡白龙潭瀑布、黑龙潭瀑布，浉河景光带，光山县五岳湖水利风景区，商城县鲇鱼山国家级水利风景区，新县香山湖国家水利风景区，罗山县石山湖风景区，光山县龙山湖国家级风景区，淮滨县东西湖风景区
	生物景观类	长生谷风景区、波尔登森林公园、新县金兰山国家森林公园、光山县王母观风景区、罗山县龙池景区、固始县白鹭园自然保护区、天目山省级自然保护区、罗山县董寨国家级自然保护区、商城县黄柏山生态旅游区、新县连康山国家级自然保护区、淮滨县淮南湿地省级自然保护区、固始县安山森林公园、平桥区两河口湿地公园
	天象与气候景观类	鸡公山风景区的佛光、云海、雾凇、雨凇、霞光、高山气候，南湾湖景区的湖光潋滟、山色葱翠、月夜仙境，金刚台国家地质公园的奇山雾峰、清溪碧潭，震雷山风景区的“雷沼喷云”，信阳贤山公园的“贤岭松风”

续表

资源	类别	主要旅游资源
人文旅游资源	文化遗址遗迹类	罗山县灵山风景名胜区、光山县净居寺生态旅游风景区、固始县华阳大佛山风景区、固始县西九华山风景区、商城县苏仙石风景区、潢川县洪山寨综合旅游区、新县何家冲红色旅游景区、商城县革命烈士陵园、新县中共中央鄂豫皖分局旧址、新县许世友上将故里、光山县邓颖超祖居、信阳鄂豫皖苏区首府博物馆、商城县刘邓大军前方指挥所旧址、《罗山协议》签订旧址、光山县王震旧居、光山县花山寨会议旧址、光山县万海峰将军旧居、平桥区吴家尖山风景区、浉河区红军广场、商城县抗日忠烈祠、商城县苏维埃政府旧址、浉河区四望山红色旅游景区、光山县王大湾会议旧址、新县首府一条街旧址群、光山县刘伯承脱险纪念地、新县郑维山将军故里游览区、罗山县天湖后李商周墓地、光山县司马光故居景区、息县息国故里、潢川县黄国故城遗址、潢川县霸王台
	娱乐休闲活动类	新县江淮岭生态园景区、浉河区香如故植物观赏园、狮河区恒阳生态园、李家寨镇波尔登森林公园、商城县汤泉池风景区、浉河公园

资料来源：根据信阳市人民政府网、信阳市旅游局网站资源整理而成。

2. 信阳市绿色旅游业异军突起

信阳市绿色旅游业的发展有着先天性的优势。以上提到的重要的地理区位、便捷密布的交通线路、丰富各异的绿色生态资源、历史悠久的景区文化等构成了信阳绿色旅游业的发展基础。近年来，信阳市政府为了响应“生态文明建设和绿色发展”的号召，结合信阳旅游业现有的生态资源，完善旅游景区的基础设施建设和相关绿色旅游业产业链的发展，力推全市旅游景点的协调发展，推出了历史名胜古迹、红色革命文化、生态绿色景区三种特色旅游板块。

在促进绿色旅游产业发展的同时，信阳市的旅游业总产值持续多年处于稳定增长的趋势，居河南省旅游业总产值的前列，促进了信阳市国民经济的迅速增长，游客接待人数总量与旅游年收入也呈现逐年稳步上升的态势，由2014年的旅游接待人数2046.3万人次和旅游综合收入116.2亿元分别上升至

2018 年的旅游接待人数 4243.2 万人次和旅游综合收入 313.85 亿元，2014—2018 年接待游客的人数和旅游综合收入分别呈增长趋势，如图 6-1 所示。

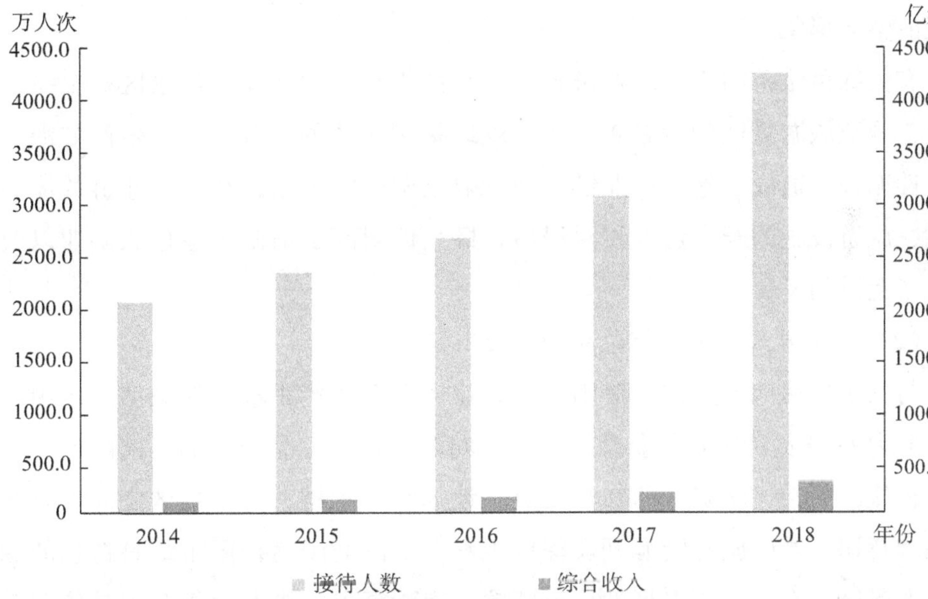

图 6-1 信阳市旅游情况

资料来源：信阳市统计年鉴（2015—2018 年）。

信阳市旅游业呈现迅速发展的劲头，经济规模持续扩大，市场知名度不断提高，旅游收入倍增，成为全市经济增长的重要拉动力。但与全国甚至河南省的旅游经济先进地区相比，差距还很大，制约着信阳市绿色旅游经济高质量发展。信阳市绿色旅游业发展速度、发展规模与丰富的文化旅游资源还有些不相适应，集中体现在传统旅游资源的规划和开发力度不大、绿色旅游业市场与新兴发展模式相结合不够、传统的旅游景区发展模式和基础设施有待完善等方面，导致绿色旅游业整体发展较为缓慢。

3. 信阳市绿色旅游业发展存在的问题

（1）绿色旅游产业链整合力度不足

信阳市有着丰富的绿色生态自然资源，但绿色旅游业整体呈现出旅游景区分散管理、绿色旅游知名品牌不突出、景区线路规划不合理等问题，缺乏完整的旅游产业整合规划，同时与旅游相关的附加产业缺乏有效融合机制，以及品质优良的诸多旅游产品，出现很多鱼龙混杂的服务店铺和质量低劣的旅游产品，更有一些旅游景点旅游设施和旅游食品存在安全隐患问题，影响景区的整体形象。

有关绿色旅游的资金产业链投资运行能力较弱，开发建设景区资金投入不足，导致旅游景区的设备不完善，难以提供优质的服务，形成生产与消费的恶性循环，造成了旅游产业链短缺，缺乏调整绿色旅游相关产业链的体制机制，旅游设施的开发建设相对滞后，极大地限制了信阳市绿色旅游业以及有关产业链的发展。

（2）宣传方式单一，特色品牌不突出

与旅游发达地区相比，信阳市旅游业还存在宣传手段不够灵活、运用新媒体能力差、旅游营销资金投入不足等问题。在特色品牌方面，信阳市还缺乏特色旅游品牌，旅游区的知名度更多地局限于本省，各个景区之间没有联合品牌意识，景区旅游资源开发深度不够。如南湾湖是信阳市最具特色的绿色生态景区，有着丰富多样的生态资源，南湾湖上游黑龙潭等茶山是信阳毛尖的正宗产地；南湾湖中盛产的鱼类味道鲜美，还富含多种微量元素；南湾湖还有多种动植物。这些特色的生态优势在对外的宣传力度和相关品牌构建中有待深度挖掘。鸡公山风景旅游区知名度较低，其他景区也没有得到有效开发利用和制定突出特色的旅游品牌营销战略，造成旅游资源的严重浪费。

（3）旅游专业人才储备不足

旅游业正处于产业转型升级阶段，旅游人才重要性日益凸显。只有高质量的旅游专业人才聚集，才能提供更优质的旅游服务，进而吸引游客。信阳市旅游业缺乏高素质的专业型旅游人才，懂旅游、懂管理、懂外语的专业型人才匮乏，从业人员素质较低。大多数旅游相关行业的从业人员专业技术水平、服务能力和职业道德有待进一步提高，行业培训的力度还需进一步加大。

（4）绿色旅游意识淡薄

游客、政府及旅游行业相关产业部门等在绿色旅游中占有重要地位，而在现实中，人们绿色旅游观念意识淡薄，一些游客只是为了追求自身旅游体验感和舒适感，低碳环保意识淡薄。而旅游相关部门为了追求更高的经济效益，忽视了对自然环境的保护。

（5）缺乏城乡之间的旅游整体规划

信阳市的经济发展水平具有地区发展不平衡、城乡差距大的特征。由于政府政策扶持力度大，再加上独具优势的城市圈发展效应，信阳市区及一些城郊得到了快速发展，这就导致城市与乡村发展的差距越来越大。信阳市的旅游景区多集中在市区、郊区，很少与辖下的县城农村连接互动。而农村具有很大的旅游发展潜力，有很多文化历史遗址，生态环境质量好，特色农家产品种类多。然而，在全域旅游产业统筹规划、协同发展方面，信阳市多景区联动机制尚未建立，不能相互拉动和带动旅游产业融合发展，制约了信阳市旅游业的发展。

6.2.2 信阳市绿色旅游业发展的对策

1. 加大宣传推广力度，开发绿色旅游业

加大绿色旅游的宣传推广力度以及对绿色旅游产业的建设开发强度。在宣传力度方面，首先，面对不同年龄段和不同消费阶层的人群，制定精准的宣传策略。对于中老年人，以传统的媒介（如电视、报纸和杂志等）为平台，宣传信阳绿色旅游；而对于青年人，则要有效利用网络等新生媒介。

信阳市要借鉴和学习其他地方的旅游宣传推广经验。近年来，河南省政府高度重视旅游业高质量发展，积极地结合本省特色文化进行大力宣传，打造了“记忆中原，老家河南”的旅游宣传文化片，获得了海内外的大量好评，提升了信阳市绿色旅游的知名度。信阳市应通过类似平台的宣传，展现信阳市各个特色旅游点的亮点，打造一批特色旅游景区，不断吸纳省内外游客。

同时，在推动绿色旅游业的进程中，不断完善景区游乐设施建设，高质量打造一批有特色的旅游项目，形成一条“吃住行游购娱”完整的旅游产业链，进一步提升游客的体验感、满意度。

2. 培养专业旅游管理人才

构建并不断完善旅游管理专业人才培养和引进机制，不断加大优惠就业政策扶持力度，建立旅游人力资源数据库系统和人才激励机制。同时，要注重旅游业人才服务能力和技能素质的培训；要结合利用本地区优势，加强校企合作交流，培养旅游人才。此外，创新旅游管理服务人才的就业机制，在旅游景区和当地高校之间形成定向培养与就地工作的机制，加强队伍建设，为信阳市旅游业提供人才储备和支撑。

3. 突出当地特色旅游景区品牌优势

信阳市要结合自身特色，打造特色绿色旅游品牌。宣传推广信阳红色革命文化和历史古迹，整合完善红色革命文化旅游资源路线，开设特色的展区模块。此外，还要改造和提升红色旅游景区的基础设施建设，全面推出特色的红色旅游产品。

完善信阳市绿色旅游发展机制，塑造信阳市绿色旅游精品景区。将鸡公山、南湾湖、灵山寺 3 个旅游景区作为特色信阳旅游品牌，着重构建信阳市绿色旅游精品景区的战略阵地，更好地讲好信阳故事，合理有效地规划全域景区建设，合力打造高质量、高影响的豫南绿色旅游知名度。同时，完善景区的硬件设施建设和软件服务环境，为信阳市绿色旅游业的高质量发展创造上升的空间动力。

4. 要把绿色环保意识融入旅游发展全过程

绿色旅游行业的核心发展目标是要达到绿色生态平衡，实现该产业的可持续健康发展。将绿色环保意识真正落实到实际行动中，需要政府、有关生产部门和消费者的共同努力。在旅游景区的开发和建设中，信阳市不仅要加大对旅游景区资源与生态环境的保护力度，还要对旅游景区内新建项目进行环境评估和合理利用资源，严格管理旅游景区中的各种酒店、餐饮、歌舞厅等游乐旅游服务设施，杜绝景区内不合理的项目建设，依法保护消费者的合法权益，同时，要在必要景区地段还原自然的原生态，维护景区绿色生态平衡，从而实现旅游地区的可持续发展。

信阳市政府要加大绿色旅游业生态环境保护的宣传教育普及力度，对旅游行业管理人员和经营者进行绿色生态指标的考核，引导消费者践行绿色生态旅游文明行为。

5. 制定绿色旅游业规划方案

制定绿色旅游业规划方案、高效绿色旅游产业政策，找准绿色旅游科学定位，并加强对绿色旅游业的监管和引导，加大政策扶持力度，通过政府的放权和减权，促进信阳市的旅游市场更好地发展，拓宽融资渠道，为推动信阳市绿色旅游产业快速、健康、持续发展奠定基础。

充分利用国家和河南省颁发的有关优惠政策，例如，2015 年，国务院印发《关于大别山革命老区振兴发展规划的批复》。2016 年，河南省印发了《河南省大别山革命老区振兴发展规划实施方案》。2018 年，《淮河生态经济带发展规划》获国务院批复并实施，这标志着国家把淮河生态经济带发展上升到了国家发展战略，而信阳市正处于经济带的核心区域。

不断加强和完善旅游景区基础设施、生态环境建设，不断改善绿色旅游发展环境，大力宣传旅游业环境教育与绿色理念，出台创新绿色旅游发展机制，规范旅游市场对旅游资源的合理开发利用，保障绿色旅游行业的健康稳定发展。

6. 构建城乡旅游一体化格局，推动乡村绿色旅游发展

信阳市市区和乡镇之间存在大量优质的旅游资源，但城乡之间缺乏紧密、高效的资源联系和信息共享。而如何构建城市和乡镇旅游一体化格局，成为信阳市绿色旅游业高质量发展的重要突破点。首先，要整合信阳市城乡间有特色的旅游资源，找到两者之间的契合点。例如，加大人文旅游资源中的文化历史遗址遗迹的保护和开发力度，形成以光山县的司马光故居景区、邓颖超故居、王震故居、万海峰将军故居，潢川县的黄国故城遗址，息县的息国故里等为代表的精品景点，打造以新县的何家冲红色旅游景区、鄂豫皖苏区旧址、浉河区红军广场和四望山红色旅游景区等为代表的旅游景点。通过这些景点的带动，信阳市城乡之间的联系更加紧密，促进信阳市绿色旅游城乡一体化发展，推动信阳市绿色旅游业整体水平逐渐提升。

信阳市政府及其旅游部门要着力构建本市特色文化历史旅游资源平台，

推动城乡旅游融合发展；要加大力度扶持乡村旅游经济，实行优惠实利的政策，缩小城乡间的经济差距，促进信阳市旅游业高质量发展。信阳市推行乡村绿色旅游的措施，将会促进乡村一系列建设和发展，有利于实现新时代新农村的规划目标。

6.2.3 结论与展望

信阳市绿色旅游业的发展在近年来取得了一定的成效，促进了信阳市经济的发展，也缩小了信阳市城乡之间的差距。但是，总体而言，信阳市绿色旅游业尚未充分发挥资源优势的潜力，对乡镇旅游政策的扶持力度小。信阳市政府应积极探索实施绿色旅游业的创新发展模式，注重生态环境的绿色保护，完善旅游设施，培育和引进高素质专业旅游管理人才，打造信阳市绿色旅游的特色品牌，提升其知名度和美誉度，增强绿色旅游的竞争力和发展潜力，从而实现绿色旅游业高质量发展的既定目标。

7　中国经济高质量发展的区域路径

7.1　对中国经济高质量发展区域路径的整体性认识

实现经济高质量发展，就要坚持质量第一、效率优先的方针，推动经济发展质量变革、效率变革和动力变革。河南省经济高质量发展是国家经济高质量发展的重要内容，河南省委十届六次全会明确指出，务必贯彻全新的发展理念，促进经济结构战略性调整，将目光聚集在高质量发展上。

近年来，河南省经济增速较快，2017 年，郑州市地区生产总值为 9130.2 亿元；2018 年，增至 10143.32 亿元，以 11%的增速进入“万亿城市俱乐部”。而河南省的其他地级市经济增长则相对较慢，发展明显落后于郑州。

2023 年是河南省经济发展面临着机遇和挑战的一年。一方面，由于重大战略的叠加，经济发展的效应更大，新动能继续保持较好的增长势头，综合竞争的优势突出。目前，河南省仍处在产业转型阶段，经济下行压力逐渐增大，创新驱动引领经济高质量发展仍然任重道远。

7.1.1　以新思想引领经济高质量发展

党的十八大以来，习近平总书记提出了一系列新理念新思想新战略，引领中国经济走上高质量发展之路。习近平总书记就河南省经济发展问题提出了“四个着力”“四张牌”“三个起来”等要求，为河南省经济进一步发展指明了方向。要把河南省高质量发展放在中华民族伟大复兴战略全局和世界百年未有之大变局中来定位，要放在统筹推进“五位一体”总体布局、协调推进“四个全面”战略布局中来定位，要放在构建以国内大循环为主体、国内国际双循环相互促进的新发展格局中来定位。①

实现经济高质量发展，首先要学好、领会好习近平新时代中国特色社会主义思想，特别是习近平经济思想，在实践中深入贯彻落实其本质要求、根本立场和主要内容，推动河南省经济发展高质量落地生根。

7.1.2 科技创新是推动经济高质量发展的核心引擎

习近平总书记在党的二十大报告中强调，完善科技创新体系，坚持创新在我国现代化建设全局中的核心地位。科技创新是高质量发展的重要内核，也是全面建成社会主义现代化强国的关键支撑。

我们要完整、准确、全面贯彻新发展理念，坚持和强化创新驱动在实现高质量发展中的重要作用，锚定“两个确保”，深入实施创新驱动、科教兴省、人才强省战略，奋力建设国家创新高地和重要人才中心。一是加快推进科技自立自强，把握科技创新努力方向，加大重点领域科技创新力度，强化高端创新平台载体，积极培育建设国家区域科技创新中心，做优做强郑洛新国家自主创新示范区。高质量建设省实验室，聚焦“顶天立地”，主动对接国家战略科技力量体系。积极推动一流大学（科研机构）郑州研究院建设，形成具有国际影响力的科学园区。二是强化关键核心技术攻关。以国家战略需求为导向，聚焦世界前沿技术、“卡脖子”技术、应用型关键共性技术，集聚力量进行原创性引领性科技攻关。强化优势领域科研攻关，围绕国家种业振兴战略和河南现代种业强省建设，推动学科链、人才链、创新链、产业链深度耦合。积极参与国家战略性科学计划和科学工程，开展前瞻性基础研究，促进基础研究、应用基础研究与产业对接融通。三是强化企业创新主体地位。要加强对企业创新的全方位支持，推动惠企政策扎实落地。引导企业加大研发投入力度，持续推进规模以上工业企业研发活动全覆盖，引导支持、培育

① 河南省社科联课题组.奏响新时代中部地区高质量发展的河南乐章[EB/OL].https://news.dahe.cn/2021/06-10/851559.html.

建设一批创新联合体，在河南省主导产业、战略性新兴产业和未来产业优势领域实现创新联合体建设全覆盖。四是强化人才引领驱动。深入实施“中原英才计划”，建立领军人才发现机制和项目团队遴选机制，在重大科技任务担纲领衔者中培养和发现一流创新人才，创新科研育人模式。五是强化创新体系整体效能。完善科技创新领导体制，优化决策和工作推进机制，强化对创新驱动、科教兴省、人才强省战略的组织实施，主动对接国家战略科技力量，统筹科技组织协调与资源配置，实现科技治理体系和治理能力现代化，推进以科技创新为核心的全面创新，建设高水平创新型省份。①

7.1.3 制度创新是驱动经济高质量发展的重要保障

制度创新是驱动经济高质量发展的重要保障，为科技、文化创新构建良好的制度氛围。河南省坚持深化“放管服效”改革、科技管理制度改革。推进要素市场化、营商环境和市场主体三大改革，坚持“放”给市场添活力、增动力，强化“管”实现公平、秩序，聚集“服”为办事简程序、提品质，致力“效”为市场提效率、增效能，消除体制机制障碍，激发市场主体活力，为经济高质量发展奠定制度基础。

7.1.4 动能转换是推动经济高质量发展的“助推器”

习近平总书记曾在世界经济论坛开幕式上明确提出，中国将着力提升经济增长的质量和效益，并且以供给侧结构性改革为主线，加快对原有经济发展方式的转变，加大对重要领域和关键环节的改革力度，加快推进创新驱动发展战略，积极推动战略性新兴产业发展，并且注重利用新技术新业态加快对传统产业的改造升级。培育壮大发展新动能，是优化经济布局、强化创新引领、保持经济平稳运行的内在要求。以新产业、新业态、新模式为主要内容的新动能实现稳步成长，为实现“十四五”良好开局、推动经济高质量发展持续注入新动力。

---

① 河南省科学技术厅召开党组理论学习中心组学习（扩大）会深入学习贯彻党的二十大精神［EB/OL］. https://www.most.gov.cn/dfkj/hn/zxdt/202212/t20221216_184035.html.

近年来，河南省深入实施创新驱动发展战略，加快5G网络等新型基础设施建设，抓紧布局数字经济、生命健康、新材料等战略性新兴产业，大力推进科技创新，新动能培育成效初步显现。一是创新基础能力不断增强。省直事业单位重塑性改革任务完成，形成了布局合理、职能清晰、协同高效的科研院所体系。省科学院重建重振完成架梁立柱，新建省实验室7家、省产业研究院15家、省中试基地28家、省创新联合体12家。国家重点实验室增加到16家，国家级高新区增加到9个。2022年，河南省财政科技支出411.1亿元、增长24.9%。二是产业提升和集聚势头明显加快。河南省产业提升效果明显，高技术制造业、战略性新兴产业占比分别达到12.9%、25.9%。在一些国家重大工程中，“河南智造”的贡献更加突出；“百千万”亿级产业集聚培育工程进展显著，形成了一批特色鲜明的战略性新兴产业集群。郑洛新国家自主创新示范区核心区生产总值突破千亿元，郑州市获批建设国家区块链发展先导区，郑汴洛濮氢走廊建设加快。三是创新主体更具规模和活力。河南省高新技术企业突破1万家，国家科技型中小企业达到2.2万家，主营业务收入超500亿元的企业达到11家。规模以上工业企业研发活动覆盖率达到52%，研发经费突破1100亿元，技术合同成交额突破千亿元。四是重大项目落地见效。超聚变服务器产值突破230亿元，比亚迪新能源汽车一期投产在即，宁德时代新能源电池等一批重大项目落地建设。五是数字赋能作用持续增强。数字经济和实体经济融合发展加快，数字经济对河南省经济增长的贡献率超过70%。新增智能工厂185个、上云企业3.6万家。① 当前，河南实施创新能力跃迁行动，培育发展新动能，使新动能成为高质量发展的“助推器”。

7.2 中国重点城市高质量发展模式：以郑州市为例

郑州是河南乃至全国重要的铁路、航空、高速公路主要枢纽城市。近年来，郑州战略地位日益提升。2023年，河南省政府工作报告再次强调，“加快

① 李红见．把培育新动能作为重要着力点（深入学习贯彻党的二十大精神）［N］．河南日报，2023-01-25（4）．

郑州国家中心城市建设，深化航空港区体制机制重塑改革，构建主城区与航空港区双核引领发展格局，提升城市首位度。加快郑州都市圈一体化发展，打造郑（港）汴许主引擎，推动郑开兰特别合作区建设”。

本节对郑州市区域经济高质量政策制定和执行情况进行分析，有助于促进郑州市区域经济高质量发展，推动中原经济区建设。

7.2.1 郑州市经济高质量发展现有政策执行情况

1. 相关政策

（1）中国区域经济高质量发展相关政策

党的十八大以来，我国在区域协调发展方面采取了一系列重要政策措施，有力地促进了区域协调发展和地区经济的合理布局。2019 年以来，区域经济发展获得政策肯定与大力支持。2 月，建立粤港澳大湾区得到上级政策批准；8 月，6 个新设自贸区获国务院批复；10 月，首批国家数字经济创新发展试验区开始筹备前期准备工作；12 月，《长江三角洲区域一体化发展规划纲要》印发。区域经济发展在政策保障下，为中国经济高质量发展提供重要支撑。

（2）河南省区域经济高质量发展相关政策

河南省政府于 2018 年 12 月发布了关于如何有效、高效吸引外来投资以促进经济高质量发展的相关文件，该文件通过从市场准入、服务水平、开发区作用、产业发展环境层面的阐述，为地区经济发展营造有利的投资环境，以高质量的开放推进高质量的发展。2019 年 8 月 20 日，河南省政府出台了关于如何促使本地区产业集聚区高质量发展的相关文件（豫政办〔2019〕43 号），把推进产业集聚区高质量发展、培养优化竞争性集群作为发展目标，提出了提高亩均产出效益、提速产业集群培育、提升绿色发展水平、推进智能化改造、深化体制机制改革五项主要任务，并提出注重规划引领、加强政策支持、强化精准招商、优化营商环境、加强考核激励等保障措施。

(3) 郑州市区域经济高质量发展相关政策

为了推动民营经济高质量发展，郑州市出台了相关文件。2019 年 1 月 28 日，郑州市政府办公厅印发了郑州市金融服务民营经济高质量发展的相关政策文件（郑政办〔2019〕6 号）。文件建议，要保障好民营企业金融服务政策平稳落地，引导民营企业充分使用好多层次资本市场融资渠道，保险业和银行业应当提高对民营经济发展支持的项目范围覆盖面，政府应提供财政资金有效支持民营经济发展，为民营企业提供良好的发展环境。

在促进本地区制造业高质量发展方面，2018—2019 年，郑州市围绕区域制造业高质量发展、抓好项目建设、充分发挥与强化投资的支撑力、构建产业协调发展和健康发展新生态、建设一流营商环境等出台了若干政策，促进郑州市制造业高质量发展。

在以投资推动经济高质量发展方面，郑州市提出要提高制造业项目引进的质量和效率，推动新建企业项目进度，推进企业技术改造、智能化改造、绿色化改造，加强项目监测服务和统计。

2. 政策实施效果

“十三五”以来，郑州市全面贯彻落实党中央决策部署及河南省委工作要求，区域协调发展取得明显成效，主要体现在以下几个方面。

第一，郑州市经济实力稳步提升。如表 7-1 所示，2018 年，郑州市生产总值 10143.3 亿元，比 2008 年增长了 7130.5 亿元，比 2017 年的 9193.8 亿元增长了 10.3%。人均生产总值达到 101349 元，较 2017 年提高了 8.1%。其中，第一产业增加值共 147.1 亿元，比 2017 年减少了 3.0%；第二产业增加值 4450.7 亿元，较 2017 年上升了 9.0%，其中，整体工业增加值共计 3746.2 亿元，较 2017 年提高了 6.4%；第三产业增加值达到 5545.5 亿元，较 2017 年增长了 11.8%。

表 7-1 2008—2018 年郑州市生产总值

年份	生产总值（亿元）	第一产业（亿元）	第二产业（亿元）	第三产业（亿元）	人均生产总值（元）
2008	3012.8	93.1	1654.4	1265.3	40736
2009	3306.0	101.4	1758.1	1446.5	44206
2010	4029.3	122.8	2197.4	1709.1	49800
2011	4954.0	129.8	2735.7	2088.5	56560
2012	5517.2	140.5	2933.1	2443.6	61685
2013	6197.4	144.9	3228.6	2823.9	68021
2014	6776.9	147.1	3487.1	3142.7	72993
2015	7311.5	150.9	3604.2	3556.4	77179
2016	8114.0	156.4	3796.9	4160.7	84113
2017	9193.8	151.6	4082.7	4959.5	93792
2018	10143.3	147.1	4450.7	5545.5	101349

第二，财政收入。如表 7-2 所示，2018 年，郑州市地方公共财政预算收入突破 1152.1 亿元，较 2017 年提高了 9.0%，其中，税收收入 859.5 亿元，较 2017 年提高了 10.9%；市本级收入 439.3 亿元，较 2017 年提高了 6.2%。在地方公共财政预算收入方面，个人所得税突破 46.1 亿元，相较于 2017 年上升了 13.8%；企业所得税 148 亿元，较 2017 年提高了 2.7%；增值税 303.6 亿元，较 2017 年提高了 11.3%；契税 96.1 亿元，比 2017 年提高了 9.3%；房产税 27.7 亿元，较 2017 年增长了 13.2%。

表 7-2 2008—2018 年郑州市地方财政收支 （单位：亿元）

年份	地方财政收入	地方公共财政预算收入	地方财政支出	地方公共财政预算支出
2008	3688486	2603899	4025174	2895018
2009	4502908	3019248	4869264	3530483
2010	—	3868038	—	4267173

续表

年份	地方财政收入	地方公共财政预算收入	地方财政支出	地方公共财政预算支出
2011	—	5023175	—	5665806
2012	—	6067039	—	7006373
2013	—	7236269	—	8156759
2014	—	8338761	—	9186100
2015	—	9428969	—	1 1033570
2016	—	10111833	—	13216232
2017	—	10566713	—	15149381
2018	—	11520549	—	17633339

第三，产业结构转型升级。近年来，郑州市加快产业结构调整，提高有效供给，促进产业高质量发展。郑州市把供给侧结构性改革作为突破口，通过补足有效的制度供给，完善优化体制机制，提升微观经济主体活力，为区域经济高质量发展提供强有力的支撑。除此之外，构建现代产业体系是实现高质量发展的重要因素，在构建现代化经济体系中起到了举足轻重的作用。郑州市把建设现代化的产业体系作为自身发展方向，推进产业结构转型升级。

目前，为促进产业结构转型升级，郑州市第二产业和第三产业均得到稳步发展。2018 年，郑州市三次产业结构从 2008 年的 3. 1：54. 9：42. 0 调整为 1. 4：43. 9：54. 7，第一产业下降了 1. 7%，第二产业下降了 11. 0%，第三产业上升了 12. 7%（见表 7-3）。郑州市三次产业结构的合理化从 2008 年到 2018 年逐步增强，有利于促进产业高质量发展。

表 7-3　2008—2018 年郑州市三次产业结构

年份	生产总值	第一产业	第二产业	第三产业
2008	100. 0	3. 1	54. 9	42. 0
2009	100. 0	3. 1	53. 2	43. 7
2010	100. 0	3. 1	54. 5	42. 4

续表

年份	生产总值	第一产业	第二产业	第三产业
2011	100. 0	2. 6	55. 2	42. 2
2012	100. 0	2. 5	53. 2	44. 3
2013	100. 0	2. 3	52. 1	45. 6
2014	100. 0	2. 2	51. 4	46. 4
2015	100. 0	2. 1	49. 3	48. 6
2016	100. 0	1. 9	46. 8	51. 3
2017	100. 0	1. 7	44. 4	53. 9
2018	100. 0	1. 4	43. 9	54. 7

具体来看，在第一产业方面。2011 年，郑州市政府发布了加快推动都市区现代农业建设的相关文件，把转变第一产业的发展方式作为抓手，优化第一产业整体架构，推进产业结构转型，建立起一套节约资源、绿色发展、循环发展、集约要素的现代化农业产业体系，增强第一产业高质量发展能力。

通过建立涵盖高标准农田建设工程、标准化“菜篮子”生产基地、高标准农田建设工程等都市生态农业体系工程，促进农业绿色高质量发展。通过建立农民专业合作社、农民创业示范园和郑州市农业适度规模经营模式等新型农业经营机制项目提高生产能力，完善产业链条。通过农业科技创新综合体建设工程、农田水利等基础设施建设、农村产权交易市场建设等农业支撑保障工程提高农业发展活力。

“十三五”把提高农业产量、使农民增收作为发展目标，在与农业相关的科技领域加大投资力度，加强基础设施建设，推进农业现代化步伐，使产业功能和城镇功能相互带动、相互促进，郑州市绿色农业发展实现多点突破。

在第二产业方面。以工业为主的第二产业对于实体经济的发展具有战略性意义，同时是第三产业发展的基础。郑州市在“十三五”期间充分发挥产业的集群效应，打破已有的产业体系，建设完善的现代产业体系，加快建设具有本地特色的郑州大都市区战略支撑产业。郑州市把第三产业、开发区和产业集聚区作为抓手，使每个地区都有自己核心竞争力的特色产业，坚持

"引外培内"并举，促进产业结构优化升级。

整体来看，郑州市统筹协调推进产业集聚区和工业专业园区发展，推动主导产业提质、绿色集约提效和创新发展提速，强化配套设施保障与要素供给保障相协调，推动第二产业的发展。2018 年，郑州市三次产业结构具体调整成 1.4∶43.9∶54.7，其中，工业在经济中的比重由 2017 年的 38.3%下降到 2018 年的 36.9%。

在第三产业方面。当前郑州市供给结构持续优化，第三产业"领跑"全省经济增长。2018 年，郑州市第三产业增加值为 5545.5 亿元，比 2017 年的 4959.5 亿元增加了 11.8%。第三产业增加值占郑州市生产总值的比重由 2016 年的 51.27%提高到 2018 年的 54.67%。

在物流业方面，郑州市在促进产业发展的同时，建立以国际陆港、航空港为中枢的国际物流网络，大力开拓亚欧国际市场，对接亚太地区物流业务。完善优化城市重要物流基础设施布局，打造以城市共同配送为支柱的特色城乡物流配送体系。完善重要物流基础设施，提高物流业信息化、标准化水平，提升物流园区功能。

在旅游业方面，郑州市将中国旅游集散中心与国外著名、国内顶尖的旅游地区的新发展模式作为自身发展方向，积极开拓国内外市场。坚持以智慧旅游理论和全域发展理念为指导，加大旅游业和相关产业的融合力度，拓展旅游业发展新模式。完善公共服务、集散、交通、通信、旅游标识等相关配套措施，为增强中原福塔、嵩阳书院、中岳景区、二七纪念塔、绿博园等旅游项目的文化底蕴和高质量发展提供支撑。

第四，社会事业不断发展。郑州市不断提高人民生活水平，建设起一套以人为本、共建共享的保障机制，增强公共服务保障能力，提高医、教、文、卫的发展程度，合理调整最低工资标准，提高公共服务均等化水平，让人民群众共享发展成果。

在居民收入方面，2018 年，郑州市城镇居民人均可支配收入突破了 3.9 万元，相较于 2017 年提高了 8.3%；农村居民人均可支配收入为 21652 元，比 2017 年增长 1678 元，提高了 8.4%。其中，郑州市中原区城镇居民人均可支配收入增长 8.4%，农村居民人均可支配收入增长 8.5%，较全市整体提高了 0.1%；中牟县城镇和农村居民人均可支配收入较 2017 年分别提高 8.9%、9%，较全市分别提高 0.5%、0.6%；二七区城镇居民人均可支配收入同比增长 8.3%，与郑州市全市持平，农村居民人均可支配收入同比增长 8.1%，比全市减少了 0.3%。

在脱贫攻坚方面，2020 年，郑州市开展“四项工程”专项扶贫工作。在交通扶贫方面，登封市、新密市、航空港区等县（区）10 个贫困村 16 千米农村公路升级改造基本完成，使贫困村的交通与通信达到全覆盖。在环境方面，把改善农村人居环境作为鼓舞振作贫困户生产生活精神的措施之一，以改善居住环境和面貌、治理污染为突破口，积极开展专项整治工作，加大力度处理好污水与生活垃圾，如厕环境改善，动员群众投工投劳 4.5 万人次，清理农村生活垃圾 3.5 万吨，贫困村坑塘沟渠基本得到治理，贫困户改厕工作扎实推进，极大地改善了贫困户生产生活环境。在电力扶贫和网络扶贫方面，推进实施农村电力水利、网络通信改造升级工程，电网升级扶贫计划建成 11 个 110 千伏及以上变电站已全部完成；网络扶贫已实现手机移动信号、光纤宽带网络信号全覆盖。在安全饮用水方面，做好农村饮用水安全巩固提升工作，安排水利扶贫专项资金 718 万元，已完成用于支持巩义、登封 6 个乡镇 10 个村庄的饮用水安全项目建设任务。

在社会保障方面，郑州市近年来加大力度覆盖社会保险参保范围，积极发展社会福利事业。2018 年，郑州市各项社会保险参保达到 1996.63 万人次，五项社会保险基金收入达 400.33 亿元。郑州市不断完善最低生活保障制度，为 3077 名困难群众代缴城乡居民养老保险费用 60 万元。加快完善机关事业单位的养老保险制度建设步伐，全市 4355 家机关事业单位登记入库。2018 年，为企业减负 15.56 亿元。不断完善覆盖教育、住房、医疗等公共服务体系，推进困难群体受益面范围，提高居民生活水平。

7.2.2 区域经济高质量发展典型举措与经验

为了更好地促进郑州市经济高质量发展，我们选取了与郑州市同为国家中心城市且经济综合水平较高的重庆市作为案例进行研究，探索重庆市经济发展模式，为郑州市提供借鉴与参考。

近年来，重庆市深入贯彻落实习近平总书记对重庆市提出的“加快建设内陆开放高地、山清水秀美丽之地，努力推动高质量发展、创造高品质生活，让重庆各项工作迈上新台阶”，大力建设西部大开发的重要战略点，利用好长江经济带与丝绸之路经济带的交汇处的区域优势，建设内陆开放高地，推进生态文明建设和经济高质量发展，提高人民生活水平。

2019 年，重庆市实现区域生产总值 23605. 77 亿元，远超过郑州市区域生产总值。第一产业增加值达到 1551. 42 亿元，较 2018 年增长了 3. 6%；第二产业增加值为 9496. 84 亿元，与 2018 年相比增长了 6. 4%；第三产业增加值突破 12557. 51 亿元，与 2018 年相比增长了 6. 4%。人均生产总值达到 75828 元，较 2018 年增长了 5. 4%。

从过去几年重庆市发展战略和实践中可以总结出以下几点经验。

一是立足于加快推进产业转型升级。为实现现代化经济体系建设目标，立足于推进制造业发展，运用大数据和智能化手段，巩固第二产业根基，通过把服务业现代化当成落脚点促进第三产业高质量发展，改革优化第一产业供给侧结构。

二是立足于提高经济发展的带动力。重庆市大力推进长江经济带建设、西部大开发战略与“一带一路”建设，丰富开放方式，建立一条“陆海新通道”。不断拓展开放通道、提升开放平台、做强开放主体、优化开放环境，大力建设内陆开放高地，努力在西部内陆地区带头开放、带动开放，以高水平开放推动高质量发展。

三是全面深化改革开放，大力推动科技创新。重庆市在全面改革创新上厚植新优势，深入推进以数字化变革为引领的全面深化改革，以科技创新赋能产业发展，着力提升产业链、供应链现代化水平，加快关键核心技术攻关，打造未来发展新优势。

7. 2. 3　郑州市经济高质量发展的政策建议

第一，统筹协调区域经济发展。建立促进郑州大都市区区域经济协调发展的空间组织机制和合作机制，充分利用郑州市突出的区位资源禀赋优势，加快郑州都市圈一体化高质量发展，统筹城乡建设、推动城乡一体化发展，促进区域间的融合。向外，大力拓展郑汴一体化和郑洛工业走廊等相关规划，推动中原城市群经济建设，推动郑州中心城市功能建设。以郑州市区为核心区，以中牟、新郑、登封、上街、荥阳、新密、巩义为七座卫星城建立起一个“一核七卫”的大都市圈，形成具有各自风格和特点的产业带与产业区，把中心城区作为中枢，统筹协调现代化城市区域经济发展。在郑州和中牟、新郑、登封、上街、荥阳、新密、巩义七大卫星城之间建立通力合作机制。鼓励发展特色产业园，推动特色小镇建设，促进郑州大都市区区域经济高质量发展。

第二，以科技创新引领带动产业转型。根据区域不同的产业发展需求，立足产业基础和比较优势，以科技创新为驱动、以数字化为引领，科学规划布局产业体系，推进产业基础高级化、产业链现代化，强化战略性新兴产业引领、先进制造业和现代服务业协同驱动、数字经济和实体经济深度融合，大力发展智能制造、服务型制造，推动产业结构转型、质量升级，突出以创新能力提升为核心的科技服务业发展，做好信息传输、软件服务、通信业等产业发展。

第三，打造开放新高地。借助优越的地理优势，打造“国内大循环的战略节点、国内国际双循环的战略联结点”，构建以交通为支撑、以物流为先导、以通关为基础、以贸易消费为带动、产业加快转型的高水平对外开放体系。抢抓国家综合货运枢纽补链强链城市建设机遇，持续深化郑州—卢森堡“双枢纽”战略，坚定走好“枢纽+开放+产业+平台”发展路子，提升“通道+枢纽+物流”优势，推动“四条丝路”协同发展，打造一单到底、高效衔接、多方联动的多式联运体系，形成陆、海、空内外联动的对外开放优势。

8　智能经济赋能中国经济高质量发展

8.1　智能经济的发展概述

8.1.1　智能经济的概念

智能经济是一门新兴科学，不仅拥有“智能”的属性，而且有其他的内涵与定义。综合起来，这些概念可以分为两种类型：一种是较为羸弱的智能经济，它虽在本质上有着智能属性，却无法像人类一样进行思考（余扬，2016）；另一种是较强的智能经济，它在拥有智能属性的基础上，能够像人类一样思考并提出解决方案与策略，能够自我感知。智能经济可以分为两类：一类是人类的智能经济，即机器思维和推理，与人类思维相同；二是非人类的智能经济，也就是机器有完全不同的感知和意识，使用与人类完全不同的推理方法。

总体来说，无论是哪种智能经济，都表现出三大优势。一是工作稳定性高。人工智能受环境的影响不大。二是降低操作风险和道德风险。在社会发展中灵活运用人工智能，可有效地规避不法操作，更有利于控制交易信息中的风险性。三是提高效率。帮助人们更有效地做出决策。

8.1.2　智能经济主要技术及应用

智能经济在技术层面主要包括深度学习、自然语言处理以及计算机视觉。这三者中，深度学习是智能经济技术的一个重要部分，智能经济可解析人类思考时的神经。自然语言处理包括智能经济在人类语音和语义上的认知（张启宏，2002）。此外，智能经济的一大核心技术是计算机视觉技术，主要应用于军事领域的武器装备投影、医学图像扫描辅助诊断和无人驾驶等。

8.1.3 智能经济的发展历程

智能经济分为三个发展阶段：计算智能、感知智能、认知智能。计算智能能完成复杂的计算程序，感知智能能帮助人类完成简单任务，认知智能能对人类的思维模式进行模仿，自行决定并采取行动，它们可以部分或全部取代人类的工作（程东亮，2016）。

8.1.4 智能经济的产业链

在智能经济产业链的不断发展中，支撑层、应用层和整合层起到的作用不同，支撑层是基础，应用层是核心技术的应用，整合层是具体方案的集结者。通过以上三个层面形成智能城市、智能金融、智能医疗等更大范围的系统解决方案。完整的智能化服务是未来智能经济的发展方向。

8.1.5 智能经济产业发展情况

1. 全球智能经济产业发展情况

2012—2016 年，全球新增智能经济企业数量 5254 家，从全球来看，智能经济发展较好的国家主要是美国、中国和其他发达国家（白洋榕，2017）。美国在智能经济产业链以及核心算法、芯片和数据方面有着极大的优势。

国外智能经济的技术巨头，包括谷歌、微软、英特尔、Facebook 和 IBM 等，已开始致力于全球智能经济产业的发展，国外诸多科技公司旨在全面推动应用层智能经济的商品化，IBM 和谷歌在智能化搜索、智能经济核心算法、无人驾驶以及医疗诊断等领域处于领先地位；Facebook、微软和苹果专注于社交应用、语音和图像的识别，还有智能机器方面（于孝建、彭永喻，2017）。

2. 中国智能经济产业发展情况

《参考消息》对中国经济发展有着初步预测，中国在实现智能经济产业大规模突破的基础上，在 10 年后，核心产业的规模有望达 20 万亿元，智能产业市场价值也在 10 万亿元以上。目前，起步较早、技术较成熟的中国智能经济技术企业以百度、阿里巴巴、腾讯为代表，三家简称为“BAT”（杨文斌，2017）。除 BAT 三家智能经济巨头的金融智能生态企业外，一些传统企业也在智能经济领域进行投资，并达到了营利的目的。

8.2 经济高质量发展中的智能经济

8.2.1 经济高质量发展中的金融领域现状

经济高质量发展离不开智能经济的支持，而在金融领域中，智能经济的不断运用也为市场增添了活力，如投资顾问、预测股市和交易、评估个人信用、优化业务等。

1. 投资顾问方面的智能经济化应用

智能经济在金融投资方面体现出的优势也很明显，一方面，智能投资具有主动投资的特点，能主动选择适合客户平时喜欢的类型和投资风格；另一方面，智能投资在量化投资方面有自己的优点。智能投顾是一个庞大而又复杂的智能经济系统，随着经济的发展而发展，其具体的运行模式如图 8-1 所示。

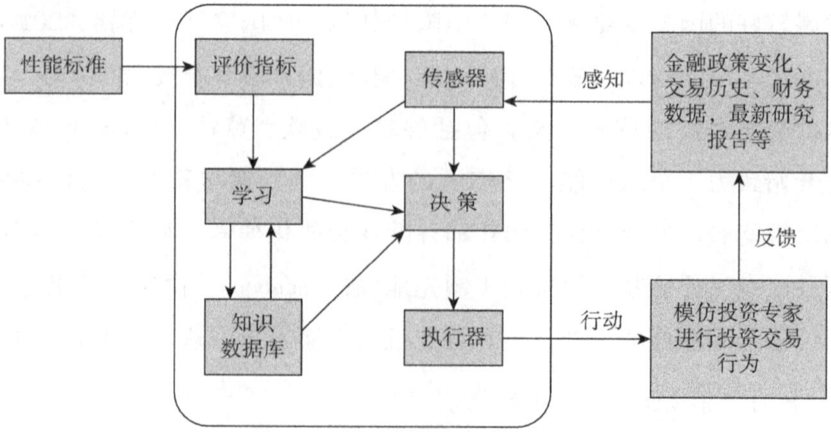

图 8-1　智能投顾系统运行模式

2. 股市预测方面智能经济化的应用

日产的Senoguchi机器会定时预测本国股市的上涨和下跌情况，在测试了4年之后，模型的准确性高达68%，Cerebellum对冲基金900亿美元，继而自2009年起开始获得高额利润（吴泽宇，2017）。

3. 便利服务方面智能经济化的应用

阿里的蚂蚁金服已经将智能经济应用于互联网小额信贷、保险、信用信息、资产配置等方面，并且取得了成功。腾讯优图是腾讯集团开发的腾讯人工智能产品，是一款基于人工智能技术开发，专注于图像处理、模式识别、机器学习、数据挖掘、深度学习、音频语音分析的系统，展示了人脸识别技术在社交娱乐和智慧零售方面的应用成果。招商银行视频柜台（VTM）可实现20多种非现金银行服务，如开卡、启动卡片、常规业务和通过人机交互的银行转账，其业务效率是柜台的1.8倍。

中国在智能经济领域非常活跃，目前的成就和前景也引起了人们的关注。同样，在智能经济金融方面，中国在创新、规模、监管和市场方面具有独特的优势。

中国金融业与智能经济的深度融合不仅会增强金融业的发展动力，如“刷脸付款”“机器人金融”“移动支付”“无人超市”等的出现也给金融业带来了一场新的革命。

8.2.2 智能经济对金融领域的挑战

随着智能经济的快速发展，金融领域不仅面临机遇，也面临严峻挑战。

第一，监管对象趋于复杂化。随着金融技术水平的不断提高，投资者和经营者的账户发生了相应的变化。对于一些收款型的所有权主体账户，一般用的是渗透的方式，这种方式无法准确地找到代理人，因为这个代理人实际上是一个智能化系统。从投资者的角度来看，他们认为智能化代理的只是一种产品，并没有具体控制一个账户。所以，针对这种现象，监管部门要加强监管。

第二，违法违规行为难以认定。在违法违规的智能认定方面，诸多投资者在面对智能化管理时，首先会选择性价比高，并且性能较好的产品。但是，这样会造成一些数据的重叠，监管部门难以对这种现象进行捕捉和判定。

第三，智能代理行为增加了监管难度。对于技术层面，监管部门无法对智能代理行为进行外部的监管，比如，责任分配以及责任的代理人问题，规定没有涉及。

第四，主要责任难以定义。如果个人研发人员设计出恶意智能代理并被某些集体资金使用，则可能触发个人股票价格的变化。对于此类违规行为，现有的监管法规很难确定责任的主体。

8.3 智能经济在经济高质量发展中的问题

8.3.1 智能经济在高质量发展中面临的挑战

金融稳定面临的挑战。假如金融市场中的大量投资者（或经纪人）使用相同的智能代理（或机器人），便会出现相似的投资思路，并且面对智能经济的快速交易，风险也会随之而来，假使在交易中出现故障，则会带来严重的经济损失，甚至影响金融市场的稳定。

信息安全面临的挑战。首先，智能经济需要使用互联网通信技术，安全系数较低，极易发生金融信息泄露的风险。其次，智能经济发挥作用的先决条件是收集数据，这一行为如果处理不当就会使客户的信息外露，给客户造成不好的影响（杜磊，2016）。

8.3.2 高质量发展与智能经济的融合度不高

当前，我国正处于工业经济向数字经济、智能经济迈进的关键时期，数字经济和实体经济融合发展，已成为新发展阶段经济高质量发展的动力源泉。但我国智能经济在推动经济高质量发展过程中仍面临与高质量发展融合度不高等问题。

第一，核心技术缺乏。我国智能化核心技术积累薄弱，核心算法、芯片与国外差距较大，缺乏重大原创科技成果。第二，人工智能与产业融合的深度还需要加强。人工智能与产业融合主要集中在制造业，融合领域较为单一。一些传统产业尚未与人工智能形成合理的融合模式，仍处于初期的探索阶段。与此同时，各个行业之间的协调标准不同，也在一定程度上加大了人工智能与产业融合发展的难度。第三，人工智能产业所需的复合型人才缺乏，难以支撑经济高质量发展。目前，我国缺乏具备人工智能和实体经济交叉知识体系的复合型人才，且高校专业设置落后于科技发展实际，人工智能专业教学存在缺乏实践、领域宽泛等问题。《2022 人工智能顶尖人才数据图鉴》数据显示，人工智能行业算法方向人才招聘难度最大，热度最高。最难招岗位 Top10 中，算法岗位有 7 个、工程岗位有 3 个。尤其是视觉算法工程师供需比为 0.08，平均 12.5 家企业争夺 1 名人才。

8.4 智能经济的发展路径及趋势

8.4.1 智能经济的发展路径

人工智能对经济以及社会的发展将产生更深远的影响。一是推动人工智能核心技术攻关。加大机器学习、智能计算、核心算法、基础软硬件等关键核心技术的研发投入力度，突破技术研究过程中的难点，支持企业与高校、科研院所等共建研发机构和联合实验室，打破产学研壁垒，进一步疏通二者之间技术、人才、制度、数据的流动路径，加强面向人工智能和行业共性问题的应用基础研究，联合开展关键共性技术攻关。① 二是完善智能化基础设施建设。完善网络基础设施建设，其中，包括云计算、互联网、大数据以及云服务等，以构建完善的公共信息服务平台。对供水、供热、燃气等基础设施进行升级改造和智能化管理；协同发展智慧城市与智能网联汽车，打造智慧

① 郭朝先，方澳. 人工智能促进经济高质量发展：机理、问题与对策［J］. 广西社会科学，2021（8）：15.

出行平台；加快推进智慧社区建设；推动智能建造与建筑工业化协同发展；推进城市运行管理服务平台建设等。三是探索可复制、可推广的智能制造新业态、新模式，着力打造一批智能技术研发示范企业，打造智能制造示范基地，充分发挥试点示范项目的积极引领作用，促进人工智能与核心产业、融合产业、潜在关联产业融合发展。四是大力培养具有新一代信息技术、工程建设等多学科支持的复合型创新人才。围绕产业发展需要，加快人工智能学科建设和人才培养，打造多主体协同育人长效机制，激发高校、企业、社会多方积极性和创新活力，培养大批具有创新能力和合作精神的人工智能高端人才。

8.4.2 智能经济行业发展前景

近年来，我国智能经济蓬勃发展，产业规模快速增长。《数字中国发展报告（2022 年）》指出，截至 2022 年底，我国 5G 用户达 5.61 亿户，全球占比超过 60%；移动物联网终端用户数达 18.45 亿户，成为全球主要经济体中首个实现“物超人”的国家。2022 年，我国数字经济规模达 50.2 万亿元，总量稳居世界第二位，占 GDP 比重提升至 41.5%，数字经济成为稳增长促转型的重要引擎。中国信息通信研究院院长余晓晖认为，我国有全球最大、最活跃、最具潜力的数字服务市场，人工智能前景看好，智能经济市场广阔。

随着新技术的不断发展，人工智能在制造、交通、医疗、农业等领域得到了广泛应用，为经济高质量发展提供了新动能。在医疗方面，很多医疗设备都应用了人工智能技术，例如，自动化手续设备、医疗管理系统等方面。在交通方面，应用智能系统可以帮助提高交通通行效率，缓解城市交通拥堵，推动智慧交通、智慧城市的发展。

未来，人工智能将进一步渗透到人们生活的方方面面，为人类社会带来更多的便利和创新。

9　从农业碳排放峰值形成中考察中国经济高质量发展的金融保障

经济高质量发展，内在要求经济发展与污染排放脱钩。本章以河南省为例，重点分析金融在农业碳排放达峰中的作用。

9.1　研究背景及研究意义

9.1.1　研究背景

2023 年 3 月，国际能源署发布的数据显示，2022 年，全球与能源相关的二氧化碳排放量达到 368 亿吨以上，比上年增加 3.21 亿吨，增幅为 0.9%。为了实现《巴黎协定》设定的 1.5 摄氏度目标，需要在 2030 年将二氧化碳排放量减少 45%。

良好生态环境是高质量发展的应有之义，是建设美丽中国的重要基础。党的十八大以来，以习近平同志为核心的党中央全面加强对生态文明建设和生态环境保护的领导，开展了一系列工作，并圆满完成污染防治攻坚战阶段性目标任务。同时，应该看到，我国生态环境保护结构性、根源性、趋势性压力总体上尚未缓解，重点区域、重点行业污染问题仍然突出，实现碳达峰、碳中和任务艰巨，生态环境保护任重道远。

农业是温室气体重要排放源之一，又是减排固碳的重要贡献者，如何减少农业碳排放，发挥农业的碳汇作用是新时代农业发展亟待解决的现实问题。河南省是重要的粮食和农畜产品生产基地。近年来，河南省农业投资不断增加，全省农业生产条件得到改善。然而，农业粗放式发展以及化肥的过度使用造成农业二氧化碳排放量增加等一系列问题，河南省农业碳排放总量在我国处于靠前位置。因此，河南省应借助金融之力，围绕农业农村“固碳、减排”，加快农业生产方式的转型，采用高产、高效、循环低碳农业发展模式，减少农业生产带来的环境污染，提高农业竞争力，促进农业可持续健康发展。

9.1.2 研究意义

作为农业大省，河南省碳减排任务艰巨。为了突破发展束缚，需要将节能减排等工作落实到位。金融是支持农业现代化发展的重要支撑，充分发挥金融支持农业农村现代化建设的功能作用，能够实现乡村产业兴旺、生态宜居、乡风文明、治理有效、生活富裕。通过优化金融措施，拓宽融资渠道，提高金融服务的针对性和有效性，能够加快河南省农业规模化、规范化发展，加快推进低碳农业发展的进程，进一步解决农业碳减排问题。因此，研究金融对农业碳排放的影响不仅能为河南省的经济高质量发展决策提供依据，还有利于减少河南省农业碳排放，具有重要的现实意义。

9.2 国内外研究综述

国内外学者对碳排放进行了深入研究，取得了较为丰富的研究成果。有的学者对碳排放峰值进行了测算，利用 EKC 曲线模型分析了碳排放与经济增长之间的关系；有的学者利用 IPAT 模型比较分析了人口总量、能源强度和人均财富对碳排放的影响程度，对碳排放峰值进行预测；有的学者根据不同部门能源需求量，利用 LEAP 模型测算碳排放峰值。

9.2.1 关于碳排放峰值的研究

1. 在碳排放达峰的行业研究层面

随着中国 2030 年碳排放达峰目标的提出，国内学者对碳排放达峰进行了研究。杨冕等（2018）从非金属制造业、化学原料及制品业、有色金属加工业、黑色金属加工业、电力生产供应业和石油加工业六大高能耗行业入手，采用情境分析法测算出在中排放情境下，中国高耗能行业碳排放总量在2023年达到峰值，在低排放情境下可以在2017年达到峰值。柴麒敏等（2017）利用SIAM模型（自上而下的部门和行业综合评估模型），对中国工业、建筑、交通三大部门和电力、钢铁、建材、化工四大行业的碳排放达峰情况进行了研究，得出三大部门在2014年出现短暂的峰值，这个峰值不具有稳定性，不能说明中国三大部门碳排放已经达峰，但四大行业在出现短暂峰值后，在“十三五”规划下，预测的峰值点趋于稳定并有所下降。

曲建升等（2017）以我国城乡居民生活部门为研究对象，预测中国整体、城镇、农村三个层面的居民生活在不同情境下的碳排放总量，并得出在低碳情境下，三者的碳排放达峰时间分别是2046年、2045年和2046年，峰值分别是73亿吨、56亿吨和17亿吨；在强化情境下，三者均可实现在2040年达峰，峰值分别为63亿吨、47亿吨和16亿吨。王勇等（2017）将中国工业细分为9个行业，并以这9个细分行业为主要研究对象，测算出中国工业碳排放量只有在低碳情境下才能实现2030年碳排放达峰目标，峰值最低为140.43亿吨。郭朝先（2014）采用经济核算法测算出中国工业在原有2030年达峰的目标下，仍会产生较大的碳排放量，并说明不能在2030年之前实现总量达峰。

随着研究成果的日益丰富，一些学者开始关注农业方面的碳排放峰值问题。郭娇等（2017）以中国畜牧业为研究对象，通过测算各种畜禽种类的碳排放量，发现养牛业是中国畜牧业温室气体的主要排放源，通过在全国范围内各省域的测算，发现河南、四川、内蒙古、山东、云南在畜牧业温室气体排放上居全国前列。而冉锦成等（2017）的研究不局限于畜牧业，而是扩大农业研究范围，将种植业、畜牧养殖、农田排放、秸秆焚烧纳入研究范围，测算新疆农业中23类碳源在农业生产过程中产生的碳排放总量，并在设置的低碳情境下，新疆农业碳排放总量可以在2029年实现4755.23万吨的峰值。

2. 在碳排放达峰的地域范围研究层面

在碳排放达峰的研究上，很多学者从国家层面、区域层面、省级市层面等做了大量研究。

在国家层面，丛建辉等（2018）的研究中比较分析了世界主要发达国家不同经济水平下的碳排放历程和达峰时间，并对中国整体碳排放进行了判断，得出中国碳排放可能经历波动型峰值，且在2030年前出现碳峰值。除正向预测中国碳排放达峰时间外，王勇等（2017）还以反向研究为创新点，通过评估中国碳排放达峰的不同时间带来的经济影响，最终得出中国的最佳碳排放达峰时间是2030年。刘长松（2015）也采用了反向研究的方法，认为要实现中国国家层面2030年碳排放达峰的目标，需要提高能效、推动能源结构的调整。

在区域层面，陈志建等（2018）主要研究了中国长江经济带的碳排放情况，根据“十二五”时期的碳强度下降速率，测算出长江经济带除江苏省没有出现碳排放峰值外，其他省份均可在2050年之前实现碳排放达峰；在“十三五”时期的碳排放强度不断下降下，安徽和江西地区在2040年后出现碳峰值，四川、重庆、贵州均可在2031年前后达到碳峰值，而云南在2023年可率先达峰。王勇等（2017）根据中国2030年碳排放达峰目标进行省份分解，将中国省份以碳排放配额为基准划分为发达地区和不发达地区，并通过零和收益DEA模型的优化，有效分配两类地区的碳排放配额。冯宗宪和王安静（2016）以2030年碳排放目标为研究背景，研究中国各区域与全国碳排放是否一致问题，并设置低碳情境，在低碳情境下中国将在2028年实现碳排放达峰，陕西省将在2029年实现碳排放达峰。齐绍洲等（2015）以中国中部六省为研究对象，以其经济增长中的产业结构、能源结构、城镇化水平、对外贸易和技术进步为主要变量，探讨了这些变量对中部六省碳排放的影响，并提出在经济“新常态”下加强六省的协同合作和跨区治理，中部六省有望在2030年前达到碳排放峰值。

在省市级层面，杜俊慧等（2018）采用STIRPAT模型的情境分析法，研究了山西省的碳排放达峰问题，结果表明，山西省有望在2030年前实现碳达峰目标。卢颖等（2018）以贵州省为研究主体，运用碳排放清单法测算了贵州省近10年的碳排放量，并运用STRIPAT模型及岭回归构建贵州省碳排放预测模型，研究得出贵州省在基准情形下可在 2044 年实现碳达峰目标，但还需从能源结构的调整、产业结构的优化方面加大力度以期早日实现碳达峰目标。冉锦成等（2017）以新疆各地区的农业碳排放为研究对象，发现新疆各州、市有着明显差异，喀什地区属于高碳排放量、高碳排放强度地区，阿勒泰等 4 个地区是低碳排放量、高碳排放强度地区，乌鲁木齐等 5 个地区属于低碳排放量、低碳排放强度地区，吉昌回族自治州等 4 个地区则属于高碳排放量、低碳排放强度地区；并设置情境，发现在低碳情境下新疆农业碳排放将在 2029 年达到峰值，为 4755.23 万吨。而黄贺林和席增雷（2017）则是从碳配额的分配角度研究了河北省的碳排放情况，并从河北省实际情况出发，提出可行的碳交易体系。朱宇恩等（2016）研究山西省的碳排放峰值情况，采用 IPAT 模型分析年 GDP 和年节能率是山西省碳排放快速增长的主要因素，并通过情境设置，测算出山西省在 GDP 中速和低速发展水平下均可在 2030 年前实现碳达峰的目标，且在两种情形下，碳排放峰值分别为 6.6 亿吨和 7.1 亿吨。

此外，郑海涛等（2016）从中国 100 个城市的各项能源消耗、工业产品生产、城市生活垃圾焚烧和城市绿地碳汇四个方面测算了中国 100 个地市碳排放的情况，并以测算的结果将这 100 个地市进行分类，利用环境库兹涅茨曲线模型，以各城市人均 GDP 的发展速度作为变量，分别测算各城市未来的碳排放拐点以及拐点时间，结果发现，仅有不到一半的低碳城市能在 2030 年前达峰。范登龙等（2017）以重庆市的化石能源为研究对象，研究发现煤炭消费产生的二氧化碳在化石能源产生的二氧化碳中占据 82.33%，并测算出按照重庆市当前的发展趋势，化石能源碳排放峰值将出现在 2025—2045 年，在产业转型成功实现的情况下，会推动化石能源碳排放峰值提前到来。杨秀、付琳、丁丁（2015）以北京市为出发点，以 2011 年为基准年，采用 KAYA 分解方法测算出北京市碳排放峰值出现在 2019 年，为 1.65 亿吨。

3. *碳排放峰值测算方法*

学术界对碳排放与经济增长之间的实证研究以环境库兹涅茨曲线模型为主，以二氧化碳历史排放值和经济增长数据为依据，求得参数并预测得出拐点，这个拐点即峰值，拐点对应的时间值即为达峰年份。林伯强和蒋竺均

（2009）以环境库兹涅茨曲线模型为基础模型，与对数平均迪氏分解法和 STIRPAT 模型相结合，分析得出产业结构和能源消费是除人均收入外影响中国碳排放量的第二大因素，并通过预测发现中国碳排放拐点在 2040 年尚未出现。赵忠秀、王苒、Hinrich Voss（2013）同样使用此方法预测中国碳排放的"拐点"值。他们先使用改进的 STIRPAT 模型考察碳排放拐点在能源结构、生产结构、技术水平、贸易结构、消费水平、政策等因素影响下的变化情况，然后通过环境库兹涅茨曲线模型对拐点进行测算，得出中国在人均 GDP 增长率为 7%的情境下，拐点最早将出现在 2022 年。

IPAT 模型用于测量人口、富裕程度（财富）和技术三个因素对自然资源消耗的影响程度，主要用来解释影响污染物排放大小的因子。杜强等（2012）将科技进步变量引入 IPAT 模型，形成改进的 IPAT 模型，并预测中国 2010—2050 年的碳排放量，结果显示，中国碳峰值将在 2030 年出现，测算出全国的碳排放峰值为 3684163.6 吨。席细平等（2014）先对时间序列数据做回归，发现技术因素对峰值影响最大，在此基础上利用 IPAT 模型对江西省按照目前经济发展水平的二氧化碳未来排放量进行预测，研究发现，其将在 2032—2035 年达峰。

STIRPAT 模型是在 IPAT 模型基础上的改进，是研究地区碳排放量影响因素以及模型拟合的主流方法之一。该模型除了将人口、财富、技术作为主要研究的变量，最大的优势是具有很强的延展性，可以将更多影响二氧化碳排放的因素纳入该预测模型。吴青龙、王建明和郭丕斌（2018）从全国和山西省两个层面选择驱动因素构建了开放 STIRPAT 模型，结合情境分析法预测山西省 2016—2040 年的碳排放峰值，预测结果表明，若在全国范围选择节能和低碳情境，则可实现山西省碳排放于 2035 年达峰；若山西省同时采取节能措施，则在低碳情境下可实现 2030 年之前达峰。黎孔清等（2018）为了研究南京市农业碳排放驱动因素和趋势，将 STIRPAT 模型与灰色模型 GM（1，1）相结合，先通过 STIRPAT 模型分析影响南京市 2000—2015 年农业碳排放的驱动因素，包括农村人口、富裕度、技术水平、能源效率、农村居民人均可支配收入、林业面积、城镇化率，这些因素每发生 1%的变动分别会引起农业碳排放 0.26%、0.11%、0.06%、0.31%、-0.07%、-0.06%、-0.09%的变化，并通过 GM（1，1）预测出南京市农业碳排放在 2025 年达到 45.41 万吨。张乐勤等（2013）以建设用地变化研究安徽省碳排放情况，将 STIRPAT 模型与偏最小二乘回归法相结合，研究建设用地的边际效应，并借助 SPSS 软件预测出安徽省在惯性情境下，建设用地拓展使其在 2020 年碳排放量增加到 14472.42 万吨。

在测算整个地区行业的碳排放峰值方面，学者更多的是将 STIRPAT 模型与其他模型相结合，根据各部门的能源需求量测算碳排放量和峰值，即 LEAP 模型。LEAP 模型将各部门分为终端消费、能源加工转换、资源开采、非用能等部门，在不同情境下预测各部门的能源需求量，并结合碳排放因子预测出碳峰值。杨顺顺（2017）运用 LEAP 模型核算了长江经济带分区域的碳排放状况，测算出 2015 年该经济带的东部地区二氧化碳排放比率最高，且以终端能耗碳排放为主，预测出该经济带在基准情形下将在 2030 年前后碳排放达峰。

除了以上方法，还有使用灵活、方式多变的碳排放清单法，是在计算出现有二氧化碳排放总量的基础上，对影响能源品种消耗量的各类因子（能源结构、技术、政策等）进行情境设置，从而预测出不同情境下二氧化碳排放量和峰值的方法。赵荣钦等（2013）采取碳排放清单法对江苏省 2000—2010 年碳排放全面核算，在设置的低碳情境下测算出江苏省 2020 年碳排放量为 16101.13 万吨，碳减排比 2015 年上升了 14%。冯宗宪和王安静（2016）、薛勇等（2011）使用了投入—产出模型，并结合结构分解法（SDA），对二氧化碳排放的影响因素进行分析，在对关键影响因素分析的基础上，再借助情境分析法对二氧化碳进行峰值预测。

本节借鉴以上峰值研究方法并结合本节需要，采取 STIRPAT 模型，并将金融发展水平分解为金融发展规模和金融效率，添加到 STIRPAT 模型当中，先对 2000—2017 年农业碳排放的时间数据进行回归分析，分析金融对农业碳排放的影响，再通过情境设置，预测出河南省农业碳排放达峰的时间以及对应的峰值。

9.2.2 关于金融与碳排放峰值之间关系的研究

在金融与碳排放的关系研究中，国内学者研究发现金融与碳排放之间存在倒“U”形关系，即金融对碳排放影响是先促进后抑制的一种双向关系。

彭智敏、向念和夏克郁（2018）从金融规模和金融效率两个角度研究了长江经济带沿线地级城市的金融发展与碳排放之间的关系。研究发现，在长江经济带的城市地区和东部地区，金融规模与碳排放之间存在倒“U”形关系，而在中西部地区，金融规模扩大则会促使碳排放增加；金融效率的提升有利于地区的碳排放减少。严成梁、李涛和兰伟（2016）通过构建包含金融发展与二氧化碳排放的内生增长模型，主要研究金融发展与二氧化碳强度的关系，研究发现，金融与二氧化碳强度之间存在倒“U”形关系，中国30个省份的信贷规模对二氧化碳强度的影响存在倒“U”形特征。邵汉华和刘耀彬（2017）运用中国2000—2014年的省际面板数据进行研究发现，金融发展在总体上有利于减少碳排放，但这种减排效应会随着经济发展水平、经济结构、能源结构等其他因素的变化而呈现复杂的特征，说明金融因素对碳排放的影响还依赖于其他社会因素的变化呈现出非单向的关系。

而在国外的研究中，Jalil 和 Feridun（2011）采用 ARDL 模型，以中国1953—2006年的数据为基础，研究出金融的发展单单是抑制了碳排放。持有相同结论的还有 Tamazian（2009），他对金砖国家的金融发展和碳排放情况进行了研究，发现金融的发展可以促进碳环境的优化。但 Zhang Yue-Jun（2010）研究的结果与其完全相反，他通过时间序列分析发现金融规模的扩大将会促进碳排放的增加。在情境分析的方法运用上，“情境”最早出现在 Kahn 和 Wiener（1967）的《2000年》中。Gao 等（2010）也进一步说明了这种情境设置的详细特点，当情境设置较为详细时，就会有更准确的结果。作为一种特殊的预测方法，情境分析法在很多领域被得到运用，在碳排放领域中，Rahmana 等（2010）、Tronchin 和 Fabbri（2008）以中国馆的实际建筑和基准建筑两种情境，参考国外建筑能耗计算方法，计算出中国馆在世博会后两种情境下的碳排放量，根据结论提出建筑业的低碳化路径政策。虽然学者在农业碳排放领域很少进行情境设置，但根据情境分析法的理论和学者在其他领域的情境设置，可以设置出本节所要研究的农业碳排放下的不同情境及不同情境下各变量的参数。

9.2.3 文献评述

综上所述，国内外学者运用不同方法对国家、各省份、各地市、各行业碳排放峰值进行了研究，其中，对全国某一行业或者各省区域的第二产业碳排放峰值研究相对较多，特别是对工业发达、经济发达的地区碳排放研究尤多，而在农业层面的研究则非常少，且研究范围仅限于种植业或者畜牧业等单方面的狭义农业。国外学者对金融与碳排放的关系进行了研究，分析其对农业碳排放的影响。本书在前人研究的成果基础上，对河南省金融影响农业碳排放达峰问题进行了系统研究。

9.3 研究内容

本章在国内农业碳排放的背景下，以河南省为主要研究区域，探索农业碳排放达峰问题，以此为切入点确定本节研究的对象、范围和方法。研究内容分为：以农业碳排放总量测算为基础的分析；将金融因素整合进 STIRPAT 模型中进行回归，先分析金融因素对农业碳排放有何影响，再结合情境设置测算河南省农业碳排放达峰年份及峰值，并在实证过程中检验河南省农业碳排放能否实现 2030 年达峰目标，如果不能，那么通过怎样的金融路径可以实现该目标，并具体在哪一年实现，峰值是多少；再根据研究结果提出有助于河南省农业尽快达峰的政策和建议，并对本章研究的结论进行总结。

本章的研究框架具体如下。

第一，主要介绍了研究背景以及研究意义，在梳理国内外文献的基础上确定本章研究的方法。

第二，主要阐明本章的一些相关概念和理论机制，从而为文章提供理论支持。主要概念有低碳农业、绿色金融，主要理论有 STIRPAT 模型理论和情境分析法理论，主要影响机制是金融因素与农业碳排放之间的影响机制。

第三，通过计算出的农业碳排放总量分析河南省农业碳排放现状。首先，从时间上选取河南省 2000—2017 年的种植业和畜牧养殖业各类碳源数据，再结合各类碳源碳排放因子计算出河南省 2000—2017 年的农业碳排放总量；其次，从空间上选取了 2017 年河南省 18 个地市和 10 个省直管县的农业各类碳源数据，同样根据碳排放因子计算出各地市和省直管县的农业碳排放总量，分析河南省农业碳排放量在空间上的差异；最后，分析了河南省低碳农业的金融服务现状。

第四，在以上研究的基础上，将金融因素（农村金融规模和农村金融效率）纳入 STIRPAT 模型，分析金融因素对农业碳排放量的影响，再通过情境分析，设置三种情境下的参数，并主要调试了农村金融发展水平的参数值，结合回归方程测算出河南省农业碳排放在不同情境下的达峰年份和峰值量。

第五，提出相应的政策建议，主要从政府层面、金融机构层面和农业与人口结构层面进行阐述。政府层面需要加快农业碳排放达峰的金融发展步伐；金融机构层面需要金融机构践行国家金融政策，提升低碳农业服务水平；农业与人口结构层面则需要不断调整、优化其结构。

第六，研究结论，主要从对河南省农业碳排放的测算、回归分析的结果和情境分析的结果三个角度，对研究的结论进行总结。

9.4 研究创新点与不足

9.4.1 创新点

很多学者研究中国各地区的碳排放峰值，农业峰值测算较多的地区以新疆为首，目前河南省农业碳排放峰值的预测研究尚未出现，本章对河南省农业碳峰值的预测是创新点之一。

不少学者针对河南省农业碳排放何时达峰进行了研究，很少有学者研究金融在农业碳排放峰值中的作用，将金融因素纳入 STIRPAT 并进行情境设置测算农业碳达峰时间和峰值是本章的又一创新点。

9.4.2 不足

由于绿色农业金融起步时间较晚，很多金融机构数据不可得，本章只选择专门服务于农村的农村信用社存贷款数据，涉农绿色贷款数据不够全面，会对研究结果的全面性有一定的影响。

9.5 研究的相关概念界定与理论基础

9.5.1 相关概念

1. 低碳农业

国内学者认为，低碳农业经济是以低排放、低污染、低能耗为特征的“三低”经济，表现为效率高、资源节约、经济安全。发展低碳农业的目的是在碳排放与碳储存动态平衡的基础上实现碳中和，确保生态系统中碳的顺利吸收和转化，增强农业生态系统抵御气候变化影响的能力。

节约型模式是低碳农业发展模式中的第一种模式，能够从源头减少农业污染，主要是通过减少农药、土地资源、水电等农业生产要素减少温室气体。碳汇模型是低碳农业发展模式中的第二种模式，是指农业在工业生产过程中，附着在土地上的土壤和植被，如农田和林地，被用来固定或减少大气中的碳量，以降低大气中温室气体的浓度。观光休闲模式是低碳农业发展模式中的第三种模式，通过发展休闲农业，将第一产业转换为第三产业，增强碳吸收能力，减少农业生产过程中产生的二氧化碳排放量，从而改善农村生态环境。

2. 绿色金融

绿色金融通过优化专业金融体系和金融法律环境，将信贷、担保、保险、基金等金融服务引入更环保、更绿色的领域，促进绿色产业可持续发展。绿色金融在中国起步较晚，到目前为止，绿色金融涵盖了包括绿色信贷、绿色债券、绿色保险等在内的金融产品。绿色信贷通常是指银行利用信贷手段支持具有环境效益的项目。绿色债券是一种企业债券，可以募集资金，并将这些资金专门用在绿色、低碳的项目上，从而有助于能源的高效利用，有利于新能源的开发进而减少污染。绿色保险，主要是指环境污染责任保险，实质上是将保险作为一种可持续发展的工具，是以企业发生污染事故对第三者造成的损害依法应承担的赔偿责任为标的保险。

9.5.2 方法理论基础

1. STIRPAT 模型理论

STIRPAT 模型是 IPAT 模型的修正形式。早在 20 世纪 70 年代，IPAT 模型就被提出了，主要提出者是 Ehrlich 和 Holdren，他们将人口、财富、技术作为影响环境的主要因素，建立起 IPAT 模型。此模型在当时得到了很多学者的认可并且在较长一段时间被环境研究学者使用，但此模型也存在一些弊端。

IPAT 模型的表达式为：$I=PAT$（I 代表人类活动对环境的影响，P 代表人口，A 表示社会富裕程度，T 表示技术水平）。由于人口、财富、技术三个变量之间假设的局限性，将不能满足更广范围的研究。Dietzetall（1997）等将 IPAT 模型转化为非线性随机的 STIRPAT 模型，该模型在 IPAT 模型的基础上，可以将更多影响环境的因素归并到模型当中，能够在保持其他变量不变的情况下，研究其中一个变量变化对环境的影响。其主要形式为：$I_t=aP_t^bA_t^cT_t^d\theta_t$，$I$ 表示环境压力，P 表示人口效应，A 表示财富效应，T 表示技术效应；a 是常数项，b、c、d 对应各效应的弹性系数，t 代表时间，θ_t 是误差项。一般的运用是将式子两边同时取对数以消除异方差的影响，正因为它有很好的拓展性，符合实际情况而更方便运用。在碳排放不同的研究领域中，要研究的因素不仅涉及人口、财富和技术，还包括其他因素，比如城镇化、能源结构、产业结构、某些特殊变量的二次项等，而这些研究因素因不同学者研究需要，可以很灵活地被添加进 STIRPAT 模型。

在金融因素对碳排放的影响研究方面，学者用不同的测度方式将金融进行划分，并把这些因素整合进 STIRPAT 模型中，分析这些因素对碳排放的影响，从而探究金融与碳排放的关系。程文等（2018）以西北五省为研究对象，将农村金融分为农村金融规模和农村金融效率两个主要变量，将农村金融规模和农村金融效率这两者的平方项纳入 STIRPAT 模型，用来研究其与农业碳排放的关系，研究发现，农村金融规模与农业碳排放之间存在倒“U”形关系，而农村金融效率则有利于减少农业碳排放。熊灵和齐绍洲（2016）以金融发展与中国省域为研究主题，将金融因素纳入 STIRPAT 模型，在控制其他变量后，分析金融发展对中国省域碳排放的影响，发现金融发展会促进中国省域的碳排放增加，并据此提出强化金融发展政策以减少碳排放的路径。而本章也是在借鉴他人研究的基础上，将金融因素添加到 STIRPAT 模型中，探索有利于促进农业碳排放达峰的金融措施。

2. 情境分析法理论

1967 年，情境分析法在 Herman 的著作中首次被提及，主要是根据已有情况对不同影响因素进行假设和测度，把将来的情境呈现出来。情境分析法通过定性和定量分析，及对目标环境的分析得出主要的影响因素，再对这些主要因素的参数值进行设置，将不同情境下的不同参数值代入研究模型，从而可以模拟出研究目标未来的发展趋势和具体结果，最后根据结果进行分析，并找出问题的解决办法。情境分析法有一个特点，就是既要能准确把握研究目标在当时所处的大环境，又要能大胆假设和预测，情境设置得越详细，得到的结果就越准确。情境分析法被广泛运用于交通规划、农业发展、能源需求、气候变化等领域，有助于企业的管理和经济预测、评价。虽然在不同的领域方法不同，但共同之处都有情境的构建、量化和结果的分析。在农业发展领域、农业生产过程中碳排放峰值问题的研究中，在原始数据的基础上构建碳排放速度的不同情境，再根据不同情境，将主要影响因素进行量化，结合模型计算具体的目标值，最后便可得出预测结果。在农业碳排放峰值研究中，主要影响因素有农村人口、农业经济水平、农业结构、农业机械化水平，本章加入新探究变量金融因素，根据情境的构建、量化和预测结果，提出有利于农业碳排放达峰的路径和相应减排的金融措施。

9.6 金融对农业碳排放的影响机制

9.6.1 通过信贷政策影响农业碳排放达峰

信贷政策是国家金融政策的重要组成部分，也是狭义下的货币政策主要组成部分。货币政策是央行用来调整货币需求的，主要通过公开市场业务、存款准备金和再贷款政策等工具稳定金融秩序。金融在低碳农业领域的贷款还需要以农业碳量化为前提，而农业生产中产生的二氧化碳可以以碳税的多少来量化，碳税来源于“庇古税”，其理论基于经济的外部性。

经济的外部性在环境方面最常见，在农业领域，粗放式、高碳化的农业生产方式将会带来更多的负向经济外部性，增加农业碳污染，而精细化、低碳化的农业生产方式将会带来正向的经济外部性，有助于农业碳减排。但现实中，很多农业生产者为了增产，在农业生产过程中大量施用化肥，畜牧业中牲畜粪便处理不当等都会产生大量的二氧化碳，严重影响公共的农业环境，为了解决此类问题，根据庇古提出的经济政策，可通过政府采取碳税政策，即对产生二氧化碳的农业生产主体依据碳排放的多少进行征税。

中国针对小微企业的金融服务，出台的“银税互动”政策，有效解决了小微企业融资问题。将此作为参考，拓展到农业领域，可将农业经营主体碳税缴纳情况作为金融机构向其贷款的参考基准，碳税缴纳越多的农业经营主体，意味着其生产中产生的二氧化碳就越多，属于高碳农业，金融机构应减少其信贷投放从而抑制碳增长。碳税缴纳较少的经营主体，说明其向低碳方向发展，可通过增加信贷支持其农业发展，扩大低碳农业规模而缩减高碳农业规模，从而促进农业碳排放早日达峰。

9.6.2 通过利率政策影响农业碳排放达峰

利率政策是金融政策的重要组成部分，也是货币政策实施的主要手段之一。一般来说，金融机构根据自身的发展特点和风险管理，比较倾向于贷款给大型国有企业，而自身风险极不确定的农业在发展过程中很难筹集到资金。当国家给予农业领域一定的金融优惠政策时，金融机构就可以在国家政策引导下，积极支持农业发展。国家给予金融机构激励政策，鼓励其提高“三农”服务水平，农业作为农村金融的主要服务对象，享受普惠金融政策中的低利率、支农再贷款和再贴现等优惠。农村金融机构通过低利率的政策优惠向农业贷款，可以满足农业的资金需求，根据资金投向不同，会影响农业的碳排放。当低碳农业享有低利率等政策或者国家给予农村金融更多激励政策时，不仅可以直接减少农业碳排放，还可以促进农村金融的发展。金融属于服务业，当农村金融不断发展壮大时，通过挤占效应，农村的其他高碳行业就会减少，间接促进农业碳排放减少。

此外，金融除了在宏观上通过信贷政策和利率政策影响农业碳排放，还从金融规模和金融效率方面影响农业碳排放达峰。近些年，在国家政策的引导下，金融机构的款项更多地流向绿色低碳农业，但在金融服务农业发展过程中，一方面表现为金融的规模效应，通过促进农村经济的发展影响农业碳排放的增加；另一方面表现为技术效应，通过金融贷款的支持促进农业生产技术的改进从而促使农业碳排放减少。因此，金融通过规模效应和效率效应影响着农业碳排放。

学者研究发现，金融与碳排放的关系有三种，一是促进作用，二是抑制作用，三是先促进后抑制的作用，即表现为金融与碳排放存在倒“U”形关系，本章主要探讨了第三种关系。倒“U”形的机制主要是，金融的规模效应会促进整个经济的发展，通过经济的快速发展促使生产规模扩大，从而促进碳排放量增加，而后，金融的技术效应、财富效应会促使生产技术提高从而抑制碳排放，在农业领域也可基于此分析金融发展与农业碳排放的关系。

9.6.3 通过金融规模影响农业碳排放达峰

金融规模的扩大，表现为经济的快速增长。根据前人的研究，经济增长加大碳排放量的同时也加快了碳排放速度，但根据金融信贷资金的投向以及受众使用的方向不同，对碳排放的影响也是不同的。金融发展也可以通过提高资源配置效率的方式，在促进经济发展的同时降低碳排放量。在农业领域，农村金融规模的扩大，一方面，可以促进农业经济发展、农业规模扩大、农业生产物资投入增加，影响农业碳排放达峰年份的推迟和峰值量的增加；另一方面，在提高农业经济发展水平的同时，促进农业碳排放达峰目标的提前实现。

9.6.4 通过金融效率影响农业碳排放达峰

通过相关政策的引导可以促使金融效率内部存贷结构的优化，中国的金融政策对资金的流向有着很大的引导作用，当中国还处于工业化初期和探索发展期时，金融机构的资金主要投向第二产业，这些行业大多属于高碳产业，金融资金投入越多，碳排放就越多。而随着国家对环境的治理力度不断加大，绿色金融业逐渐被金融机构青睐，越来越多的绿色金融产品被大众认可，绿色信贷、绿色基金以及碳金融都在探索中发展。在农业领域，国家在金融扶贫、“防治污染攻坚战”、普惠金融、乡村振兴等方面给予农业领域较多金融相关政策支持，引导更多金融资源向乡村振兴倾斜。国家通过无息贷款、担保贷款、利息补贴、支持“三农”等相关金融政策引导农村金融发展，将更多绿色信贷投向农业领域，促进农业的低碳式发展，从而有助于农业碳排放的减少，有利于农业碳排放早日达峰。

9.7 河南省农业碳排放和金融服务现状分析

9.7.1 河南省农业碳排放的现状

1. 农业碳排放量的测算

本章从微观角度计算河南省农业生产过程中产生的碳排放量，从而选择碳排放系数法的计算方法。本章选取计算农业碳排放测算的内容是根据《IPCC 国家温室气体清单指南》指定的两大块，即畜牧业和种植业，畜牧业中主要的碳排放来源于动物肠道中的发酵气体甲烷等，动物粪便处理过程中产生的甲烷等温室气体，以及粪便还田中排放的一氧化二氮等；种植业碳排放主要是农作物种植过程产生的碳排放和生产要素投入产生的碳排放。

农业碳排放模型（碳排放系数法）表现的形式是农业的碳源与该碳源的碳排放系数相乘得到相应的农业碳排放量，其公式具有一定的简便性与计算上的可靠性，经过学者的研究，已经得到学界认可，具有一定权威性。本章采用排放系数法测算农业生产中产生的碳排放量，把种植业生产过程中的化肥、农药、农膜、机械柴油、农业灌溉以及畜牧业中奶牛、水牛、马、驴、骡、猪、山羊、绵羊等计入碳排放的估算中，构建河南省农业生产碳排放估算公式如下：

$$C = \sum C_{it} = \sum Q_{it} \times \delta_i \tag{9-1}$$

式中，C 为农业碳排放总量，C_{it}为第 i 类碳源 t 年的农业碳排放量，Q_{it}表示第 i 类碳源 t 年的量，δ_i 表示各类碳源的碳排放系数。

农业生产中投入的物资碳排放系数参考了黎孔清（2018）的《基于STIRPAT模型的南京市农业碳排放驱动因素分析及趋势预测》，具体碳源排放系数见表9-1；畜牧业相关碳源系数参考了田云等（2012）的《中国农业碳排放研究：测算、时空比较及脱钩效应》，具体牲畜碳排放系数见表9-2。

表9-1 主要农用物资碳排放系数及对应指标

碳源	对应指标	碳排放系数	参考来源
农药	农药使用量	4.9341kg/kg	美国橡树岭国家实验室
农膜	农用塑料薄膜使用量	5.18kg/kg	IREEA（南京农业大学农业资源与生态环境研究所）
柴油	农业作业耗用量	0.5927kg/kg	IPCC
化肥	农业化肥施用量	0.8956kg/kg	美国橡树岭国家实验室
灌溉	有效灌溉面积	25kg/hm^2	黎孔清（2018）等

注：此数据参考冉锦成《新疆农业碳排放时空特征、峰值预测及影响因素研究》一文。农业灌溉的碳排放系数是25kg/hm^2，实际过程仅仅是火力发电间接引起碳排放，所以对于农业灌溉碳排放是25kg×火电系数（用火力发电量比中国总发电量），据2000—2017年《中国能源统计年鉴》的数据，得出火电系数为0.816，因此农业灌溉系数最后用值为20.4kg/hm^2。

表 9-2 主要牲畜对应的碳排放系数

[单位：kg CH_4/（头·年）]

碳源	肠道发酵碳排因子	粪便管理碳排因子	参考来源
奶牛	61	18	IPCC
水牛	55	2	IPCC
马	18	1.64	IPCC
驴	10	0.9	IPCC
猪	1	4	IPCC
山羊	5	0.17	IPCC
绵羊	5	0.15	IPCC
家禽	—	0.02	冉锦成等（2017）

注：为了统一说明，实际计算中将按照 $1tCH_4=6.82tC$ 的原则，将 CH_4 排放量转换成 C 排放量。

（1）农业碳排放时序特征变化

首先，根据表 9-1 给出的农业生产中五类碳源碳排放系数，结合式（9-1）计算出河南省 2000—2017 年的农用物资投入产生的各类碳排放量，计算结果如表 9-3 所示；其次，由表 9-2 给出的牲畜碳排放系数，结合式（9-1）计算出河南省 2000—2017 年牲畜碳排放量，计算结果见表 9-4；最后，合并计算结果得出河南省农业碳排放总量情况，见表 9-5。

表 9-3 2000—2017 年河南省农业物资投入产生的碳排放量（单位：万吨）

年份	农药	农膜	柴油	化肥	灌溉	农业物资投入碳排放总量
2000	47.12	47.60	47.16	376.79	11.96	530.63
2001	48.60	48.74	48.66	395.61	11.92	553.53
2002	50.33	51.07	50.17	419.88	12.01	583.46
2003	48.70	51.18	51.68	419.04	11.98	582.58

续表

年份	农药	农膜	柴油	化肥	灌溉	农业物资投入碳排放总量
2004	49.93	52.63	53.19	441.67	12.07	609.49
2005	51.86	56.15	53.22	464.05	12.16	637.44
2006	55.06	61.33	55.90	484.01	12.30	668.60
2007	58.22	65.58	58.58	510.21	12.39	704.98
2008	58.77	67.70	61.25	538.86	12.47	739.05
2009	59.90	73.25	63.93	563.04	12.58	772.70
2010	61.63	76.15	63.96	586.75	12.70	801.19
2011	63.50	78.53	64.39	603.37	12.88	822.67
2012	63.30	80.39	64.82	612.98	13.01	834.50
2013	64.19	86.92	64.86	623.67	12.42	852.06
2014	64.09	84.69	64.77	632.07	12.75	858.37
2015	63.50	83.92	64.68	641.33	13.33	866.76
2016	62.71	84.49	66.64	640.38	14.40	868.62
2017	59.55	81.48	64.51	632.92	13.47	851.93

从表9-3中可以看出，2000—2017年河南省农业物资投入产生的碳排放总量整体呈上升趋势，在五类碳源中，化肥产生的碳排放量最多，是农业物资投入中的主要碳源。要减少农业碳排放，主要还是要减少化肥施用量，改进化肥施用技术。

表9-4　2000—2017年河南省牲畜碳排放量　（单位：万吨）

年份	乳牛	肉牛	马	驴	骡	生猪	山羊	绵羊	家禽	牲畜碳排放总量
2000	3.61	109.94	3.92	3.68	1.99	129.16	96.26	8.12	5.80	362.48
2001	6.91	132.39	3.52	3.31	1.77	134.69	103.11	10.30	6.46	402.46
2002	10.21	154.84	3.12	2.94	1.55	140.23	109.96	12.47	7.12	442.44

续表

年份	乳牛	肉牛	马	驴	骡	生猪	山羊	绵羊	家禽	牲畜碳排放总量
2003	13. 51	177. 29	2. 72	2. 57	1. 33	145. 76	116. 81	14. 64	7. 79	482. 42
2004	16. 81	199. 74	2. 31	2. 20	1. 11	151. 29	123. 66	16. 82	8. 45	522. 39
2005	16. 82	199. 84	2. 32	2. 20	1. 11	151. 37	123. 73	16. 82	8. 45	522. 66
2006	19. 66	183. 54	2. 01	1. 88	0. 90	152. 22	107. 44	14. 66	8. 27	490. 58
2007	22. 51	167. 24	1. 70	1. 56	0. 69	153. 06	91. 16	12. 49	8. 09	458. 50
2008	25. 35	150. 94	1. 39	1. 24	0. 49	153. 91	74. 88	10. 33	7. 91	426. 44
2009	28. 19	134. 64	1. 08	0. 92	0. 28	154. 76	58. 60	8. 16	7. 73	394. 36
2010	28. 21	134. 71	1. 08	0. 92	0. 28	154. 83	58. 63	8. 17	7. 74	394. 57
2011	26. 55	120. 64	0. 95	0. 82	0. 24	153. 70	57. 65	9. 06	7. 75	377. 36
2012	24. 90	106. 57	0. 82	0. 73	0. 20	152. 56	56. 67	9. 95	7. 76	360. 16
2013	23. 25	92. 50	0. 69	0. 63	0. 15	151. 43	55. 70	10. 84	7. 77	342. 96
2014	21. 60	78. 43	0. 56	0. 54	0. 11	150. 29	54. 72	11. 74	7. 79	325. 78
2015	20. 05	70. 66	0. 38	0. 38	0. 08	148. 74	54. 75	13. 11	7. 78	315. 93
2016	16. 36	58. 54	0. 18	0. 26	0. 03	145. 57	50. 72	3. 40	7. 76	282. 82
2017	18. 14	89. 61	0. 13	0. 16	0. 02	149. 70	49. 82	9. 45	8. 87	325. 90

从表 9-4 中可以看出，2000—2017 年河南省牲畜养殖业的碳排放中，肉牛和生猪产生的碳排放量较多，肉牛产生的碳排放量总体上呈下降趋势。

表 9-5　2000—2017 年河南省农业碳排放总体情况

年份	农业物资投入碳排放量（万吨）	牲畜碳排放量（万吨）	农业碳排放总量（万吨）	环比增速（%）	农业碳排放强度（吨/万元农业 GDP）	环比增速（%）
2000	530. 63	362. 49	893. 12	—	0. 45	—
2001	553. 54	402. 46	956. 00	0. 07	0. 46	0. 01
2002	583. 47	442. 44	1025. 91	0. 07	0. 47	0. 03

续表

年份	农业物资投入碳排放量（万吨）	牲畜碳排放量（万吨）	农业碳排放总量（万吨）	环比增速（%）	农业碳排放强度（吨/万元农业 GDP）	环比增速（%）
2003	582. 58	482. 42	1065. 00	0. 04	0. 50	0. 06
2004	609. 50	522. 39	1131. 89	0. 06	0. 47	−0. 06
2005	637. 43	522. 65	1160. 08	0. 02	0. 45	−0. 05
2006	668. 60	490. 58	1159. 18	0	0. 42	−0. 07
2007	704. 97	458. 51	1163. 48	0	0. 40	−0. 03
2008	739. 06	426. 43	1165. 49	0	0. 38	−0. 05
2009	772. 70	394. 36	1167. 06	0	0. 36	−0. 04
2010	801. 09	394. 56	1195. 65	0. 02	0. 36	−0. 02
2011	822. 68	377. 36	1200. 04	0	0. 35	−0. 03
2012	834. 51	360. 16	1194. 67	0	0. 33	−0. 05
2013	852. 06	342. 97	1195. 03	0	0. 32	−0. 04
2014	858. 38	325. 77	1184. 15	−0. 01	0. 30	−0. 05
2015	866. 77	315. 93	1182. 70	0	0. 29	−0. 05
2016	867. 62	282. 82	1150. 44	−0. 03	0. 27	−0. 07
2017	851. 94	325. 89	1177. 83	0. 02	0. 26	−0. 02

由表 9-5 可知，河南省农业碳排放可以划分为两个阶段，第一阶段是2000—2005 年持续上升阶段，在该阶段，农业碳排放总量由 2000 年的 893. 12 万吨增加到 2005 年的 1160. 08 万吨，研究期内增加了 266. 96 万吨，年均增长 44. 49 万吨。主要原因是，2000—2005 年，种植业占据农业较大比重，为了提高粮食产量，农业生产中投入了大量的化肥；牲畜养殖中肉牛、生猪、山羊的养殖规模不断扩大，在农业整体碳排放总量中贡献了较大的碳排放量。第二阶段是 2006—2017 年的缓慢稳定增长阶段，在这 11 年当中，农业碳排放总量由 2006 年的 1159. 18 万吨增加到 2017 年的 1177. 83 万吨，总共增长 18. 65 万吨，年均增长 1. 55 万吨。由表 9-5 可知，在此期间增长缓慢的原因

是，2006—2017 年，农业物资投入产生的碳排放总量在缓慢增加，但牲畜碳排放总量在持续快速减少，所以总体农业碳排总量增加不明显。由表 9-4 可知，2006—2017 年，牲畜当中的肉牛、生猪、绵羊、山羊碳排放量都在持续下降，一方面是这些牲畜数量在减少，另一方面是河南省牲畜养殖不断规模化，养殖技术在不断提升，因此 2006—2017 年的农业碳排放总量是缓慢增长的。另外，由表 9-5 可以看到，2000—2017 年，河南省农业碳排放在两个年份实现负增长，一是在 2014 年，环比增速为-0.01%；二是在 2016 年，环比增速为-0.03%。但在 2017 年又出现增长趋势，主要增长因素在于牲畜碳排放量的突然增加。由表 9-4 可知，2017 年，河南省牲畜碳排放中肉牛、生猪、绵羊、家禽的碳排放突然增加，也跟这些牲畜需求量增加有着较大关系。

除此之外，2000—2017 年，河南省农业碳排放强度总体在不断下降，单位农业产值的碳排放强度由 2000 年的 0.45 吨/万元农业 GDP 下降到 2017 年的 0.26 吨/万元农业 GDP。环比增速中，2006 年、2016 年的环比增速最小，均为-0.07%。

整体来看，河南省农业碳排放的总体趋势先是快速增加，后是缓慢增加，按照此趋势，在未来几年有极大可能呈现下降趋势，也有极大可能实现农业上的碳排放达峰目标。

（2）农业碳排放的空间差异

此外，除了从时间上分析河南省农业生产过程中产生的碳排放量，本章还选取河南省 18 个地级市和 10 个省直管县，从空间上分析河南省目前农业碳排放的空间差异，如表 9-6、图 9-1 所示。

表 9-6　2017 年河南省各地市及直管县农业碳排放总量情况

各地市及省直管县	农业物资投入碳排放总量（万吨）	牲畜碳排放总量（万吨）	农业碳排放总量（万吨）	农业碳排放强度（吨/万元农业 GDP）
郑州市	29.36	9.14	38.50	0.15

续表

各地市及省直管县	农业物资投入碳排放总量（万吨）	牲畜碳排放总量（万吨）	农业碳排放总量（万吨）	农业碳排放强度（吨/万元农业GDP）
开封市	41.12	23.94	65.06	0.12
洛阳市	30.27	18.60	48.87	0.12
平顶山市	42.38	20.35	62.73	0.20
安阳市	59.69	11.26	70.95	0.20
鹤壁市	9.68	5.35	15.03	0.13
新乡市	60.31	17.36	77.67	0.21
焦作市	23.94	9.15	33.09	0.13
濮阳市	31.99	10.41	42.40	0.15
许昌市	32.29	16.48	48.77	0.18
漯河市	20.43	9.43	29.86	0.15
三门峡市	14.09	9.18	23.27	0.11
南阳市	115.09	57.19	172.28	0.19
商丘市	98.16	31.88	130.04	0.20
信阳市	65.72	18.11	83.83	0.10
周口市	103.44	38.01	141.45	0.17
驻马店市	84.45	54.40	138.85	0.19
济源市	3.55	2.57	6.12	0.19
巩义市	3.29	1.00	4.29	0.19
兰考县	8.59	2.69	11.28	0.16
汝州市	10.58	6.04	16.62	0.24
滑县	23.55	2.56	26.11	0.23
长垣市	8.66	1.21	9.87	0.17
邓州市	22.27	11.01	33.28	0.18
永城市	15.43	3.66	19.09	0.17
固始县	13.35	4.11	17.46	0.14

续表

各地市及省直管县	农业物资投入碳排放总量（万吨）	牲畜碳排放总量（万吨）	农业碳排放总量（万吨）	农业碳排放强度（吨/万元农业GDP）
鹿邑县	10.31	3.47	13.78	0.15
新蔡县	8.48	4.97	13.45	0.15

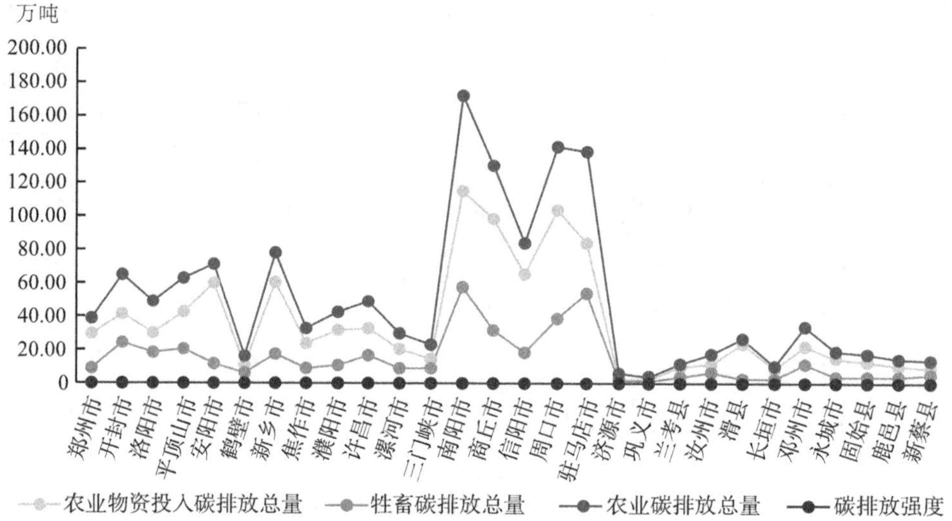

图 9-1　2017 年河南省各地市和省直管县农业碳排放空间分布

根据图 9-1 可以看到，各地市及省直管县的农业碳排放总量与农业物资投入产生的碳排放量有着相同走势，牲畜碳排放总量与两者有着细微差别，农业物资投入产生的碳排放在河南省农业碳排放总量中占有较大比重。

首先是从农业碳排总量上看，碳排放量从高往低排序，第一类是南阳市，农业碳排放总量达到 172.28 万吨，占 28 个地市及省直管县农业总碳排放量的 12.26%。南阳市农业物资投入和牲畜养殖碳排放量“双高”，与南阳市耕地面积广、机械总动力强、农业机械化程度高以及牲畜中牛、猪、羊数量较多有着密切联系。第二类是周口市、驻马店市和商丘市，农业碳排放属于“中高”型，这三个地市的农业碳排放总量依次为 141.45 万吨、138.85 万吨、130.04 万吨，分别占河南省 28 个地市及省直管县农业碳排总量的 10.15%、

9.96%、9.33%。第三类是新乡市、信阳市、开封市、平顶山市和安阳市，这5个地市农业碳排放量属于“一般高”型。第四类为其余地市及省直管县，农业碳排放属于“中低”型。

再从农业碳排放强度来看，因农业碳排放强度值较小，在这里将其单独分析。运用SPSS统计软件对河南省28个地市及省直管县做聚类分析，以更合理地把不同地市及省直管县进行分类，结果见图9-2。

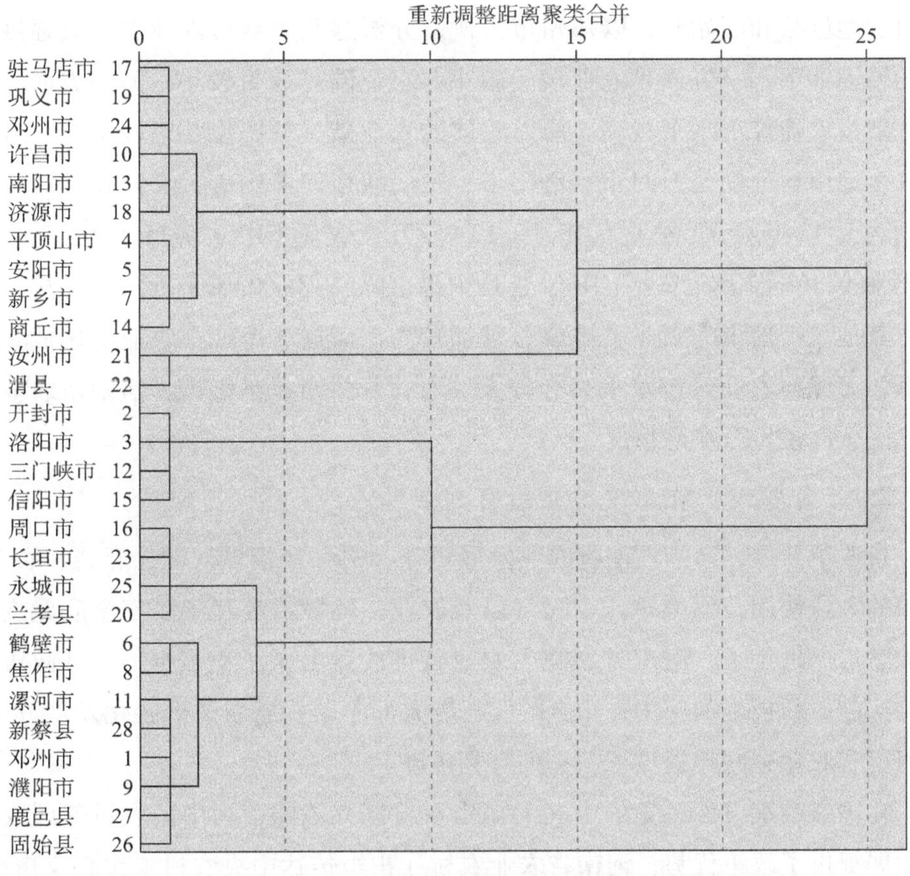

图9-2 河南省28个地市及省直管县农业碳排放强度聚类分析

由图9-2的聚类分析，可以将河南省28个地市及省直管县的农业碳排放强度分为五类。按照农业碳排放强度由高到低的顺序，第一类市县有2个，即汝州市和滑县，农业碳排放强度分别为0.24万吨/万元农业GDP、0.23吨/

万元农业 GDP，这两个地方农业碳排放总量不大，农业碳排放强度较高，可能是因为这两地的农业经济水平不高。第二类地市有 10 个，分别是驻马店市、巩义市、邓州市、许昌市、南阳市、济源市、平顶山市、安阳市、新乡市以及商丘市，这里多个地市的农业碳排放量属于较高型的，尤其是南阳市，农业碳排放总量在河南省总的农业碳排放量中最高，它们的农业碳排放强度相对较高。第三类市县有 4 个，分别是周口市、长垣市、永城市和兰考县。第四类市县有 8 个，分别是鹤壁市、焦作市、漯河市、新蔡县、郑州市、濮阳市、鹿邑县和固始县，以郑州市为例，分析这几个地市农业碳排放强度较低的原因如下，一方面是农业规模较小，农业碳排放量较小；另一方面是这几个地市农业经济水平较高，所以整体的农业碳排放强度相对较低。第五类有 4 个地市，分别是开封市、洛阳市、三门峡市、信阳市，农业碳排放强度分别为 0.12 吨/万元农业 GDP、0.12 吨/万元农业 GDP、0.11 吨/万元农业 GDP 和 0.10 吨/万元农业 GDP。这几个地市除三门峡市属于低农业碳排放量外，其他 3 个地市的农业碳排放总量都较高，而这 3 个地市农业碳排放强度最低，可能与农业经济水平高有较大关系，开封市、洛阳市、信阳市农业经济水平较高也符合实际情况。

2. 河南省减少农业碳排放的有利条件

自改革开放以来，河南省农业发展迅速，但存在很多问题，肥料、农药、农膜的大量使用，污染水质、大气以及农业，环境治理和粮食安全问题变得更加紧迫。近年来，河南省在减少农业碳排放量上做了积极努力，从政策法规的实施、新技术的应用、试点的实行等方面不断探索农业低碳化发展方向，为河南省农业碳减排提供了一系列有利条件。

在国家政策方面，党的十九大提出乡村振兴战略，为中国农村低碳农业的发展提供了政策优势，河南省农业农村厅积极传达中央农村工作会议精神，大力实施乡村振兴战略，努力打造河南农业强省。河南省农业产业的扶贫政策为河南农业的低碳、绿色发展提供强有力的支持，为了提高河南省粮食的生产能力，继续贯彻落实“藏粮于地、藏粮于技”战略，对耕地进行保护，不断推进高标准的农田信息化建设；加快推进农业供给侧结构性改革，以优质小麦、优质花生、优质草畜等高效特色产业为重点，通过布局区域化、生产标准化、经营规模化、发展产业化统筹推进农业的低碳化发展。此外，近年来，国务院下达关于农业机械化和农机装备产业转型升级的相关文件，这在一定程度上不仅可以提高河南省的农业机械化程度，还能通过机械的改进技术减少河南省农业的碳排放。发展潜力巨大的低碳农业已成为河南省农业发展的方向，河南省颁布了一系列法律法规，大力提倡低碳农业，并加速农业低碳化、现代化、绿色化发展，为农业碳排放提供了政策优势。河南省农业生产条件的不断改善，农业技术的不断提高，使农业经营规模和生产规模不断扩大。各地方政府保护和改善农业生产环境，结合现代科学技术，开展循环农业和生态农业试点。2005 年以来，试点结果显示，河南省农业取得了良好的效果，并实现了传统农业的逐步转型和升级，走上了现代农业发展的社会经济效益和生态效益共存之路。根据河南省各地区不同情况，确定了各地市低碳农业生产的具体模式，且目前已在多个领域进行了试点，这些试点已成为河南省低碳农业开发新技术、新农产品的示范基地，为河南省低碳农业的发展提供了技术支持和实践依据。

3. 河南省减少农业碳排放面临的问题

从碳足迹来看，河南省农业碳排放量最大的是化肥，占碳排放总量的 70%；有 7%~8%的二氧化碳排放来自农药；7%~9%的二氧化碳排放来自农膜；柴油的碳排放量占碳排放总量的 7%~9%；农业灌溉碳排放最少。由此可知，河南省的农业碳排放主要是化肥的过度施用造成的。2017 年《河南省农业统计年鉴》数据显示，截至 2016 年底，农业化肥施用量 715.03 万吨，较上年下降 0.15%，降幅不大；农药使用量 12.71 万吨，较上年下降 1.2%；塑料农膜使用量为 16.31 万吨，较上年增长 0.68%；农业灌溉面积为 5360300 公顷，较上年增长 0.49%；农业机械总动力 9858.82 万千瓦，比上年下降 15.8%；农用拖拉机 372.22 万台，比上年下降 2.0%。在农业机械化要求不断提高的情况下，河南省农业机械投入量也在大量增加。目前，国家在农业机械化和农机装备产业化方面给予了很大的政策支持，但由于农机科技创新不足，传统耗油的农机仍在市场上占据较大份额，这会在一定程度上加大农机的碳排放量。可以看到，河南省农业碳源使用量总体仍然在增加，造成农业碳排放量不断增加，农业低碳化发展虽有成效，但成效甚微，减少农业的碳排放量仍是河南省亟待解决的突出问题。

9.7.2 河南省农业碳排放的金融服务现状

作为农业的重要保障，金融对构建低碳农业新结构、促进低碳农业快速发展具有重要的作用。金融从传统信用模式、信用体系、保障机制等方面直接支持低碳农业的发展，也通过国家政策和法律制度对低碳农业产生间接支持作用。由于低碳农业具有标准化要求高、生产周期长、自然因素不确定性大、早期效益低等特点，需要政府加大对低碳农业的财政金融政策支持，促进其长期健康发展。近年来，河南省低碳农业金融支持的力度在不断加大，税收补贴和特殊基金也在不断增多，金融行业的贷款、担保和保险业务不断改进，服务形式灵活多样，全面支持力度不断加大，这些都促进了低碳农业的快速发展，加大了农业碳减排的力度。如图 9-3 所示，河南省政府在农林水事务和科技上的财政支出逐年增加，表明河南省对农业发展和农业科技的重视，对低碳农业发展大有裨益。

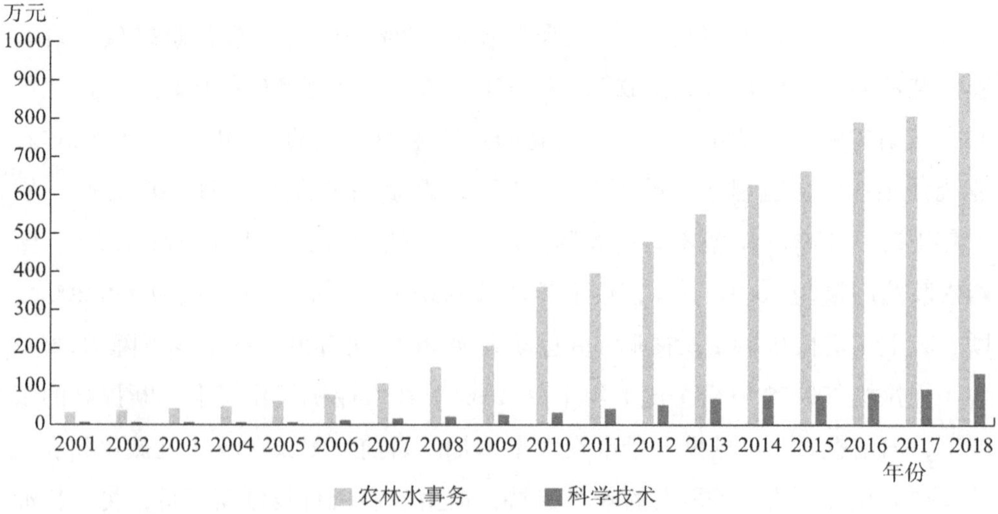

图 9-3 2001—2017 年河南省财政支出情况

1. 国家层面的支持情况

河南省以国家的乡村振兴战略和农村供给侧结构性改革为契机，通过金融扶贫的方式为各地低碳农业发展提供大量的资金支持，为低碳农业发展提供绿色信贷、绿色基金、财政补贴、税收减免等优惠政策，在特色农业产业上给予贷款许可，各金融机构在各地农村的农、林、牧、渔业上投放大量贷款，保障了低碳农业的经济效益和社会效益。

农村一直是金融服务的盲区，农村的金融供给严重不足、农业金融需求得不到有效满足是改革开放以来一直存在的问题。在乡村振兴战略的背景下，中国全面展开金融扶贫工作，推动金融资源向农村、农业倾斜。河南省金融服务于农业的工作也在通过地方试点的方式进行。在焦作市金融服务农业中，焦作中旅银行向农户发放小额贷款，给予农户以资金支持，打通金融服务的“最后一公里”。截至 2019 年 1 月 21 日，焦作中旅银行涉及农村贷款量达 43 亿元，有力促进了焦作当地的林产品、畜牧饲养等特色产业的发展。金融服务农村、农业的工作在各地市有序开展，这有利于促进河南省绿色农业、低碳农业发展，为农业生产碳减排提供金融支持。

2. 金融机构扶持情况

近年来，河南省金融机构根据自身服务特点，为河南省农业发展融资，不断解决农业融资难题，其中，农村信用社是河南省农业发展的主要力量，农村信用社自 2010 年到 2017 年在机构数量上、从业人员上、资产总额上都有较大的增加，为支农提供更多的力量。2010—2016 年河南省农村信用社的发展情况如表 9-7 所示。

表 9-7　2010—2016 年河南省农村信用社发展情况

年份	机构数（个）	从业人数（人）	资产总额（亿元）	法人机构数（个）	贷款余额（亿元）	存款余额（亿元）
2010	536	11557	2233.66	17	2703.00	3605.00
2011	594	13095	2801.60	17	2834.00	4126.00

续表

年份	机构数（个）	从业人数（人）	资产总额（亿元）	法人机构数（个）	贷款余额（亿元）	存款余额（亿元）
2012	618	13547	3736.00	17	2951.00	4776.00
2013	660	16892	4736.00	17	3331.00	5502.00
2014	676	17658	5807.80	5	3508.00	5834.00
2015	800	19891	8204.00	5	3695.00	6576.00
2016	923	23347	12953.40	5	3443.00	6295.00

资料来源：Wind 经济数据。

由表 9-7 可知，河南省农村信用社机构数、从业人数和资产总额都在逐年增加，作为河南省农业服务的主要金融机构，农村信用社的快速发展也为河南省农业发展提供了大量的信贷资金。随着绿色低碳农业的兴起，除农村信用社外，我国还积极鼓励各金融机构发展绿色产品，通过绿色信贷、绿色债券、绿色保险等加大对低碳、绿色农业的投入力度。

（1）绿色信贷情况

金融机构加强绿色产品创新，引导更多金融资源配置到低碳转型、绿色发展领域，持续推动我国经济社会高质量发展。兴业银行郑州分行深耕河南绿色金融，开发了多种绿色信贷产品，为低碳行业提供高质量的金融服务。截至 2018 年 9 月，兴业银行郑州分行在河南省投入绿色信贷资金 400 多亿元。由表 9-7 可知，农村信用社贷款余额在 2016 年达到 3443.00 亿元，存款余额为 6295.00 亿元，贷存比为 55%，农村信用社涉农贷款较多，说明其将更多的资金投入农业农村，这有利于满足低碳农业发展的资金需求。

（2）绿色债券情况

绿色债券市场作为绿色金融体系的重要组成部分，近年来，在政策的不断完善和支持下，得到了快速发展。绿色债券募集资金用于绿色环保项目、绿色循环低碳项目、节能环保产业等，助力绿色循环低碳项目、节能环保产业发展，推动节能减排，解决环境问题，促进绿色产业可持续发展。2018 年 11 月 14 日，兴业银行郑州分行携手中国平煤神马集团天安煤业股份有限公司，成功发行 9.7 亿元绿色债券。这是国内煤炭企业发行的首单绿色债券，也是河南省上市公司发行的首单绿色债券，为河南省绿色经济发展注入了新鲜活力。作为目前国内市场中绿色债券承销份额居第一位的银行，兴业银行是最早在国内开展绿色金融业务的银行，且在多年间推出了丰富的绿色金融产品。此次发行绿色债券募集的资金将全部用于天安煤业的节能改造、土地恢复等绿色项目，将有助于推进其产业结构的高质量转型升级，也有利于推进河南省绿色低碳产业的发展。

（3）绿色农业保险情况

在河南省，除中国大地财产保险公司、中国人寿财产保险公司、中国人民财产保险公司等主要涉农保险产品的保险公司外，还有刚成立的农业保险公司——中原农业保险股份有限公司，其主要保险产品有种植保险、养殖保险、意外保险、家财保险、货运保险，种植保险涉及小麦、水稻、玉米、花生、大豆、棉花、油菜基本保险，养殖保险涉及能繁母猪保险、育肥猪保险、奶牛养殖保险，在中原农业保险股份有限公司的所有保险保费收入中，农业保险保费收入不低于 60%。中原农业保险股份有限公司自成立以来，积极参与保险产品试点工作，不断创新保险产品，为新型农业经营主体提供帮助。此外，省政府加大对农业保险产品的财政支持力度，在主要农产品小麦和玉米上，给予保费补贴优惠政策。小麦种植保险（A 款）保险费率 6.5%，总保费 52 元/亩，农户自交保费 10.4 元/亩；玉米种植保险（A 款）保险费率 7.5%，总保费 52.5 元/亩，农户自交保费 10.5 元/亩。中原农业保险股份有限公司立足中原，以服务“三农”为己任，为河南省低碳农业发展提供风险保障。

9.8 金融影响农业碳排放达峰的实证分析

9.8.1 模型设定

近年来，随着全球对气候变化的关注度不断提高，关于二氧化碳排放峰值的研究也越来越多，相关的峰值研究方法也不尽相同，部分方法归纳如表

9-8 所示。由于本章涉及对金融因素的研究，而 STIRPAT 模型在人口、财富、技术等固有因素分析上具有延展性强的优势，可以将更多影响碳排放的因素整合进模型，所以本章在结合实际研究的情况下，选择 STIRPAT 模型作为实证部分分析的主要方法。

表 9-8　二氧化碳排放峰值主要预测方法盘点

预测方法	代表性文献	方法简要描述
EKC	林伯强（2009）、赵忠秀（2013）	EKC 模型假定碳排放与经济增长之间存在倒“U”形关系，使用历史二氧化碳排放与经济增长数据求取参数后，预测得出的“拐点值”即为二氧化碳排放峰值
IPAT	杜强（2012）、朱宇恩（2016）、Li（2017）	IPAT 模型认为，二氧化碳排放由人口、富裕程度和技术因素共同决定，在对三个因素分别进行情境设置的基础上预测二氧化碳排放峰值
STIRPAT	渠慎宁（2010）、王宪恩（2014）、王勇（2017）	STIRPAT 模型是对 IPAT 模型的改进，该模型通过分析人口、财富、技术等因素的非线性变化，修正 IPAT 模型仅能反映相关因素线性关系的不足，预测二氧化碳排放峰值。另外，该模型延展性强，可将更多影响二氧化碳排放的因素纳入预测模型
LEAP	吴尧萍（2013）、常征（2014）、杨顺顺（2017）	LEAP 模型通过预测不同情境下各部门（终端消费、能源加工转换、资源开采、非用能部门等）的能源需求量，结合碳排放因子对二氧化碳排放峰值进行预测

1. 变量选取

（1）被解释变量

本章将河南省农业产生的碳排放总量作为被解释变量，记为 C。在农业碳排放测算中得出 2000—2017 年河南省农业的碳排放总量。

公式依据为各类碳源系数乘以各类碳源的量：

$$C = \sum C_{it} = \sum Q_{it} \times \delta_i \tag{9-2}$$

式中，C 为农业碳排放总量，C_{it} 为第 i 类碳源 t 年的农业碳排放量，Q_{it} 表示第 i 类碳源 t 年的量，δ_i 表示各类碳源的碳排放系数。

（2）主要解释变量

金融发展通过对经济的影响而影响农业碳排放，主要有两个方面的作用：一是金融的发展使农户更容易获得资金以扩大农业生产规模，提高农业产出，从而增加农业碳排放量；二是金融的技术效应（如“互联网金融+农业”）有利于提升农业科技水平，优化农资投入结构，提高能源利用效率，改善农业种植结构等，有助于降低农业生产碳排放量。所以，本章的解释变量主要为农村金融发展水平（*FL*），并将其分为农村金融规模（*FS*）和农村金融效率（*FE*）两个变量，考虑到指标数据的可获取性和河南省的现实情况，农村金融规模用河南省农村信用社存贷款余额之和与农业 GDP 之比表示；农村金融效率的测度则从储蓄能力转变为投资的方向考虑，用农村信用社的贷款余额/存款余额表示。

（3）其他变量

其他变量的选取及根据：①农村人口规模（*AP*）。②农业经济水平（*GDP*）。已有研究证明了农业经济的发展对农业碳排放有较大影响，这里的农业经济水平采用农业生产总值，使用了农业的实际 GDP。在数据处理上，以 2000 年为基期，各年的实际 GDP 为基期年的名义 GDP 乘以各年的 GDP 指数与基期年的 GDP 指数之比（基期年 GDP 指数为 100）。③农业结构（*AS*）。以种植业和畜牧业为研究对象，根据河南省实际情况，农业结构设定为种植业与畜牧业生产总值之和与农林牧渔业生产总值之比。④农业机械化水平（*AM*）。农业机械化水平代表的是农业技术水平，本章以农业机械总动力代表农业机械化水平。

2. 数据来源与处理

本章的研究时间段为 2000—2017 年。农业碳源数据和各类农业相关指标数据来源于《河南统计年鉴 2018》；有关碳源碳排放系数的数据来源于 IPCC；关于农业碳排放总量则是运用碳排放清单法计算得到的；河南省农村金融贷存款余额来源于《中国金融年鉴》《河南金融年鉴》以及中经网统计数据库及资讯信息网站；河南农村信用社金融机构情况数据则来源于 Wind 资讯数据库。为剔除价格变动的影响，本章采用2000年的基期价格，计算出 2001—2017

年农业的实际 GDP。

3. 模型设定

本章结合实际情况选择 STIRPAT 模型，评估影响环境压力的驱动因素，基本形式为

$$I_t = aP_t^b A_t^c T_t^d \theta_t \tag{9-3}$$

式中，I 表示环境压力，P 表示人口效应，A 表示财富效应，T 表示技术效应；a 是常数项，b、c、d 对应各效应的弹性系数，t 代表时间，θ_t 是误差项。将式子两边同时取对数便可消除异方差，得到新的公式：

$$\ln I_t = \ln a + b\ln P_t + c\ln A_t + d\text{Ln}T_t + \theta_t \tag{9-4}$$

根据本章需要，得出数据模型为

$$\ln C_t = \ln a + \beta_1 \ln AP_t + \beta_2 \ln GDP_t + \beta_3 \ln AS_t + \beta_4 \ln AM_t + \beta_5 \ln FL_t + \theta_t \tag{9-5}$$

式中，C 表示碳排放量，FL 表示农村金融发展水平，AP 表示农村人口规模，GDP 表示农业经济水平，AS 表示农业结构，AM 表示农业机械化水平，θ 表示误差，t 是时间。

9.8.2 实证分析

本章选取了影响农业碳排放的 6 个变量，分别是农村金融规模（*FS*）和农村金融效率（*FE*）、农村人口规模（*AP*）、农业经济水平（*GDP*）、农业结构（*AS*）和农业机械化水平（*AM*）。

本章的实证分析步骤是：首先，进行回归分析，研究解释变量对被解释变量的影响，着重分析农村金融规模和农村金融效率对农业碳排放的影响；其次，运用情境分析法通过情境设置对农业碳排放进行预测分析，通过预测验证农村金融规模和农村金融效率是否会促进河南省农业碳排放达峰，以及具体达峰时间和对应的峰值；最后，对实证结果进行具体分析。

1. 回归分析

为了研究农村人口规模、农业经济水平、农业结构和农业机械化水平对农业碳排放的影响，列出回归模型（9-6）作为基准回归，对应回归（1）：

$$\ln C_t=\ln a+\beta_1\ln AP_t+\beta_2\ln GDP_t+\beta_3\ln AS_t+\beta_4\ln AM_t+\theta_t \tag{9-6}$$

根据以往学者的研究，金融发展对碳排放的影响是不确定的，有可能是促进碳排放或者抑制碳排放，也有可能先促进后抑制，即倒“U”形。为了更详细地研究农村金融发展对农业碳排放的影响到底是单向还是双向的倒“U”形关系，在模型（9-5）中分别加入变量（FE）^{2} 和（FS）^{2}，检验金融因素与农业碳排放之间是否存在倒“U”形关系，如果变量的二次项系数显著为负，则说明这个变量与碳排放存在倒“U”形关系，否则不存在倒“U”形关系。

为研究农村金融规模和农村金融效率对农业碳排放的影响，本章将在基准回归模型（9-6）的基础上分别依次加入农村金融规模、农村金融效率的一次项，农村金融规模和农村金融效率的一次项、二次项。

在农村金融规模与农业碳排放关系方面，本章在基准回归模型（9-5）中首先加入农村金融规模的一次项（FS），得出回归模型（9-7），作为回归（2）：

$$\ln C_t=\ln a+\beta_1\ln AP_t+\beta_2\ln GDP_t+\beta_3\ln AS_t+\beta_4\ln AM_t+\beta_5\ln FS_t+\theta_t \tag{9-7}$$

在验证农村金融规模与农业碳排放是否存在倒“U”形关系方面，本章将在回归模型（9-7）中加入农村金融规模的二次项（FS）^{2}，得到回归模型（9-8），并作为回归（3）：

$$\ln C_t=\ln a+\beta_1\ln AP_t+\beta_2\mathrm{Ln}GDP_t+\beta_3\ln AS_t+\beta_4\ln AM_t+\beta_5\ln FS_t+\beta_6\ln(FS)^2+\theta_t \tag{9-8}$$

在农村金融规模对农业碳排放的影响下，为分析农村金融效率对其的影响，将在回归模型（9-8）的基础上加入农村金融效率的一次项（FE），得到回归模型（9-9），并作为回归（4）：

$$\ln C_t=\ln a+\beta_1\ln AP_t+\beta_2\ln GDP_t+\beta_3\ln AS_t+\beta_4\ln AM_t+\beta_5\ln FS_t+\beta_6\ln FE_t+\beta_7\ln(FS_t)^2+\theta_t \tag{9-9}$$

本章采取对称方式对农村金融规模和农村金融效率分别与农业碳排放的关系进行研究并列回归。同理，为研究农村金融效率对农业碳排放的影响，在基准回归模型（9-5）的基础上加入农村金融效率的一次项（FE ），得到回归模型（9-10）作为回归（7）：

$$\ln C_t = \ln a + \beta_1 \ln AP_t + \beta_2 \ln GDP_t + \beta_3 \ln AS_t + \beta_4 \ln AM_t + \beta_5 \ln FE_t + \theta_t \quad (9-10)$$

为验证农村金融效率与农业碳排放是否存在倒“U”形关系，在回归模型（9-10）中加入农村金融效率的二次项（FE）^{2}，得到回归模型（9-11），并作为回归（6）：

$$\ln C_t = \ln a + \beta_1 \ln AP_t + \beta_2 \ln GDP_t + \beta_3 \ln AS_t + \beta_4 \ln AM_t + \beta_5 \ln FE_t + \beta_6 \ln(FE)^2 + \theta_t \quad (9-11)$$

在农村金融效率对农业碳排放的影响下，为分析农村金融规模对农业碳排放的影响，将在回归模型（9-11）的基础上加入农村金融规模的一次项（FE），得到回归模型（9-12），并作为回归（5）：

$$\ln C_t = \ln a + \beta_1 \ln AP_t + \beta_2 \ln GDP_t + \beta_3 \ln AS_t + \beta_4 \ln AM_t + \beta_5 \ln FE_t + \beta_6 \ln FS_t + \beta_7 \ln(FE_t)^2 + \theta_t \quad (9-12)$$

为了研究金融因素与农业碳排放的具体关系，本章运用 Stata13 以农村人口规模、农业经济水平、农业结构、农业机械化水平这 4 个变量与被解释变量农业碳排放量的回归作为基准回归，再依次添加农村金融规模、农村金融规模平方项、农村金融效率、农村金融效率平方项，逐步与被解释变量进行回归，观察农村金融规模和农村金融效率分别与农业碳排放的关系，如果农村金融规模的二次项回归系数显著为负，就说明农业碳排放与金融规模之间存在倒“U”形关系；如果仅一次项显著，则说明农业碳排放与金融规模之间是线性关系，农村金融效率与农业碳排放的关系验证也是如此。具体的回归结果如表 9-9 所示。

表 9-9　各解释变量对碳排放量的回归结果

变量	(1)	(2)	(3)	(4)	(5)	(6)	(7)
$\ln AP_t$	1.735*	1.659	1.325	1.054**	1.011	1.398	0.968
	(0.911)	(0.887)	(0.917)	(0.442)	(0.587)	(0.639)	(0.947)
$\ln GDP_t$	0.406	0.413	0.182*	0.470**	0.620	0.394	0.301
	(0.410)	(0.426)	(0.398)	(0.184)	(0.236)	(0.465)	(0.384)

续表

变量	(1)	(2)	(3)	(4)	(5)	(6)	(7)
$\ln AS_t$	0.506 (0.620)	0.490** (0.648)	0.286* (0.697)	0.467*** (0.148)	0.705** (0.168)	0.521 (0.612)	0.073 (0.623)
$\ln AM_t$	0.693*** (0.169)	0.747** (0.310)	0.417 (0.323)	0.272*** (0.149)	0.470** (0.179)	0.434* (0.165)	0.694* (0.157)
$\ln FS_t$		0.053** (0.243)	0.397** (0.312)	0.0748** (0.173)	0.255* (0.142)		
$\ln(FS_t)^2$			-0.250 (0.125)	-0.239*** (0.078)			
$\ln FE_t$				-0.116** (0.124)	0.119 (0.125)	0.325 (0.312)	0.339 (0.190)
$\ln(FE_t)^2$					0.575 (0.764)	0.276 (0.152)	
Cons	-17.72 (10.120)	-17.59 (10.530)	-9.861 (10.170)	-7.267 (4.628)	-9.146 (6.095)	-12.276 (8.956)	-10.01 (10.320)
R-squared	0.879	0.883	0.795	0.977	0.862	0.781	0.760

注：括号中为标准差；*、**、*** 分别代表 10%、5%和 1%的显著水平；被解释变量为 $\ln C_t$。

由表 9-9 可知，本章采用的各变量都显著且拟合效果好，回归（4）作为本章的主要回归，对应的回归方程如下：

$$\ln C_t = 1.054\ln AP_t + 0.470\ln GDP_t + 0.467\ln AS_t + 0.272\ln AM_t + 0.075\ln FS_t - 0.239\ln(FS_t)^2 - 0.116\ln FE_t - 7.267 \quad (9-13)$$

由将变量农村金融规模及其平方项加入得到的回归方程（9-13）可以看到，方程中 $\ln FS_t$ 回归的系数是正值，而 $\ln(FS_t)^2$ 回归系数显著为负，说明农村金融规模与农业碳排放之间存在倒“U”形关系，即农村金融规模的扩大，对农业碳排放具有先促进后抑制的作用，这是因为随着农村金融规模的不断扩大，人们有更多的资金用来购买农业生产资料，扩大生产规模，从而产生更多的碳排放量，而后农村的财富效应、农业规模效应和农业投入技术效应有所扩大，从而使河南省的种植业和畜牧业的技术水平得以提高，农业物资投入的能源消费结构、种植业和畜牧业在整个农业中的结构得以改善，所以随着农村金融规模的扩大，农业碳排放量将会减少。农村金融效率 $\ln FE_t$ 的系数为负值，其二次项系数不显著，即农村金融效率对农业碳排放是单向的抑制作用，说明随着农村金融效率的提高，即金融机构的贷出款项比例不断提高，金融发展有利于农业碳排放的减少。所以，整体上，农村金融的发展有利于农业碳排放的减少，有利于促进农业碳排放的达峰。

此外，除了对农村金融规模和农村金融效率影响农业碳排放的分析，笔者还发现农村人口规模、农业经济水平、农业结构和农业机械化水平与农业碳排放之间存在正相关关系，模型（9-13）显示，农村人口规模、农业经济水平、农业结构和农业机械化水平每增加 1 个百分点，将促使农业碳排放分别增加 1.054 个、0.470 个、0.467 个、0.272 个百分点；根据模型发现，农村人口的系数最大，说明农村人口对农业碳排放的影响最大，随着城镇化的不断推进，农村人口在不断减少，有利于农业碳减排工作的完成。

基于以上分析，根据每个变量对农业碳排放的影响，将采用情境分析法对每个情境参数进行设置。

2. 基于情境分析法的情境设置

本章对低碳发展情境的设定主要分为基准情境、中速低碳情境和高速低碳情境三种。基准情境即碳排放速度按照当下的农业经济水平、农业结构、金融发展水平、农业机械化水平等情况增长。在基准情境下，农村人口较多，经济发展较快，农业结构调整缓慢，农村金融发展水平较低。中速低碳情境相较于基准情境，城镇化水平较高，农村人口减少，经济发展已由高速增长阶段转向高质量发展阶段，经济发展速度有所减缓，农业结构得到较快调整，农村金融发展水平得以较快提高，农业碳排放减少。高速低碳情境则是在中速低碳情境下各变量的参数进一步变化的情境。鉴于此，本章以 2017 年为基准年，参照中国五年发展规划的模式，将时间分为 2017—2020 年、2021—2025 年、2026—2030 年、2031—2035 年、2036—2040 年、2041—2045 年、2046—2050 年 7 个阶段，从而预测河南省 2018—2050 年农业碳排放情况。

（1）农村人口规模（*AP*）

河南省农村人口的三种情境参照城镇化水平进行设置。根据《2017 年河南省国民经济和社会发展统计公报》，2017 年，河南省城镇化率达到 50.2%；而根据《河南省“十四五”规划和 2035 年远景目标纲要》，预计“十四五”期间河南省将新增城镇常住人口约 600 万；《河南省人口发展规划（2016—2030）》中也提出河南省 2030 年常住人口城镇化率将达到 66%。通过对历史数据的计算可知，河南省 2000—2017 年农村人口年均变化率为-1.8%，按河南“十四五”规划和《河南省人口发展规划（2016—2030 年）》的速度，农村人口刚开始以高速减少，再以低速减少，由此设置基准情境下第二阶段农村人口年均变化率为-1.0%，第三阶段农村人口年均变化率为-0.8%，第四阶段农村人口年均变化率为-0.6%，第五阶段农村人口年均变化率为-0.4%，第六阶段农村人口年均变化率为-0.3%，第七阶段农村人口年均变化率为-0.2%。中速低碳情境的农村人口年均变化速度在基准情境下加快，高速低碳情境在中速低碳情境下进一步加快，具体参数设置见表 9-10。

表 9-10　河南省农村人口年均变化速度　（单位：%）

情境	2017—2020 年	2021—2025 年	2026—2030 年	2031—2035 年	2036—2040 年	2041—2045 年	2046—2050 年
基准情境	-1.8	-1.0	-0.8	-0.6	-0.4	-0.3	-0.2
中速低碳情境	-1.9	-1.2	-0.9	-0.7	-0.5	-0.4	-0.3
高速低碳情境	-2.0	-1.3	-1.1	-0.8	-0.6	-0.5	-0.4

（2）农业经济水平（*GDP*）

本章选择以农业实际总产值作为测度河南省农业经济发展的指标，将 2000—2017 年农业经济水平的年均增长率 7.1%作为基准情境第一阶段的参数值。根据《河南省"十三五"现代农业发展规划》，到 2020 年农产品加工增值率将提高 1/3；《河南省乡村振兴战略规划（2018—2022 年）》中提到，到 2035 年，乡村振兴将取得决定性进展，农业现代化也将基本实现，到 2050 年实现更高水平的现代化。随着农业供给侧结构性改革的不断推进，河南省更多的是注重农业经济的高质量发展，农业经济水平越高，农业碳排放量越大，因此，在中速低碳情境和高速低碳情境下设置了更小的参数值，河南省农业经济水平第二阶段以及第三、第四、第五、第六、第七阶段增速减缓，具体参数设置见表 9-11。

表 9-11　河南省农业经济水平年均增长率　（单位：%）

情景	2017—2020 年	2021—2025 年	2026—2030 年	2031—2035 年	2036—2040 年	2041—2045 年	2046—2050 年
基准情境	7.1	6.5	5.9	5.4	4.9	4.4	3.9
中速低碳情境	6.6	6.0	5.4	4.9	4.4	3.9	3.4
高速低碳情境	6.1	5.5	4.9	4.4	3.9	3.4	2.9

（3）农业结构（*AS*）

根据测算可知，河南省 2000—2017 年种植业以及畜牧业产值和占农林牧渔业总产值的比率总体上在下降，农业结构由 2000 年的 96%下降到 2017 年的 92%，年均变化率为-0.25%。再根据《河南省乡村振兴战略规划（2018—2022 年）》中河南省农业发展趋势，农业结构将加快调整，优质高效特色农产品以及"旅游+""生态+"的新农业模式将得到很大程度的推广，农业服务业和农业加工业产值也将不断增加。因此，农林牧渔服务业将得到快速发展，种植业和畜牧业在整个农林牧渔业的产值比重相对下降。由此，设置的情境参数见表 9-12。

表 9-12　河南省农业结构年均变化率　（单位：%）

情境	2017—2020 年	2021—2025 年	2026—2030 年	2031—2035 年	2036—2040 年	2041—2045 年	2046—2050 年
基准情境	-0.25	-0.35	-0.45	-0.55	-0.65	-0.75	-0.85
中速低碳情境	-0.30	-0.40	-0.50	-0.60	-0.70	-0.80	-0.90
高速低碳情境	-0.35	-0.45	-0.55	-0.65	-0.75	-0.85	-0.95

注：由于农业结构变化率值较小，为了便于区分，小数点后保留两位。

（4）农业机械化水平（*AM*）

河南省“十三五”规划中，2016 年农业机械总动力为 9858.8 万千瓦，2017 年为 10038 万千瓦，同比增长 1.8%，而 2016 年与 2015 年相比农业机械化水平提高 1.6%。2018 年，河南省的主要农作物耕种收综合机械化水平达到 82.3%，比 2017 年提高 1.5 个百分点，比全国平均水平高 15 个百分点。根据历史数据，2000—2017 年，河南省农业机械化年均变化率为 4.1%，所以设置基准情境第一阶段的农业机械化水平年均变化率为 4.1%，基准情景的第二、第三、第四、第五、第六、第七阶段农业机械化水平年均变化率依次增加。再根据 2018 年《国务院关于加快推进农业机械化和农机装备产业化转型升级的指导意见》中的发展目标，到 2020 年中国农作物耕种收综合机械化水平达到 70%，2025 年达到 75%，而河南省的农业化水平高于全国水平，但在中速低碳和高速低碳情境下，农业机械总动力将以较低值设定。由此设置基准情境的下 6 个阶段的参数，并根据基准情境的参数变化设置中速低碳和高速低碳情境的参数，具体数值见表 9-13。

表 9-13　中国河南省农业机械化水平的年均变化率　（单位：%）

情境	2017—2020 年	2021—2025 年	2026—2030 年	2031—2035 年	2036—2040 年	2041—2045 年	2046—2050 年
基准情境	4.1	5.1	6.1	7.1	8.1	9.1	10.1
中速低碳情境	3.1	4.1	5.1	6.1	7.1	8.1	9.1
高速低碳情境	2.1	3.1	4.1	5.1	6.1	7.1	8.1

（5）金融发展水平（*FS & FE*）

本章的金融发展水平主要分为两部分：一部分是农村金融规模，为金融机构存贷款余额之和与农业经济水平之比；另一部分是农村金融效率，为金融机构的贷存比。所以，为了测量农村金融发展水平，在这里主要找存贷款余额两个量的指标变化情况。河南省在2015年为深入贯彻《中原经济区发展规划（2012—2020年）》制定的《河南省推进中原经济区农村金融改革试验区建设总体方案》中提出，2015—2020年试验区涉农贷款将保持年均20%以上的增速，其2000—2017年农村金融规模的年均变化率为3.5%，农村金融效率的年均变化率为-1.2%。目前，“普惠金融”处在试点阶段，随着试点不断增多，农村金融规模和农村金融效率将不断扩大和提升，所以基准情境的农村金融规模和农村金融效率参数值随着时间的前推而增大。由上文分析可知，农村金融规模与农业碳排放是先促进后抑制的关系，而农村金融效率会抑制农业碳排放，所以在基准情境基础上，农村金融规模和农村金融效率的中速低碳情境和高速低碳情境的参数向扩大方向设置。具体参数设置见表9-14。

表9-14　河南省农村金融发展水平年均变化率　（单位：%）

金融发展水平	情境	2017—2020年	2021—2025年	2026—2030年	2031—2035年	2036—2040年	2041—2045年	2046—2050年
农村金融规模	基准情境	3.5	3.6	3.7	3.8	3.9	4.0	4.1
	中速低碳情境	3.7	3.8	3.9	4.0	4.1	4.2	4.3
	高速低碳情境	3.9	4.0	4.1	4.2	4.3	4.4	4.5
农村金融效率	基准情境	-1.2	-0.9	-0.6	-0.3	0	0.3	0.6
	中速低碳情境	-0.7	-0.4	-0.1	0.2	0.5	0.8	1.1
	高速低碳情境	-0.2	0.1	0.4	0.9	1.2	1.5	1.8

3. 基于情境设置的预测分析

基于以上三种情境7个时间段6个变量的参数设置，结合回归模型（9-12），得出的三种情境下河南省农业2018—2050年碳排放量。为了分析农村金融效率对农业碳排放的峰值年份和峰值量的影响，在回归模型（9-12）中将农村金融效率变量的系数取零，得出在原回归下和去除 *FE* 后的结果，如表 9-15 所示。

表 9-15 2018—2050 年三种情境下的农业碳排放量 （单位：万吨）

年份	原回归下			去除农村金融效率下		
	基准情境	中速低碳情境	高速低碳情境	基准情境	中速低碳情境	高速低碳情境
2018	1188.01	1181.58	1175.96	1190.06	1184.16	1179.07
2019	1198.10	1185.10	1173.78	1202.24	1190.28	1179.99
2020	1208.09	1188.38	1171.29	1214.36	1196.19	1180.59
2021	1223.85	1196.31	1172.25	1232.76	1207.21	1185.09
2022	1239.59	1203.99	1172.85	1251.20	1218.03	1189.23
2023	1255.30	1211.42	1173.08	1269.67	1228.64	1193.00
2024	1270.97	1218.59	1172.93	1288.18	1239.05	1196.41
2025	1286.59	1225.51	1172.42	1306.72	1249.23	1199.46
2026	1299.47	1230.36	1170.05	1322.99	1257.77	1201.01
2027	1312.19	1234.88	1167.26	1339.16	1266.01	1202.12
2028	1324.73	1239.05	1164.05	1355.22	1273.93	1202.80
2029	1337.09	1242.88	1160.43	1371.17	1281.53	1203.04
2030	1349.26	1246.35	1156.40	1386.99	1288.80	1202.84
2031	1358.86	1247.90	1151.33	1400.71	1294.55	1201.95
2032	1368.17	1249.04	1145.80	1414.19	1299.88	1200.56
2033	1377.17	1249.75	1139.82	1427.41	1304.79	1198.67
2034	1385.85	1250.04	1133.40	1440.37	1309.28	1196.28
2035	1394.22	1249.90	1126.55	1453.06	1313.34	1193.40
2036	1399.65	1246.42	1115.99	1463.23	1314.32	1186.94
2037	1404.66	1242.45	1105.01	1473.01	1314.79	1179.96
2038	1409.24	1238.02	1093.62	1482.39	1314.75	1172.47

续表

年份	原回归下			去除农村金融效率下		
	基准情境	中速低碳情境	高速低碳情境	基准情境	中速低碳情境	高速低碳情境
2039	1413. 39	1233. 12	1081. 83	1491. 36	1314. 19	1164. 47
2040	1417. 10	1227. 76	1069. 66	1499. 91	1313. 12	1155. 97
2041	1416. 01	1217. 98	1053. 39	1503. 90	1307. 72	1143. 33
2042	1414. 41	1207. 73	1036. 82	1507. 36	1301. 75	1130. 22
2043	1412. 29	1197. 03	1019. 96	1510. 27	1295. 24	1116. 66
2044	1409. 66	1185. 90	1002. 84	1512. 63	1288. 19	1102. 67
2045	1406. 52	1174. 36	985. 47	1514. 45	1280. 60	1088. 28
2046	1398. 41	1158. 48	964. 55	1511. 40	1268. 62	1070. 15
2047	1389. 76	1142. 24	943. 50	1507. 72	1256. 12	1051. 69
2048	1380. 59	1125. 66	922. 36	1503. 42	1243. 11	1032. 93
2049	1370. 91	1108. 76	901. 16	1498. 51	1229. 62	1013. 90
2050	1360. 72	1091. 57	879. 92	1492. 99	1215. 67	994. 62

根据表 9-15 得出河南省 2018—2050 年在原回归下和在去除农村金融效率下的农业碳排放量预测走势，见图 9-4 和图 9-5。

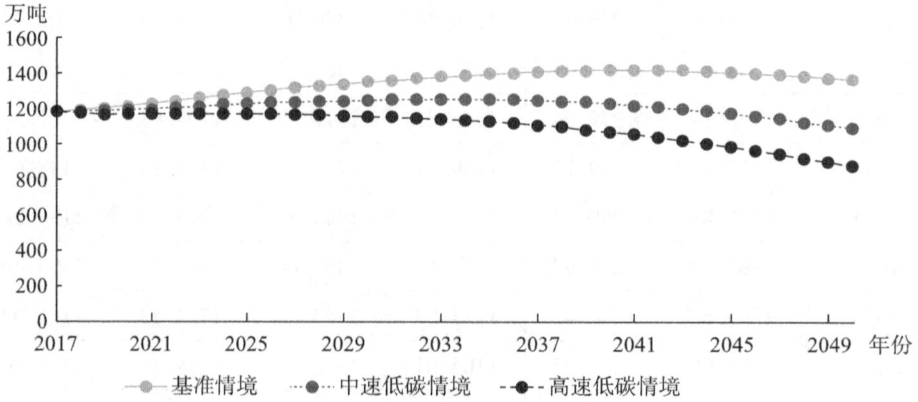

图 9-4　原回归下的河南省 2018—2050 年农业碳排放预测

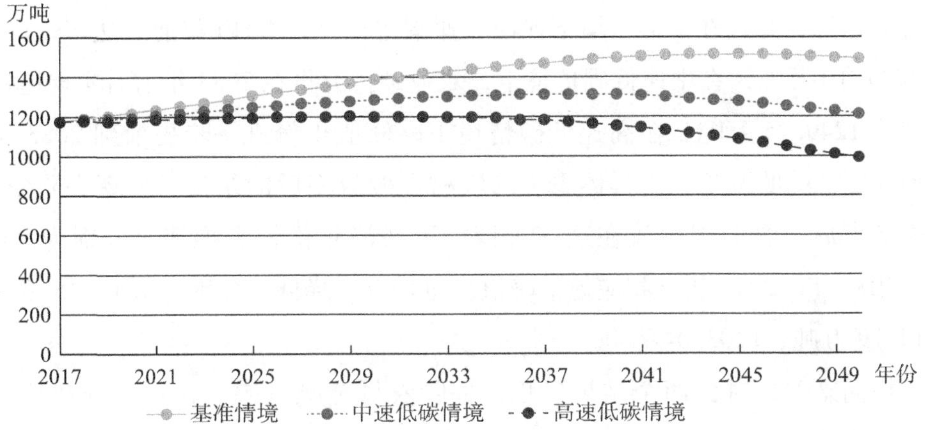

图 9-5 去除农村金融效率下的河南省 2018—2050 年农业碳排放预测

由图 9-4 和图 9-5 可知，河南省农业碳排放在三种情境下的趋势都是先上升后下降，说明无论在哪种情境下河南省农业碳排放量在 2017—2050 年都会达到峰值，不同的是，在不同情境下达峰的时间不同。在原回归和去除农村金融效率下，农业碳排放在三种情境下达峰年份和峰值情况见表9-16。

表 9-16 河南省农业碳排放峰值在三种情境下出现的时间和大小

情境	原回归下		去除农村金融效率下	
	峰值时间	碳峰值（万吨）	峰值时间	碳峰值（万吨）
基准情境	2040 年	1417.10	2045 年	1514.45
中速低碳情境	2033 年	1249.75	2037 年	1314.79
高速低碳情境	2023 年	1173.08	2029 年	1203.04

本章通过对影响农业碳排放达峰的农村人口规模、农业经济水平、农业结构、农业机械化水平、金融发展水平（农村金融规模和农村金融效率）5 个因素进行参数设置，并主要调试了农村金融规模和农村金融效率的参数值，最终得出农业碳排放达峰的时间和峰值结果。为了进一步研究农村金融效率对农业碳排放达峰的影响，将此变量系数取零后得出农业碳排放达峰的年份和峰值大小，并与其在原回归下得出的峰值年份及大小进行对比，结果见表

9-16。从原回归下的结果中可以看到，农村金融发展水平的提高会促进农业碳排放达峰，并且在基准情境下促使农业碳排放将在2040年前后达峰，峰值为1417.10万吨；在中速低碳情境下，农业碳排放将在2033年前后实现达峰，峰值为1249.75万吨；在高速低碳情境下，峰值年份进一步提前到2023年，峰值为1173.08万吨。再具体看去除农村金融效率后的结果，发现去除农村金融效率后，农业碳排放在这三种情境下达峰年份均有推迟，分别为2045年、2037年、2029年，相应地，峰值量也均有所降低，分别为1514.45万吨、1314.79万吨、1203.04万吨。

横向来看，对比两个结果发现，去除农村金融效率后，在基准情境下，农业碳排放达峰年份由2040年变化为2045年，时间上推迟5年，碳排放峰值量由1417.10万吨变化为1514.45万吨；在中速低碳情境下，农业碳排放达峰年份推迟4年，由2033年推迟到2037年，峰值由1249.75万吨增加到1314.79万吨；在高速低碳情境下，农业碳排放达峰时间由2023年推迟到2029年，峰值由1173.08万吨变化为1203.04万吨。所以，农村金融效率的提高有助于促进农业碳排放尽早达峰，并有利于减少各时期的农业碳排放量。在这三种情境下，加入农村金融效率促进了达峰年份分别提前了5年、4年、6年，峰值量也分别减少了97.35万吨、65.04万吨和29.96万吨。

纵向来看，在原回归下，中速低碳情境达峰年份比基准情境早7年，达峰时的碳排放量比基准情境减少167.35万吨；高速低碳情境达峰年份比中速低碳情境早10年，比基准情境早17年，对应的碳排放量比中速低碳情境减少76.67万吨，比基准情境减少244.02万吨。在去除农村金融效率下，中速低碳情境达峰年份比基准情境早8年，达峰时的碳排放量比基准情景减少199.66万吨；高速低碳情境达峰年份比中速低碳情境早8年，比基准情景早16年，对应的碳排放量比中速低碳情境减少111.75万吨，比基准情景减少311.41万吨。农村金融发展水平特别是农村金融效率的提高促使农业碳排放在三种情境下均可达峰，尤其在高速情境下，农村人口的减少、农业经济水平的高质量发展、农业结构的完善、农业机械技术水平的提高、农村金融规模的扩大和农村金融效率的提高，促使农业碳排放在2030年前就可以实现达峰目标，但由于目前绿色金融发展还在探索期，农村金融发展尚在起步阶段，只能在基准情境的基础上通过国家政策逐步调整，特别是给予农村更多的金融政策支持，引导农村金融规模扩大，给予农村绿色产业更多贷款支持，促进农村金融效率提高，从而有望在现阶段实现2030年碳排放达峰的目标。

此外，单独看2050年中速低碳和高速低碳情境下的碳排放量，发现在原回归下，2050年，河南省农业碳排放量分别为1091.57万吨、879.92万吨，分别与2003年和2000年的碳排放量相当；在去除农村金融效率下，2050年，河南省农业碳排放量分别为1215.67万吨、994.62万吨，分别与2011年和2002年的碳排放量相当，说明2050年在农村金融发展水平得到较大提高后，河南省农业碳排放量将会恢复到8~18年前的水平。

通过上面的实证结果分析、横向和纵向对比分析发现，要促使农业碳排放早日达峰，需要提高农村金融发展和服务的水平，而农村地区一直是金融服务的盲区，要促进农村金融的发展，更多的是需要国家给予相关金融政策的支持，以促进农村金融规模扩大和农村金融效率提高，并通过改善信贷结构以提高低碳农业信贷资金在农村金融效率存贷的比重，降低高碳农业的信贷比重，从而通过农村金融效率中的内部贷款结构变化减少农业碳排放。因此，要实现农业碳排放在2030年达峰的目标，需要政府给予更多的金融政策支持。

9.9 促进河南省农业碳排放达峰的政策建议

为早日实现农业碳排放达峰目标，国家应给予更多的金融政策支持。同时，根据以上回归结果，其他因素对农业碳排放也有影响。种植业和畜牧业在河南省的农业结构中占较大比重。此外，农业机械化水平在不断提升，农业机械化水平越高，农业机械总动力就越多。如果以目前农机技术水平较低的态势发展，农业生产仍然会带来较大的农业碳排放。因此，河南省需要在农业发展质量提升、农业结构调整和农业机械化技术提高上予以重视。总之，若想尽早实现农业碳排放达峰，除了国家给予更多相关金融政策的支持，还需要多管齐下，在人口结构、农业结构以及农业机械化水平等多因素下进行管控。

9.9.1 政府层面：加快促进农业碳排放达峰的金融发展步伐

1. 健全金融支持低碳农业发展的组织体系

河南省需要大力发展普惠金融，构建完善的低碳农业发展金融组织体系。目前，河南省农业的主要金融服务机构是河南省农村信用社，服务主体相对单一。为了促进农村金融发展，提高低碳农业的金融服务水平，河南省需要深入推进银行业等金融机构专业化体制机制建设，努力实现低碳农业服务主体的多样化，促使低碳农业金融服务体系化。根据河南省金融发展的现状，需要从以下几个方面着重发力。第一，引导大型商业银行的信贷资金更多地倾向农业领域，完善专业化的低碳农业金融服务供给机制；第二，涉及“三农”服务的金融机构，需要完善“三农”金融事业部运营体系；第三，明确国家政策银行在目前国家乡村振兴战略中的职责定位，为乡村振兴贡献力量，加大其在低碳农业方向的信贷支持力度；第四，大力支持河南省地方性中小银行的发展，扩大并优化其在农村的网点渠道建设，将其服务重心下沉到低碳农业领域，特别是要推动农村信用社的改革，完善村镇银行准入条件；第五，积极鼓励发展有关绿色低碳农业的证券、基金、保险、期货等金融产品，促使河南省低碳农业的服务主体多元化、组织体系化。

2. 完善金融服务低碳农业的激励政策

提高金融在低碳农业领域的服务水平，完善金融服务低碳农业的相关政策。目前，中国各金融机构都在推出绿色信贷、绿色保险、绿色基金等绿色金融产品。随着全球气候变暖，碳金融这一新兴的金融衍生品也应运而生，但这些产品主要的服务对象是能源密集型的第二产业，而服务农业的步伐仍然处于初级探索阶段，在服务低碳农业方面还存在很多不足。面对这种窘境，要想使农业碳排放尽早达峰，需要各金融机构转变观念，积极发展有关低碳农业的产品，提高其服务农业水平。而要提高金融机构的积极性，还需要国家制定并完善激励政策，各地方切实贯彻落实国家政策，积极引导金融资源投向农业农村。

在全面推进乡村振兴背景下，河南省各地市积极推广普惠金融，通过财政补贴、税收优惠等财政政策工具，不断深化绿色金融服务的深度和广度，助力低碳农业发展，鼓励各金融机构扩大涉农贷款规模，提高农村金融效率，通过制定年度评优的激励政策鼓励各金融机构将更多的款项投向绿色低碳农业领域，减少高碳行业的资金投放，完善涉农贴息贷款政策，降低低碳农业经营主体的融资成本。为了降低低碳农业发展过程中的风险，还需要充分发挥国家融资担保基金的作用，加快完善低碳农业融资担保体系，成立农业专项保险公司，创新农业保险产品与服务模式，引导更多金融资源向低碳农业领域配置，通过政策引导农村金融规模扩大，加大低碳农业信贷的支持力度，促进农村金融效率提高，从而使河南省农业碳排放在中速低碳或者高速低碳情境下提前5年甚至10年实现达峰目标。

3. 创新担保机制，强化农业风险共担意识

创新担保机制与方式，提高金融支农效果。通过企业入股、民间资金参与等多种方式向担保公司筹集资金，设立政府性担保基金，提高农业担保的实力，完善担保机制，分散农业生产过程中的风险。对于农业担保过程中存在的问题，政府应逐步完善被担保对象的准入条件，建立严格、全面又较为规范的准入机制，具体分析被担保对象是否属于低碳农业范畴，将农业龙头企业、种植养殖大户等借款主体进行明确归类，制定较为明确的准入规则。此外，还需要规范发展农村小额贷款公司，通过正向激励机制鼓励其发展，拓宽农业贷款渠道，特别是满足低碳农业发展资金的需求，建立并逐步完善农户及农业经济主体的征信系统，多渠道调查了解被担保主体的信用状况，可以通过与农村当地村委会建立联系，按时召开联保会议，及时了解被担保对象的信用变化情况，及时发现潜在风险，进而及时采取有效措施把控风险；还可以通过加大宣传力度的方式，增强农户及经济主体的及时还贷意识、风险意识。

4. 加大对农业重点领域的金融政策倾斜力度

在经营主体方面，根据河南省农业碳排放的空间差异，着重在农业碳排放量较大的南阳市、周口市、驻马店市、商丘市等重点市区开展金融服务低碳农业生产试点，在产品、利率、贷款期限、贷款流程等方面创新，满足不同类型经营主体的需要。在低碳农业生产力方面，加大对耕地使用、农田水利、种植业和畜牧业的标准化经营、种植业和畜牧业良种生产等的信贷支持力度，着重支持低碳农业的科技进步、绿色农业产品深加工、农机技术升级、绿肥推广等项目。在农业生产方式上，大力发展绿色金融，促进低碳农业、绿色农业、循环农业和生态农业的发展，从而促进农业生产方式由高碳、粗放向低碳、精细化转变。在农业人口方面，创新适应新型城市化发展的金融服务机制，通过政策性金融扩大城镇建设的融资范围，着重做好农业转移人口的综合性金融服务。

5. 拓宽农业保险的广度

目前，河南省专门的农业保险系统尚不完善，特别是低碳、绿色农业的保险机制还不健全，要想促进绿色、低碳农业的发展，减少农业的碳排放，还需要从以下几个方面着手。第一，着重发展关于绿色、低碳农业和确保环境友好及粮食安全的农业保险，包括畜牧业保险、绿色农产品保险及森林保险等，鼓励各保险公司积极推广农业机械、良种、种植业、畜牧业及农业物资保险等业务，通过增加绿色、低碳农业的保险产品和拓宽绿色、低碳农业的相关保险业务扩大其保险的覆盖范围。第二，在河南省逐步开展绿色低碳农业的保险试点，鼓励河南省各地市，特别是南阳市、驻马店市、周口市、信阳市等农业碳排放大市因地制宜地开展特色优势绿色农产品保险试点，通过试点的方式不断探索创新农业保险产品。第三，增加河南省各地财政对地方的绿色低碳种植业及畜牧业等保险的保费补贴，加快建立财政支持的绿色低碳农业保险，完善风险分散机制，通过财政支持确保绿色低碳农业的健康持续发展。第四，逐步加强并完善绿色低碳农业保险的基础服务体系建设，努力提高其服务的质量和水平。

6. 完善农村绿色金融基础设施

首先，建立农村信用体系，通过组织开展信用户、信用村、信用乡（镇）的创建活动，不断加强征信知识宣传，增强农户及经营主体的绿色贷款和及时还贷的意识。其次，发展农村绿色农产品的交易市场，探索农村的产权交易市场，借助资产评估等中介组织，根据各地特色农产品发展海外市场，建设本地特色、在国内外具有影响力的绿色农产品交易中心。再次，创新农村支付方式，推广非现金支付工具和支付清算系统，为农村居民提供便利、安全、高效的支付服务。最后，维护绿色低碳农业经营单位的金融消费权益。为了更好地维护农户的相关权益，一方面要不断畅通金融消费者诉求渠道；另一方面要向农民普及绿色金融知识，通过金融知识下乡宣传、进入社区集体培训、校园开展金融知识讲座等形式，将绿色金融知识有效地普及到每个人，既可以提高农民的金融风险识别意识，又可以将绿色低碳理念灌输到农民的心中，从而指导农民绿色低碳种植、经营、生产。

9.9.2 金融机构层面：积极践行国家金融政策，提升低碳农业服务水平

1. 各金融机构明确定位，形成“三农”金融服务合力

推进金融扶贫和服务“三农”工作，提高服务“三农”水平，建立完善的农村金融服务体系，形成“三农”金融服务合力，通过乡村振兴和金融扶贫推动农村金融高质量发展。对于政策性银行而言，需要其积极执行国家“三农”相关政策，专注政策业务领域，扩大在河南省乡村振兴中的长期信贷。国家开发银行以及农业发展银行需要发挥扶贫金融事业部的作用，保证扶贫信贷的规模，国家进出口银行需要大力支持绿色低碳农产品、绿色低碳农业企业等“走出去”。对于大中型银行而言，河南省各大中型银行要积极推动国家金融政策落地，推动普惠金融，助力“三农”发展。农业银行充分发挥“三农”金融事业部体制机制优势，提高其对乡村金融的服务水平。邮政储蓄银行需要提升各市、县分支机构的信贷服务能力，逐步提高“三农”特

别是农业中的绿色信贷比重。对于城商行及民营银行而言，需要其结合河南省各地市绿色低碳农业发展的具体情况和自身优势，积极探索建立“三农”金融服务专门机制，服务地方“三农”特别是绿色低碳农业，为不同地市提供特色化、差异化的绿色低碳农业金融服务。农村中小金融机构积极发挥乡村振兴的主力军作用，坚守支农战略定位，发挥地缘优势，深耕普惠金融。作为服务农村的主要金融机构，农村信用社需要加快改革步伐，推进其省联社改革，保证其在县域稳定的法人地位和数量，从而增加其在绿色低碳农业领域的贷款额度。

2. 服务重点领域，支持农业发展提质增效

河南省金融机构需要在农业供给侧结构性改革上着重发力，以绿色发展推动农业现代化，减少并逐步限制其在资源高消耗、二氧化碳高排放企业的信贷投入，取而代之的是投向绿色低碳农业领域。主要贷款应首先惠及农业生产，通过对绿色农业的支持优化农产品产业结构，保障河南省粮食安全，提升河南省粮食及畜牧产品质量。提供多元化金融服务，增加农业生产的贷款额度，加大对参与生态修复企业的信贷支持，为农业机械技术升级提供资金支持，为低碳化、精细化农业和规模化、集约化农业经营主体提供不同的融资方案，积极推进低碳化农村、农业与绿色旅游业、绿色文化等产业深度融合。

3. 充分利用“互联网+金融”服务低碳农业

河南省各金融机构需要顺应当下“互联网+”模式的快速发展趋势，发展适合河南省低碳农业发展的“互联网+金融”服务模式。一方面，借助大数据平台，通过“互联网+金融”促进河南省智慧农业升级，对种植业和畜牧业生产进行实时监控，有助于低碳生产的精准管理，提高种植业和畜牧业在生产过程中的资源利用效率，促进河南省农业的低碳化生产、可持续化发展。另一方面，“互联网+金融”可以为低碳农业经营主体提供更多的资金渠道，通过 P2P 方式加大对低碳农业的信贷资金供给，也可以通过众筹的方式为绿色、低碳农业项目筹集资金。此外，加快低碳农业的相关绿色农副产品在互联网

平台上的快速推广，引导人们低碳消费，形成低碳观念，促进农业低碳的循环发展。

9.9.3 加速农业、人口结构的调整

1. 加快农业结构调整

实现农业碳减排需要加快农业结构的调整。随着人们生活水平的提高，人们对绿色、天然农产品需求不断增加。为调整农业结构促进农业绿色低碳化发展，需要快速推进河南省农业供给侧结构性改革，加快农产品加工业一体化建设，在农产品质量上严格把关。在农业结构中，根据河南省不同地市和直管县的区位优势因地制宜发展农业，总体上增加经济林业的比重，大力发展林业、畜牧业和渔业，种植业的发展应着重扩大绿肥种植面积，因地制宜地发展循环生态农业。具体来看，根据上文分析，河南省农业碳排放量较大的地市有南阳市、周口市、驻马店市、信阳市、商丘市、新乡市等，其中，南阳市的农业碳排放量最大，信阳市的水稻种植在河南省比重最大，南阳市和周口市的畜牧业碳排量在河南省居首位，以南阳市、周口市、信阳市为例，应加大对其龙头农业企业的支持力度，一体化经营，促进其农业结构的优化调整。

2. 加快城镇化建设

从已有的分析结果可以看到，农村人口规模对河南省农业碳排放的影响较大，所以在农业减排方面加快城镇化建设，以吸引更多的农村人口转向城市，这需要政府从制度层面、硬件设施层面和环境层面来主导。一是制度层面，通过制度改革改变城乡二元结构失衡问题，合理分配城市各种资源，促进社会公平。通过土地集约化，提高农村土地利用效率，提高农民收入，从而加快城镇化进程。二是硬件设施层面，为顺应产业的信息化发展，采取绿色低碳的发展方式顺应产业的节能环保低碳化发展；而对于发展较为落后的地市则需要以当地的基础设施建设、房产和金融行业带动转移人口的就业，从而吸引农村人口的转移。三是环境层面，政府要关注民生问题，打造宜居

宜业的新型城镇。

9.10 研究结论

本章主要研究了金融发展影响河南省农业碳排放达峰的问题，分析金融因素对河南省农业碳排放的影响。在河南省农业碳排放达峰问题的研究中，首先，整理河南省2000—2017年的原始数据，并在此基础上计算出河南省2000—2017年的农业碳排放量和2017年各地市的农业碳排放量，从时间和空间两个方面分析河南省农业碳排放现状；其次，通过构建河南省农业碳排放的STIRPAT模型，对农业碳排放进行回归分析；最后，通过情境分析法设置了三种不同情境，并在不同情境下设置2018—2050年河南省农业碳排放各影响因素的参数，根据得出的STIRPAT模型，计算出在不同情境下河南省农业碳排放达峰的时间和峰值量，并根据结果进行相应的分析说明。在金融影响农业碳排放峰值问题中，具体分析所选择变量特别是农村金融效率对促进农业碳排放达峰的影响，发现农村金融规模以及农村金融效率在促进农业碳排放达峰上都有着非常重要的作用。通过以上问题的研究，得出以下主要结论：

第一，从对河南省农业碳排放的测算来看。首先，纵向来看，可将河南省农业碳排放划分为两个阶段，第一阶段是2000—2005年持续上升阶段。在此阶段，农业碳排放总量由2000年的893.12万吨增加到2005年的1160.08万吨，其间增加了266.96万吨，年均增长44.49万吨。第二阶段是2006—2017年的缓慢稳定增长阶段，在这11年当中，农业碳排放总量由2006年的1159.18万吨增加到2017年的1177.83万吨，总共增长18.65万吨，年均增长1.55万吨。其次，横向来看，河南省18个地市及10个省直管县中，农业碳排放的空间差异较为明显。南阳市农业物资投入和牲畜养殖碳排放量属于“双高”型；周口市、驻马店市和商丘市农业碳排放属于“中高”型，这3个地市的农业碳排放量依次为141.45万吨、138.85万吨、130.04万吨，分别占河南省28个地市及省直管县农业碳排总量的10.15%、9.96%、9.33%；新乡市、信阳市、开封市、平顶山市和安阳市农业碳排放量属于“一般高”型；

其余地市及省直管县农业碳排放属于“中低”型。最后，从碳源结构上看，种植业产生的农业碳排放量要远大于畜牧业的碳排放量；在种植业中化肥为主要的碳源，在造成的碳排放总量中居首位；在畜牧业碳排放总量中，肉牛、山羊和生猪为主要碳源。

第二，从回归分析的结果来看。影响河南省农业碳排放的因素有农村人口规模、农业经济水平、农业结构、农业机械化水平、农村金融规模和农村金融效率，其中，特别验证了农村金融规模和农村金融效率与农业碳排放是否存在倒“U”形关系，结果发现，农村金融规模对农业碳排放产生先促进后抑制的作用，两者属于倒“U”形关系，农村金融效率则在一定程度上抑制了农业碳排放。在所有影响因素中，本章着重分析了金融因素对农业碳排放的影响程度，通过对比发现，农村金融规模和农村金融效率对农业碳排放起着重要的抑制作用，因此，农村金融的发展有利于促进农业碳排放的达峰。

第三，从情境分析的结果来看。在设定的三种情境中，河南省农业碳排放达峰的时间和峰值均有差异。农村金融发展水平的提高会促进农业碳排放达峰，并且在基准情境下促使农业碳排放将在 2040 年前后达峰，峰值为 1417.10 万吨；在中速低碳情境下，农业碳排放将在 2033 年前后实现达峰，峰值为 1249.75 万吨；在高速低碳情境下，峰值年份进一步提前到 2023 年，峰值为 1173.08 万吨。去除农村金融效率后，农业碳排放在三种情境下的达峰年份均有推迟，分别为 2045 年、2037 年和 2029 年，相应地，峰值量也均有增加，分别为 1514.45 万吨、1314.79 万吨和 1203.04 万吨。

横向来看，对比两个结果发现，去除农村金融效率后，在基准情境下，农业碳排放达峰年份由 2040 年变化为 2045 年，时间上推迟 5 年，碳排放峰值量由 1417.10 万吨变化为 1514.45 万吨；在中速低碳情境下，农业碳排放达峰年份推迟 4 年，由 2033 年推迟到 2037 年，峰值由 1249.75 万吨增加到 1314.79 万吨；在高速低碳情境中，农业碳排放达峰时间由 2023 年推迟到 2029 年，峰值由 1173.08 万吨变化为 1203.04 万吨。所以，农村金融效率的提高有助于促进农业碳排放尽早达峰，并且有利于减少各时期的农业碳排放量。在三种情境下，农村金融效率的加入促进了达峰年份分别提前了 5 年、4

年、6 年，峰值量也分别减少 97. 35 万吨、65. 04 万吨、29. 96 万吨。

纵向来看，在原回归下，中速低碳情境达峰年份比基准情境早 7 年，达峰时的碳排放量比基准情境减少 167. 35 万吨；高速低碳情境达峰年份比中速低碳情境早 10 年，比基准情境早 17 年，对应的碳排放量比中速低碳情境减少 76. 67 万吨，比基准情境减少 244. 02 万吨。在去除农村金融效率下，中速低碳情境达峰年份比基准情境早 8 年，达峰时的碳排放量比基准情境减少 199. 66 万吨；高速低碳情境达峰年份比中速低碳情境早 8 年，比基准情境早 16 年，对应的碳排放量比中速低碳情境减少 111. 75 万吨，比基准情境减少 311. 41 万吨。

此外，单独看 2050 年中速低碳和高速低碳情境下的碳排放量，发现在原回归下，2050 年，河南省农业碳排放量分别为 1091. 57 万吨、879. 92 万吨，分别与 2003 年和 2000 年的碳排放量相当；在去除农村金融效率下，2050 年，河南省农业碳排放量分别为 1215. 67 万吨、994. 62 万吨，分别与 2011 年和 2002 年的碳排放量相当，说明 2050 年在农村金融发展水平得到较大提高后，河南省农业碳排放量将会恢复到 8 ~18 年前的水平。

农村金融发展水平特别是农村金融效率的提高促使农业碳排放在三种情境下均可达峰，尤其在高速情境下，农村人口的减少、农业经济水平的高质量发展、农业结构的完善、农业机械技术水平的提高、农村金融规模的扩大和农村金融效率的提高，促使农业碳排放在 2030 年前就可以实现达峰目标，但由于目前绿色金融发展还在探索期，农村金融发展尚在起步阶段，只能在基准情境的基础上通过国家政策逐步调整，特别是给予农村更多的金融政策支持，引导农村金融规模扩大，给予农村绿色产业更多贷款支持，促使农村金融效率提高，从而有利于减少农业碳排放。所以，无论在哪种模型下，都可以通过国家金融政策的引导扩大农村金融规模和调整农村金融效率内部的贷款结构，从而有利于 2030 年农业碳排放达峰目标的实现。

10 经济高质量发展对企业行为的影响：以宇通客车为例

经济高质量发展是我国经济社会发展的重要战略，对各个行业和企业的生产行为产生显著影响，引导企业走高质量发展之路，助力经济高质量发展。本章以郑州宇通客车制造企业为例，分析经济高质量发展对其生产行为的影响，以便考察高质量发展的微观基础。

10.1 研究背景

随着中国汽车工业的快速发展，中国客车制造水平和技术有了很大提升，再加上近年来国家相关政策的大力扶持，大中型客车制造业实力持续提升，在国际市场上的竞争优势明显。

客车行业在国民经济发展、城市化建设、对外贸易中发挥着重要作用。党的十九大以来，中国经济由高速增长阶段转向高质量发展阶段，而中国客车行业也正在向高质量发展转型。本章对郑州宇通客车市场营销策略等进行分析和研究，这对深入理解以企业高质量发展推动中国经济高质量发展具有参考价值。

10.2 相关理论综述

10.2.1 基本概念

市场营销的概念由美国学者菲利普·科特勒提出，市场营销是指通过创造和交换产品与价值，使个人或群体满足需求和欲望的社会与管理过程。而部分营销学者则认为，市场营销就是怎样将自己的产品卖出去，在这个过程中需要考虑消费者偏好、市场因素等，用合适的方式快速寻找到目标市场和目标群体，用最恰当的方式将产品销售出去。除此之外，相关学者对于营销还有一种定义，江亘松（2007）在《你的营销行不行》中认为，营销可以表示为“市场的现在进行式”。市场营销就是通过合适的方法寻找到合适的市场和客户，将自己的产品销售出去。

10.2.2　4P 分析法理论综述

4P 营销理论产生于 20 世纪 60 年代的美国。1953 年，尼尔·博登提出了“市场营销组合”这一术语。1960 年，杰罗姆·麦卡锡在《基础营销》中将营销组合要素归为四类：产品（Product）、价格（Price）、渠道（Place）、促销（Promotion），即著名的 4Ps。1967 年，菲利普·科特勒在《营销管理：分析、规划与控制》中确认了以 4Ps 为核心的营销组合方法。无论是博登还是科特勒的观点，都对整个 4P 分析法的发展起到了重要的作用，促进了该分析方法的发展。

10.3　宇通客车营销策略分析

10.3.1　宇通客车的目标市场

目前，国内的客车市场可分为五大类，分别为旅游客车市场、城市公交市场、公路客运市场、社会团体用车市场和特种客车市场（张敏，2006），郑州宇通客车股份有限公司（以下简称宇通客车）在这几个方面都有涉及。1993 年，宇通客车成立于河南省郑州市，是一家世界客车领域龙头企业，集客车产品研发、制造与销售于一体，产品主要用于公路客运、旅游客运、公交客运、团体通勤、校车、景区车、机场摆渡车、自动驾驶微循环车、客车专用车等各个细分市场，涵盖高档、中档车型，适用于全世界的各类应用场景。截至 2022 年底，宇通客车累计出口各类客车超过 87000 辆。其中，新能源客车已在中东、拉美、东南亚、欧洲等 20 多个国家或地区形成批量销售，累计出口新能源客车超过 3000 台，成为中国高端装备制造业、新能源产业“走出去”的典范。

10.3.2 宇通客车品牌海外建设

宇通客车作为目前国内的客车领军品牌，其品牌知名度高，但国内客车市场趋于饱和，需要拓展海外市场，抢占国外市场先机。近年来，宇通客车不断进军海外市场，比如，早在 2016 年，国务院就提出了包括汽车行业在内的 12 个重点行业“走出去”战略。在第 34 届哈瓦那国际博览会上，宇通客车首次面向古巴推出了纯电动公交车，吸引了众多目光。而此次参展也是宇通客车向海外市场扩张的又一举措。宇通客车向新技术转型升级，从市场驱动转型为技术驱动，不断提升质量水平，提高品牌效应。通过在海外市场的持续深耕，宇通客车实现了从“新能源整车产品供应商”到“一体化解决方案提供商”的成功转型，在产品、服务、解决方案以及技术层面具有核心优势，产品批量远销至全球 40 多个国家和地区，全球占有率超过 10%，成为中国汽车工业由产品输出走向“技术输出”的业务模式创新典范。

10.4 宇通客车的简介和 SWOT 分析

10.4.1 宇通客车简介

宇通客车是 1993 年在郑州客车厂的基础上成立的一家股份制公司，1997 年在上海证券交易所上市。自 1993 年以来，宇通客车得到了快速发展。2022 年，宇通客车荣登“中国 500 最具价值品牌”排行榜、“财富”中国 500 强，并被评为“2022 年卡思（CAACS）调查客车品牌第一名”，成为全国汽车行业的龙头企业。宇通客车发布的 2022 年度产销快报显示，2022 年，宇通客车销售客车 30198 辆；2022 年第三季度，宇通客车实现营收 48.54 亿元，净利润 1.96 亿元，同比提升 68.08%。宇通客车作为中国客车“走出去”的典型代表，通过拓展海外版图、服务国际重大活动，不断向国际主流视野展示中国新能源客车的实力。

10.4.2 SWOT 分析概述

SWOT 分析法主要包括优势、劣势、机会、威胁（挑战）四个方面。黄鹏（2016）认为，SWOT 分析对于企业分析行业状况、制定战略规划具有重要的作用。金晶（2013）认为，SWOT 分析模型是由美国旧金山大学教授韦里克提出的一种综合分析方法。本章对宇通公司面临的机会、挑战与公司的优势、劣势进行 SWOT 分析。

1. 宇通客车的优势

（1）技术优势

近年来，随着行业数字化转型的深入发展和技术的不断进步，汽车产业正处在快速变革的发展阶段。面对不断变化的市场环境，宇通客车不断加大研发投入，持续推动车型迭代升级，产品多样化、科技含量不断提升。宇通客车借助科技智慧积极实现多种交通方式的融合，并将网联化、智能化、共享化理念融入产品研发，在自动驾驶技术、车联网及智能网联云平台技术、氢燃料等方面取得重大突破。T12/13E、U12/13 相继推出并获得批量订单，提升了宇通客车的国际高端研发能力，引领了客车行业技术发展的先进方向。宇通客车与苏州金龙客车以及厦门金龙客车在专利技术方面的对比如表 10-1 所示。

表 10-1　宇通客车与苏州金龙客车以及厦门金龙客车在专利技术方面的对比

名称	宇通客车	苏州金龙客车	厦门金龙客车
专利数目（项）	1403	709	566
年均科研投入	5%以上	3.63%	暂无
发明专利（件）	176	82	55
软件著作权（件）	116	112	59
公司授权专利（件）	369	709	暂无

（2）人才优势

企业想要快速平稳发展，离不开人才的支持。宇通客车依托完善的人才机制和强大的专业技术团队，形成了具有国际竞争力的新能源客车产品。宇通新能源客车关键技术研发及产业化研发团队依托国家级科研平台、博士后工作站等人才集聚平台，组建金字塔式高效创新团队，是我国相关领域有国际影响的科学技术研究和高层次人才培养的重要基地之一。目前，团队拥有首席专家22位、博士40名、专职技术骨干超500人。宇通客车还拥有国家级技术中心和首家博士后科研流动站，而且有一套完善的工艺保障体系，拥有国内最先进的技术研发平台。在产学研方面，宇通客车先后与清华大学、北京理工大学等国内知名高校和科研院所建立产学研合作关系，公司的技术人员总数在3000人以上。此外，宇通客车每年组织企业技术人员去德国、日本、美国等国家的知名企业进行培训，有超过50%的技术人员有国外学习经验。近年来，宇通客车不断加强对科技人才的管理，专业技术人才队伍不断发展壮大，人才结构趋于完善，科技创新水平不断提高，在目前国内的客车企业中有很大的人才优势（见表10-2）。

表10-2　行业内几家客车企业科研人员数对比

公司名称	宇通客车	苏州金龙客车	厦门金龙客车
研发人员数（人）	3863	1981	1270
占总人数的比例（%）	19.78	15.30	8.84

资料来源：宇通客车年度报告、苏州金龙客车年度报告、厦门金龙客车年度报告。

（3）品牌优势

宇通客车不仅在技术和人才方面具有优势，在品牌建设方面也具有强大的影响力。2023年，宇通客车以829.07亿元的品牌价值荣登“中国500最具价值品牌”榜单第110位，为中国品牌高质量发展树立新的典范与标杆。多年以来，宇通客车以“品牌出海”为目标，在“创新链”“产业链”“价值链”三链耦合协同下，突破创新，不断提高品牌的国际地位。宇通客车在全球市场取得的一系列成绩再次证明，中国新能源商用车产品和品牌在国际市场已经拥有一定的美誉度和认可度，新能源产品也在智能网联技术等方面具有着极高的比较优势。2022 年，宇通客车在国内大中型客车市场占有率为 28. 2%，连续 20 年国内销量第一。2022 年，宇通客车全球销量 30198 辆，全球占有率超过 10%。国内排名前五的客车品牌影响力指数如表 10-3 所示。

表 10-3　国内排名前五的客车品牌影响力指数

品牌名称	品牌影响力指数
宇通客车	8361
金龙客车	7607
中通客车	7240
海格客车	6849
金旅客车	6637

资料来源：根据品牌网整理。

2. 宇通客车的劣势

虽然宇通客车在国内整个客车行业发展良好、市场空间大，无论在人才还是品牌上都有很大的优势，而且具有较强的竞争力，但是宇通客车仍存在一定的劣势。宇通客车真正开始进军海外市场是在 2004 年。而国内其他客车生产制造商厦门金龙客车在 2000 年之前就已经开始进入海外市场，海外市场占有率较高。随着"走出去"战略的深入实施，宇通客车仍有很大的提升空间，而且面临着一些挑战。虽然目前宇通客车的海外销量领先，但与 MAN、日本五十铃、沃尔沃、凯斯贝尔等国际品牌相比，还存在一定的差距。五十铃、沃尔沃等国际汽车品牌很早就进入了国际市场，并且与宇通客车相比，这些国际客车制造企业目前拥有一大批固定用户、一套完善的海外销售体系和售后服务网络。宇通客车的高端产品国际化水平相对较低，其高端客车的生产成本相对偏高，这将直接影响宇通客车的海外销售数量。

3. 宇通客车面临的机会

随着高速公路、铁路等交通设施建设不断推进，中国汽车制造业取得了快速发展，国家统计局数据显示，到 2018 年底，全国公路里程已达 485 万千米，其中，高速公路总里程已达 14.3 万千米，位列世界第一（陈洁，2019）。随着新一轮科技革命和产业变革深入推进，汽车的电动化、智能化、网联化成为汽车产业发展的主流和趋势。面对电动化、智能化、网联化等新兴技术的蓬勃发展，宇通客车抓住国家前瞻性产业政策布局带来的发展机遇，积极响应国家“双碳”部署要求，聚焦出行、物流、作业三大应用场景，加速培育汽车产业新增长点和国际竞争优势。

4. 宇通客车面临的挑战

随着国外跨国汽车巨头全数进入中国，以及自主品牌汽车的迅速崛起，中国正成为全世界竞争最激烈的汽车市场。而对于进入中国市场的外国客车企业来说，这些企业具有悠久的历史和广泛的影响力，拥有更加先进的技术，并且配套的销售和售后服务体系十分健全、完善，对国内客车生产厂商形成冲击和威胁。此外，随着特斯拉中国超级工厂的建立，对国内新能源汽车的冲击也很大，对客车制造商也形成了冲击。随着铁路、城轨等快速铁路相继建成，高快速列车逐渐成为人们日常生活出行的首选交通工具，对客车产品的需求渐渐下降。相关数据显示，2019 年 6 月，中国轻型客车销量为 27401 辆，环比为增加 16.54%，同比下降 2.67%，如表 10-4 所示。

表 10-4　2018 年 6 月至 2019 年 6 月中国轻型客车销售情况

时间	销量（辆）	环比（%）	同比（%）
2018 年 6 月	28154	4.44	-7.74
2018 年 7 月	22671	-19.48	14.14
2018 年 8 月	26165	15.41	4.40
2018 年 9 月	25269	-3.42	-10.18
2018 年 10 月	24054	-4.81	-11.67
2018 年 11 月	28852	19.95	3.43
2018 年 12 月	36483	26.45	-2.28
2019 年 1 月	20141	-44.79	-13.61
2019 年 2 月	14983	-25.61	10.17

续表

时间	销量（辆）	环比（%）	同比（%）
2019 年 3 月	30844	105. 86	1. 96
2019 年 4 月	23788	-22. 88	-9. 61
2019 年 5 月	23512	-1. 16	-12. 78
2019 年 6 月	27401	16. 54	-2. 67

由此可见，铁路运输对现在公路客车市场的冲击不小，这也间接影响了客车销售。

10. 5　宇通客车高质量发展的相关建议

10. 5. 1　进一步加强品牌建设，提高品牌的国际影响力

随着经济全球化趋势加快，宇通客车面临着巨大压力。加强品牌建设、提高品牌国际影响力，提高占有率，成为宇通客车在国际市场上生存和发展的重要因素。宇通应积极抢抓机遇，以技术创新为第一核心竞争力，深化布局新能源商用车赛道，聚焦出行、物流、作业三大应用场景，在客车、卡车、专用车、零部件等全系新能源商用车产业生态方面提升企业科技创新能力，提高产品的质量和性能，赋予品牌更多的创新内涵，树立质量卓越的品牌形象，提高品牌的国际影响力和社会的认知度。

10. 5. 2　加大新能源客车的研发力度

近年来，我国积极发展绿色能源，新能源汽车逐渐成为市场的主流趋势。2022 年以来，国家一直积极出台利好新能源客车发展的一系列政策，对稳定大中型新能源客车市场特别有利。在新能源转型浪潮中，宇通客车应加大新能源研发力度及产品产业布局，深耕市场需求，突破“续航能力不足、安全性能差、充电效率低、运营成本高”等痛点问题，不断开发更加安全、可靠、

高效、智能的全系列新能源商用车。

10.5.3 巩固现有成本优势，加强品牌售后建设

宇通客车在整车制造成本上有一定的优势，拥有自己的整车生产线，为降低制造成本提供了有利的技术条件。未来，宇通客车还会进一步加强成本管理，保持现有优势。另外，郑州宇通客车应进一步完善自己的售后网络，目前，国内客车企业与国外客车企业除了在技术上存在差距外，售后服务方面也存在明显的差距。宇通客车坚持“以客户为中心”的服务理念，结合客户需求，制定“服务网络保障+配件保障+人员保障+智能服务+服务全包专项服务”等精准服务方案，有效提升客户企业的服务效率、安全运营以及服务能力，开展品牌和服务评价体系认证工作，进一步完善宇通客车售后服务管理体系，对售后服务体系的评价标准进行再次升级，给客户带来最佳使用体验，创造更大的价值。

总之，宇通客车以高质量的汽车产品和汽车服务为要点，以汽车的电动化为主要方向，积极开展业务模式的转型，牢牢抓住高质量发展的重大契机并持续发力，建立符合未来业态的经营体系，不仅有利于企业自身的高质量发展，还为整个客车行业的变革转型提供了“宇通方案”。

11 推动黄河流域高质量发展

11.1 引言

2019年9月18日，习近平总书记在河南省郑州市主持召开黄河流域生态保护和高质量发展座谈会并发表重要讲话。他强调，黄河流域是我国重要的生态屏障和重要的经济地带，是打赢脱贫攻坚战的重要区域，在我国经济社会发展和生态安全方面具有十分重要的地位。保护黄河是事关中华民族伟大复兴和永续发展的千秋大计。黄河流域生态保护和高质量发展，同京津冀协同发展、长江经济带发展、粤港澳大湾区建设、长三角一体化发展一样，是重大国家战略。加强黄河治理保护，推动黄河流域高质量发展，积极支持流域省区打赢脱贫攻坚战，解决好流域人民群众特别是少数民族群众关心的防洪安全、饮用水安全、生态安全等问题，对维护社会稳定、促进民族团结具有重要意义。

黄河流域在我国经济社会发展和生态安全方面具有十分重要的地位。探究黄河流域高质量发展不仅可以为黄河流域国家战略的推进提供理论依据，对于推动中国经济高质量发展，实现全面建设社会主义现代化国家的目标也具有重要的经济意义。但当前黄河流域仍存在生态环境脆弱、自然灾害尤其是水害频发、社会经济发展相对滞后等问题。如何在推动黄河流域生态保护的同时促进其沿线城市的高质量发展，成为学术界广泛关注的问题，其相关研究主要集中于以下四个方面。

第一，探究黄河流域的生态环境治理和水资源保护的治理路径与实施框架（郭晗，2020；任保平，2020），提出了构建“三区七群”的协调发展格局（金凤君，2019）、加快制定实施分区分类的生态保护修复制度（王金南，2020）以及科学合理地实行黄河分水方案（王喜峰、沈大军，2019）等对策；第二，以黄河流域的可持续发展为核心，从多维度研究剖析环境规制下的流域经济带建设（张贡生，2019）和沿线产业体系构建（高煜，2020）与转型（卢硕等，2020），论述了生态保护与高质量发展之间的内在有机联系和推进方略（陈耀等，2020；徐勇和王传胜，2020；陆大道和孙东琪，2019）；第三，在探讨黄河流域生态保护和高质量发展的基础上，分析了经济增长、生态治理和高质量发展之间的耦合关系（任保平、杜宇翔，2021；刘琳轲等，2021；赵建吉等，2020），测算评估了黄河流域高质量发展水平和空间分布格局（徐辉等，2020；马海涛、徐楦钫，2020）；第四，研究解读黄河流域生态保护和高质量发展的时代内涵、战略意义和理论支撑（安树伟、李瑞鹏，2020），并对黄河流域目前存在的问题进行了分析（于法稳、方兰，2020）。

黄河流域全长约5464千米，横贯我国东、中、西三大区域，流经9个省份。黄河流域高质量发展是典型的大流域高质量发展，具有整体性、系统性和协同性等特点。具体表现为，黄河流域沿线省份的环境治理和经济发展直接影响着黄河流域整体的生态保护与高质量发展，但各省份发展不平衡，在推进黄河流域生态保护和高质量发展的过程中存在着不同的问题。而现有文献较多关注宏观层面的黄河流域生态保护和高质量发展，对黄河流域沿线地区生态保护和高质量发展的微观研究较为匮乏，尤其是对黄河流域上、中、下游城市间的生态建设和可持续发展存在的普遍问题及实现路径鲜有论述。基于此，本书以黄河流域沿线城市为研究对象，通过定量分析与定性分析相结合的方法，研究探讨其在黄河流域生态保护和高质量发展中的问题，提出推动生态保护和促进高质量发展的相关对策建议。

11.2 黄河流域沿线城市的现状与问题

11.2.1 经济社会发展具有明显差异

从空间分布看，黄河干流河道分为上、中、下游三个河段。其中，从青海省巴颜喀拉山脉到内蒙古自治区托克托县的河口为上游，从托克托县河口到郑州市桃花峪为中游，从桃花峪到入海口为下游。由表 11-1 可知，资源禀赋不同使黄河上、中、下游地区的发展呈现出明显的地域性差异。

表 11-1 黄河流域沿线城市的基本发展状况

城市		国内生产总值（亿元）	第一产业增加值（亿元）	第二产业增加值（亿元）	第三产业增加值（亿元）	进出口总额（亿元）	财政公共预算收入（亿元）	人均GDP（元）	常住人口城镇化率（%）
上游城市	西宁	1327.82	51.33	397.78	878.71	26.38	101.79	55812	72.85
	兰州	2837.35	51.67	945.38	1840.30	119.41	233.23	75217	81.04
	白银	486.40	87.00	180.80	218.60	47.59	31.12	27990	51.43
	中卫	437.64	60.18	187.11	190.35	5.34	22.05	37358	44.82
	吴忠	580.19	70.21	257.15	252.83	2.27	35.36	40889	50.78
	银川	1896.79	64.71	828.82	1003.26	157.63	154.70	83492	79.05
	石嘴山	511.23	28.69	249.01	233.53	43.70	22.79	63494	75.34
	乌海	551.00	5.20	342.60	203.20	5.80	46.48	97565	95.20
	巴彦淖尔	875.00	201.00	284.50	389.50	275.89	55.69	51722	55.58
	包头	2714.47	96.40	1066.48	1551.59	190.70	151.82	93835	83.92
	鄂尔多斯	3605.02	123.66	2092.29	1389.07	57.20	501.02	173069	75.08
	呼和浩特	2791.40	114.20	823.80	1853.40	124.20	203.12	89138	70.45

续表

城市		国内生产总值（亿元）	第一产业增加值（亿元）	第二产业增加值（亿元）	第三产业增加值（亿元）	进出口总额（亿元）	财政公共预算收入（亿元）	人均GDP（元）	常住人口城镇化率（%）
中游城市	忻州	991.70	74.10	435.60	482.00	17.62	90.93	31260	52.79
	太原	4016.19	30.13	1518.64	2467.42	1119.56	386.62	90698	85.25
	临汾	1448.39	96.42	628.42	723.55	15.14	138.06	32155	53.56
	吕梁	1507.03	62.44	903.40	541.19	45.09	192.66	38758	51.72
	运城	1553.53	236.80	540.74	775.99	73.58	86.63	28951	51.24
	榆林	4136.28	250.72	2690.34	1195.22	9.48	405.63	120908	59.54
	延安	1663.89	149.33	999.85	514.71	24.19	159.93	73703	64.07
	渭南	1828.48	325.05	679.49	823.94	14.48	86.01	34481	50.39
	西安	9321.19	279.13	3167.44	5874.62	3242.52	702.55	92256	74.61
	三门峡	1443.83	136.18	704.89	602.76	183.02	131.37	63473	57.70
	洛阳	5034.84	245.13	2330.55	2459.16	154.65	369.78	72912	59.10
下游城市	郑州	11589.70	140.90	4617.00	6831.80	4129.90	1222.53	113139	74.58
	焦作	2761.12	149.78	1480.18	1131.16	150.30	156.47	76827	60.94
	新乡	2918.18	253.62	1338.57	1325.99	84.97	187.21	50277	54.91
	开封	2364.14	318.24	949.24	1096.66	73.43	154.86	51733	50.28
	濮阳	1581.49	193.12	570.89	817.48	83.92	100.48	43810	46.80
	菏泽	3409.98	323.56	1453.74	1632.68	484.00	221.92	38867	50.63
	聊城	2259.82	317.60	806.88	1135.34	408.14	196.63	37129	52.72
	泰安	2663.59	288.67	1036.20	1338.72	172.21	224.71	47248	62.00
	济南	9443.37	343.06	3265.22	5835.09	1125.07	874.19	106416	71.21
	淄博	3642.42	149.30	1817.84	1675.28	881.04	368.67	77510	72.04
	滨州	2457.19	230.21	1041.01	1185.97	872.79	242.96	62639	58.23
	东营	2916.19	145.73	1675.11	1095.35	1653.04	245.10	134022	69.24
	德州	3022.28	311.88	1263.71	1446.69	344.71	206.27	52295	53.03

注：以上数据均采用2019年数据。

资料来源：《中国城市统计年鉴2019》和黄河流域沿线各省份2019年统计年鉴等。

黄河流域下游地区城市的总体发展水平较高，GDP 总量分别是中游地区城市和上游地区城市的 1.55 倍和 2.74 倍，财政公共预算收入比中、上游地区城市的总和还要多。但是，新乡、开封、滨州等 8 座城市仍面临着发展质量相对较低和收入再分配不够合理等问题，其人均 GDP 和居民人均可支配收入尚未达到全国平均水平，并且下游地区城市的居民人均可支配收入仅为人均 GDP 的 41.64%，不利于新旧动能转换以实现高质量发展。中、上游地区除洛阳、西安、太原等城市外，综合实力较弱，尤其是上游地区 12 座城市的 GDP 总量和公共预算收入规模仅为中游地区 11 座城市的 56.50%和 56.69%，同时上游地区有超过一半城市的居民人均可支配收入水平较低，白银、中卫和吴忠 3 座城市甚至不超过 20000 元。中游地区城市则面临着民生方面存在较大短板和共享发展效果较差等问题，人均 GDP 仅为 63641 元，处于三个区域中的末尾①。

黄河流域的人口聚集度也有很大的地域性差异，上、中、下游地区的常住人口分别为 2399.35 万、5176.72 万和 7392.03 万，而户籍人口分别为 2117.39 万、5095.73 万和 7392.63 万，人口主要集中于中下游地区。此外，黄河流域的城镇化进程相对缓慢，有 19 座城市的常住人口城镇化率低于全国平均水平②，特别是中游地区多数城市的常住人口城镇化率处于 50%左右。

11.2.2 绿色发展机制尚未形成

推动黄河流域实现高水平生态保护和高质量发展，核心在于建立绿色可持续发展模式。虽然黄河流域近年来的生态环境治理和经济社会发展取得了显著成效，但同时面临着如何在资源和环境规制下合理利用水资源并提高水资源利用效率、减少对资源环境的依赖、优化资源要素空间配置和产业配置的结构等问题，也由此带来了生产力布局和生态环境、经济发展与资源、环

① 此处数据根据《中国统计年鉴 2019》《中国城市统计年鉴 2019》以及沿线各省份 2019 年统计年鉴相关数据计算所得。

② 此处数据根据《中国统计年鉴 2019》《中国城市统计年鉴 2019》以及沿线各省份 2019 年统计年鉴相关数据计算所得。

境约束之间产生的人与自然、经济发展与环境保护的矛盾。

黄河流域沿线城市的水资源相对匮乏。2019 年，黄河沿线 36 座城市的水资源总量为 349.64 亿立方米，仅占全国水资源总量的 1.2%，同时黄河沿线城市的人均水资源总量为 233.59 立方米，仅为全国人均水资源量的 11.24%。并且，黄河流域的水资源利用率低，当年用水总量为 507.7 亿立方米，约为全国的 8.43%，其中，农业用水占 66.56%，高于全国 61.16%的平均水平；而工业用水仅占 14.14%，比全国平均水平低 6.09 个百分点；但生态用水与生活用水占比分别高于和低于全国平均水平。①

虽然黄河流域生态保护治理取得了阶段性成效，但沿线城市环境形势依然严峻。2019 年的平均优良天数比例为 67.70%，与全国 82.0%的平均水平相比，低了 14.3 个百分点。并且，在全国优良天数比例为 50%~80%的 106 个城市中，黄河流域有 13 座城市，占比为 12.26%。而在优良天数比例为 50%以下的 16 座城市中，黄河流域更是占了 7 座，比重高达 43.75%。黄河流域的生态建设有待加强。不仅多数城市的绿化覆盖率偏低，而且对园林绿地的规划较少顾及，特别是西安、洛阳、三门峡等 14 座城市的人均公园绿地面积还低于全国平均水平。② 由此可见，环境治理成效的不显著、水资源利用结构的不合理性以及利用效率的低下限制了黄河流域高质量发展的脚步，制约了黄河流域绿色可持续发展机制的形成。

11.2.3 对外开放水平较低

在对外贸易和经济合作方面，黄河流域各省份对外开放水平落差较大且经济联系较弱。虽然黄河流域实际利用外商直接投资和进出口总额不断上升，但整体规模与长江流域乃至全国相比仍相去甚远。2019 年，全国进出口总额

---

① 此处数据根据《2019 年中国水资源公报》和沿线各省份 2019 年水资源公报的相关数据计算所得。

② 此处数据根据《中国统计年鉴 2019》《中国城市统计年鉴 2019》以及沿线各省份 2019 年统计年鉴相关数据计算所得。

达到315505亿元，其中，长江流域沿线城市①进出口总额为102438亿元，占比32.47%；而黄河流域36座沿线城市仅为16419亿元，占比5.20%，相对于其GDP占全国的比重低了5.15个百分点。外商直接投资作为区域经济发展的助推剂，是黄河流域高质量发展的重要动力，然而黄河流域沿线城市实际使用外商直接投资水平偏低，2019年的实际利用金额为2571704万美元，平均每个城市仅有75638万美元，尤其是石嘴山、临汾和渭南等城市的当年实际使用外商直接投资金额不足1亿美元。同期，长江流域沿线城市则达到了9097957万美元，城市平均为275696万美元，黄河流域外商直接投资实际使用金额仅相当于长江流域的28.27%，与全国相比也仅为1.86%，比其GDP占全国和长江流域的比重分别低了16.11个和8.49个百分点②。此外，黄河流域的对外贸易依存度为0.1600，远低于长江流域"0.4432"以及全国"0.3184"的平均水平。黄河流域在经贸往来方面的表现有待加强。

11.2.4 高质量发展动力有待增强

黄河流域沿线城市的高质量发展动力不足，缺乏完善的创新驱动机制。黄河流域中上游地区是我国发展不均衡、不充分问题最突出的区域，面临着创新资本、产业生态、高端人才、营商环境等诸多制约因素，传统产业转型升级步伐滞后，核心支柱产业仍然是以能源重化工为主，数字经济发展水平不高，高质量发展动力系统尚未形成。由于创新要素不丰富、创新生态不健全、内生动力不充分、规划构想不落地，难以单纯依靠市场化机制和自身能力实现高质量发展。

11.2.5 产业转型升级亟须加快

近年来，黄河流域沿线城市不断加快调整产业体系，进行产业升级，三

① 为保证可对比性和有效性，本文选取了长江流域上、中、下游36座沿线城市作为参照（下同）。而且，因四川省被本文考虑在协同推进黄河流域的高质量发展中，故长江流域的相关指标选取和数据计算均不包含四川省。

② 此处数据根据《中国统计年鉴2019》《中国城市统计年鉴2019》以及沿线各省份2019年统计年鉴相关数据计算所得。

产比重均有明显提高，多数城市的产业结构实现了由“二三一”格局逐步转变为现阶段的“三二一”格局，但鄂尔多斯、三门峡和东营等12座城市的产业结构仍处于“二三一”阶段，在“十四五”期间还需要重点促进产业结构的合理化转型。黄河流域沿线城市的产业结构层次与长江流域乃至全国相比，差距较为明显。2019年，全国和长江流域的三次产业比重分别为7.1∶39.0∶53.9和3.9∶40.2∶55.9，而黄河流域为5.9∶42.5∶51.7，其第一产业和第二产业的比重不仅偏高，而且第三产业的比重滞后于全国和长江流域①。

黄河流域沿岸城市经济结构“重多轻少”“老多新少”的特征没有得到根本扭转。以初级加工业、制造业和能矿资源采掘业为代表的第二产业在黄河流域的经济发展中一直占据着主导地位。其中，资源开采及其加工业在黄河流域的比重达到了35.08%，远高于长江流域和全国，临汾、榆林和延安等中上游城市的资源开采及其加工业的比重甚至超过了70%。黄河流域沿线城市的重工业平均占比为86.59%，石嘴山、乌海以及包头等12座城市的重工业比重达到了95%以上；而黄河流域沿线城市的高新技术产业产值占规模以上工业总产值的比重基本不超过25%②。沿线多数城市工业体系中占比较大的煤炭、有色金属、非金属、化工等行业还囊括了国家大部分去产能的行业。其产业结构特征导致对市场导向和自然资源的依赖度较高，产业运行易受到外界环境的影响和干扰。这是黄河流域高质量发展过程中面临的重要问题之一。在县域经济中发挥基础性作用的第一产业也存在一些问题，如农业抗风险能力弱，农产品种类单一化且品质较低，农业现代化发展迟缓、农产品加工业技术落后等。在第三产业中缺乏新增长极，其经济增长主要来源于传统服务业（批发零售、交通运输等）的发展，行业整体吸纳投资和人才的能力较差，而高新技术产业对第三产业的贡献度较低，不利于实现第三产业的长效转型。

---

① 此处数据根据《中国统计年鉴2019》《中国城市统计年鉴2019》以及黄河流域和长江流域沿线各省份2019年统计年鉴相关数据计算所得。

② 此处数据根据《中国统计年鉴2019》《中国城市统计年鉴2019》以及黄河流域和长江流域沿线各省份2019年统计年鉴相关数据计算所得。

综上所述，黄河流域沿线城市的经济增长核心仍以传统动能为主，中低端产业在黄河流域的经济增长中拥有较高贡献度和较大比重。但长期依靠资源型产业进行的粗放式生产模式，不仅使黄河流域沿线地区面临着产能过剩的问题，还会对区域创新活动产生束缚，弱化资源型地区技术进步对经济增长的支撑效应，加之缺少知识密集型、技术密集型的高端产业，导致黄河流域的要素集聚能力较弱，减小了以新兴产业为代表的新动能对旧动能的转化力度，最终导致新动能难以发挥对黄河流域沿线城市发展的引领支撑作用。

11.3 创新黄河流域高质量发展的思路

经济发展水平、产业结构以及生态环境的差异，使黄河流域的高质量发展需要坚持协同保护、共同发展的区域性、系统性、整体性建设思路，打造分工明确、目标可行的绿色可持续发展功能区，充分调动沿线省份的积极性，全面发挥重点城市、中心城市和节点城市的活力，突出都市圈和城市群的辐射带动作用，创新黄河流域高质量发展模式。通过分析经济结构特征、自然生态状况、资源利用效率、科研创新能力、区位分布等多种因素，将黄河流域各城市按绿色可持续发展方式重点划分为黄河流域支撑型城市和黄河流域支柱型城市两种类型，如表 11-2 所示。

表 11-2　黄河流域各城市类型划分情况

黄河流域支撑型城市	黄河流域支柱型城市	所属省份	域内主要城市群
淄博、枣庄、东营、潍坊、济宁、泰安、威海、日照、临沂、德州、聊城、滨州、菏泽	济南、青岛、烟台	山东	山东半岛城市群
开封、平顶山、安阳、鹤壁、新乡、焦作、濮阳、许昌、漯河、三门峡、南阳、商丘、信阳、周口、驻马店、济源	郑州、洛阳	河南	中原城市群

续表

黄河流域支撑型城市	黄河流域支柱型城市	所属省份	域内主要城市群
大同、朔州、忻州、阳泉、吕梁、晋中、长治、晋城、临汾、运城	太原	山西	太原城市群
铜川、宝鸡、咸阳、渭南、延安、汉中、榆林、安康、商洛	西安	陕西	关中平原城市群
包头、呼伦贝尔、兴安盟、通辽、赤峰、锡林郭勒、乌兰察布、鄂尔多斯、巴彦淖尔、乌海、阿拉善盟	呼和浩特	内蒙古	呼包鄂榆城市群
石嘴山、吴忠、固原、中卫	银川	宁夏	宁夏沿黄城市群
嘉峪关、金昌、酒泉、张掖、武威、白银、天水、平凉	兰州	甘肃	兰西城市群
自贡、攀枝花、泸州、德阳、绵阳、广元、遂宁、内江、乐山、南充、宜宾、广安、达州、巴中、雅安、眉山、资阳、阿坝、甘孜、凉山	成都	四川	成渝城市群
海东、海北（藏族自治州）、海南（藏族自治州）、海西（蒙古族藏族自治州）、黄南（藏族自治州）、果洛（藏族自治州）、玉树（藏族自治州）	西宁	青海	兰西城市群

其中，黄河流域支撑型城市的高质量发展主要以生态保护修复、产业振兴、经济绿色增长作为功能区的发展核心。这类城市的数量较多，并且经济发展水平普遍偏低，财政收入规模相对发达地区来说较小，生态治理和环境保护投入力度较弱，产业结构的转型升级和产业体系的现代化建设滞后。作为战略实施主体，黄河流域支撑型城市是推动黄河流域实现生态保护和高质量发展的重要基础动能区，不仅要对黄河流域生态环境和水资源环境进行修复、保护和建设，还要与周围城市协同构建区域生态联合治理机制、环境污

染防控协调机制以及自然资源开发利用的监控预警机制等。而且，在推动高质量发展过程中要加快新旧动能转换，进行产业结构转型和升级，把以往高能耗不可持续的经济增长模式转变为绿色可持续经济增长，从而形成区域协同保护、共同发展的新格局，为黄河流域生态保护和高质量发展提供有力支撑。

黄河流域支柱型城市有良好的经济发展基础和资源聚集能力，产业层次较高且结构较为合理，对生态保护和建设的投入力度较大，是实现黄河流域生态保护和高质量发展的主引擎与核心动能区。在战略实施过程中，要继续加大对黄河流域生态环境治理的力度，推动生态廊道、生态农业和美丽乡村建设，进一步落实乡村振兴战略，同时发挥传帮带精神，联动起周围支撑型城市的生态建设。要对各自产业的功能和布局进行科学合理规划，促进产业集群的发展，强化产业结构、扩大经济规模，加快工业现代化和城市化进程，以供给侧结构性改革为切入点，从供需两侧推动产业结构优化升级，促进科技创新和消费升级。通过都市圈和城市群的圈层式结构与“点—轴”式结构，将资源要素向支撑型城市流动扩散，实现知识与技术的共享。利用支柱型城市的区位优势，辐射带动相对不发达地区完成工业化体系建设，提高资源要素的产业配置效率，加快上、中、下游地区经济一体化进程。同时，提高对外开放水平，打造内外联动、多向并进的黄河流域开放新格局，形成黄河流域生态保护和高质量发展的强大动力。

11.4　黄河流域支撑型城市高质量发展路径

11.4.1　构建现代化产业体系，积极融入高质量发展新格局

对于建设黄河流域友好型城市来说，现代化的产业体系不仅是高质量发展的核心，还是黄河流域生态保护和高质量发展的重要支撑，全面落实“中国制造2025”战略，加快构建现代化产业体系。目前，正处于“十四五”开局之年，黄河流域沿线城市的经济体制改革也进入产业结构转型升级的关键

阶段，发展现代农业、高端制造业、现代服务业是构建现代化产业体系的内涵。发挥区域协同效应、辐射带动效应是保障全流域现代化产业体系建设，提高黄河流域友好型城市竞争力的核心。通过上、中、下游城市间的积极联动，进行科学有效的产业合作与分工，从而实现全流域产业结构的合理化和高端化转型升级。

近年来，虽然黄河流域的整体产业结构呈现出良好的发展态势，但是白银、中卫、吕梁和三门峡等城市面临着第一产业发展质量和效率尚有不足、第二产业转型升级速度较慢、第三产业经济增长发力点过于单一、新兴产业领域发展投入力度有所欠缺等问题。因此，从三次产业布局来看，沿线各城市在未来发展过程中需要进一步改善和调整产业结构。首先，要全力推动农业现代化建设和农业结构的战略性调整，提升农业生产效率和质量。一方面以市场需求为导向科学合理规划农业发展，加强农田、水利等基础设施建设。根据农业发展的实际情况和区域特征，因地制宜、因势利导，不断扩大特色高效农业规模和影响力，利用现代化生物技术提高农产品的质量和生产效率，创新农业品种，全面突出黄河流域地方农业的品种优势，如青海海西的藜麦、甘肃兰州的百合、陕西眉县的猕猴桃和河南洛阳的软籽石榴等。另一方面，要积极利用“带货+直销”模式拓展农产品的销路。其次，扭转工业体系中“重多轻少”的局面，尤其是要帮助那些去产能的行业完成转型，同时还要进一步提高工业体系的产业链层级以及产品附加值，摆脱低端制造的标签。最后，重点打造现代化服务业助力第三产业的崛起，摒弃从前单纯依靠传统服务业发展第三产业的模式。通过工业、农业和第三产业优势互补、协同发展，从而实现经济的高质量发展和绿色发展。

从空间布局来看，构建现代化产业体系需要以实体经济为核心，统筹协调工业制造、科技研发、人力资本和现代金融等多个领域，从而实现黄河流域三次产业的全面、均衡发展。白银、海东、海北（藏族自治州）、海南（藏族自治州）、黄南（藏族自治州），石嘴山、吴忠、中卫，包头、鄂尔多斯、榆林以及自贡、泸州、德阳等城市要分别以兰西城市群、宁夏沿黄城市群、呼包鄂榆城市群和成渝城市群为依托，在传统动能中孕育新动能，积极转变以往单一集中于资源能源开采及加工业和重化行业的生产格局，利用城市群的辐射带动作用培育研发高技术含量产品，延伸上下游产业链，提升产品附加值，激发实体经济活力。同时，要不断壮大发展新动能，深度结合科技创新与实体经济，促进科技成果的转化。通过市场的交易推动生产要素资源在城市群内高效流动，在不断提升强化四大城市群的过程中，进一步培育形成兰州—白银都市圈、西宁—海东都市圈、银川都市圈和呼和浩特都市圈等。

中下游支撑型城市要分别依靠关中平原城市群、太原城市群、中原城市群和山东半岛城市群，利用中部城市郑州的交通枢纽便利，由东向西连接济南、西安、太原、兰州四大黄河流域节点城市，充分发挥山东半岛城市群的制造业和金融业引领带动作用，释放关中平原城市群、太原城市群和中原城市群的实体经济、工业基础、人力资源以及科研创新等方面的优势，对内通过“一核四轴四区”“一圈三轴三带”等布局滋养太原、济南、郑州等六大都市圈。对外衔接东部和中西部地区推动建设现代化产业体系，重点布局大数据、新能源、新材料、高端石化及智能装备制造等产业，改善黄河流域三次产业层次偏低、实力不强的局面，实现全流域协同均衡发展。以文旅产业融合为载体，以创新传承华夏历史文明为主题，利用洛阳、西安、延安和兰州等历史文化名城的丰富旅游资源，围绕“红色记忆、黄河文化、丝绸之路文化”开设精品研学旅游线路，打通黄河流域上、中、下游的旅游产业链，大力发展全流域特色旅游。通过旅游业及其产业链的延伸提高黄河流域各地区的服务业发展质量。

11.4.2 践行生态优先理念，夯实高质量发展生态基础

高质量发展的要义是坚持环保发展、绿色发展。在打造黄河流域友好型城市过程中，不仅要全面落实黄河流域生态保护战略，还要牢固树立“绿水青山就是金山银山”理念。作为我国生态环境最薄弱的地区，黄河上游城市要围绕环境治理和生态修复开展专项整治活动。针对区域内过度开采带来的生态破坏进行治理恢复，再根据不同的地貌及裸露情况，宜林则林、宜耕则耕，全面提升水源的涵养能力。黄河中游地区土质松软、植被覆盖度较低，

加上过度开发和使用，导致中游地区水土保持能力差，忻州、渭南和三门峡等中游支撑型城市要着重建设生态廊道，加快生态环境恢复，加强水土流失的综合治理，因地施策，协同推进退耕还林还草和湿地恢复工作。而且，中游地区还需要加大支流污染和区域大气污染的治理力度，调整产业结构，对高污染、高耗能的企业进行搬迁改造，并鼓励企业建设智能工厂、绿色工厂，加快升级智能化环保设备，提高生产废弃物的处理效率，走环境友好型发展道路。黄河下游地区河道较为平缓，菏泽、淄博和东营等城市要通过发展生态经济、建设生态农业不断完善黄河下游的生态系统、提高生物多样性。

建设黄河流域友好型城市要把系统性和协同性贯穿整个生态保护和环境规制，培育形成绿色发展体系，为城市高质量发展提供保障。第一，多措并举地推动产业绿色化发展。强化各项环保考核机制，严格管控不符合环保要求的“三高”项目和企业投入生产使用，进一步深化中央政府简政放权的改革要求，提高环保监督审批效率；同时，不断完善污染排放有偿使用的制度，有效解决公共环境的“产权”问题，为沿线各城市高质量发展创造重要增长极与动力源。第二，加大治理力度根植绿色理念。实施激励和约束政策，更好地引导人们的生活行为和消费方式向绿色节能、低碳环保方向转变。第三，科学规划生态发展实现人与自然和谐共生。坚持“共同抓好大保护，协同推进大治理”，以水定策、量水而行，沿线城市不仅要根据自身的区位和自然禀赋特征构建创新型绿色宜居城市空间，还要摒弃以往各不相谋的缺陷，建立黄河流域生态保护区域治理框架，不断完善流域综合管控机制，全面发展生物多样丰富、水沙调控合理、河源涵养持续提高的黄河流域生态安全格局。

11.4.3 完善社会主义市场经济体制，畅通高质量发展道路

加快经济体制改革，推动市场在资源配置中起决定性作用，并更好地发挥政府作用，通过政府宏观调控的“有形之手”和市场调节的“无形之手”在资源配置中的优势互补，实现资源要素向城市集聚。第一，建立健全黄河流域的市场机制，提高市场在资源配置中的效率，充分发挥市场的调节作用，

切实保障黄河流域经济体系的平稳运行，激发黄河流域社会主义市场经济的活力。第二，提高政府在劳动力供给等市场失灵领域的宏观调控能力和效率，构建区域产业联动、优势资源整合、应急预警防范框架，不断深化黄河流域各城市的协同性和整体性，健全各级政府之间的沟通和磋商机制。

全面构建自由开放、竞争高效、运行有序的黄河流域现代化市场体系。通过金融与实体经济的创新互动和良性循环，不仅可以引导金融资本和人才资源等要素流向实体经济，提高实体经济的产业层级，强化全流域三次产业的质量，还会推动黄河流域各城市金融业规模不断扩大、业务不断丰富、质量不断提升，从而形成区域金融中心，更好地服务于实体经济。营造公平、公正的营商环境，加强市场规则和法治化建设，促进各要素资源在流域内高效流动。在优化改善城市营商环境的过程中，为企业减负增收，提升黄河流域的吸引力。

11.4.4 强化生态共建机制，保障高质量发展生态安全

黄河流域的生态安全和水环境安全不仅直接影响全流域高质量发展的成效，还决定着区域生态环境状态，因此需要跨区域协调和处理各城市在黄河流域生态环境协同保护和治理的职责与关系，统筹规划黄河流域禁止开发区、限制开发区、优化开发区和重点开发区的生态保护路径，提高资源开发利用和管理效率，加大对工业园区、自然保护区、重点生态功能区的监控力度，强化黄河流域生态环境的共建共治共享。

1. 推动黄河流域生态一体化建设

基于黄河流域沿岸城市—都市圈—城市群的三级结构，在治理模式上形成区域生态联合保护和分级管控机制，加强区域内外生态环境的管理和协同。在空间分布上形成自西向东的横向沿黄生态保护格局，以及黄河两岸南向北向的纵向生态协同治理格局。提高跨区域生态建设和协同治理的衔接度与合作效率，加快形成黄河流域生态保护的统一战线，通过水系治理和生态恢复打造域外绿廊、域内绿网和城市绿心的生态安全格局。统筹推进禁止开发区、限制开发区的生态保护工程建设，开展全流域国土治理工作，共同防治黄河

流域水土流失。

2. 创新资源配置思路

优化黄河流域资源利用结构与空间配置，尤其是要建立水资源长效保护机制和高效利用体系。第一，确立水源—水质—水量—水生态“四位一体”的流域水资源安全配置模式，逐步扭转“人水对立”的窘境，实现水源有保障、水质安全、水量健康、水生态可控的局面。第二，协同建立科学有效的水资源利用预警和监测报告机制，不仅可以对水资源的超负荷利用给出及时反馈，还能减少黄河下游地区受水沙调控的影响，最大限度保障黄河流域水资源的可持续利用。第三，加快制定各级政府间的水权转让与交易制度，促进有限的资源高效合理地分配到各个地区，保障经济社会的发展。

3. 共同探索生态治理新模式

第一，在黄河流域生态保护战略下建立多元化、市场化的生态补偿机制，通过发挥市场对资源配置的高效调节作用，以及政府的监管引导作用，不断探索完善黄河流域资源使用权、排污交易权等市场化生态补偿机制，在现行环境保护税收政策上扩大资源税的征收范围，增收生态补偿税，从而对黄河流域的生态建设给予支持和补偿。第二，制定符合区域发展特征的水生态评价体系。根据上、中、下游各区域的不同发展水平，合作建立差异化的考核制度，加大对绿色发展模式的奖励，以及对粗放型发展模式的惩罚力度，贯彻“量水而行”的可持续发展原则，打造“人水和谐”的黄河流域生态治理新局面。

11.5 黄河流域支柱型城市高质量发展路径

11.5.1 培育绿色发展新动能

绿色发展不仅是黄河流域高质量发展的基础，还是促进黄河流域支柱型城市培育新动能、破解我国社会主要矛盾的有效途径。但黄河流域支柱型城市人口密度较大，产业和城镇布局较为紧凑，仍存在对流域生态安全造成威胁的区域性环境污染问题。在引领带动黄河流域发展的过程中，要通过树立以生态优先、绿色发展为导向的可持续发展理念，调节开发与保护的关系，逐步构建生态与产业相互融合的生态经济体系，实现高质量发展与生态高水平保护相互促进、螺旋上升，打造人与自然和谐共生的绿色生产、宜居幸福、治理有效的新发展格局。利用黄河流域农业生产的优势和便利条件，助力生态农业的发展，提高黄河流域的农业生产效率，加大粮食安全保障力度，协同支撑型城市培育、推广黄河流域特色有机生态农业品牌。同时，推动生态农业与二三产业的转型升级融合，巩固产业体系的现代化建设。

新动能的产生还来源于旧动能的转换，加快第二产业尤其是工业部门发展循环经济、低碳经济、绿色经济，培育壮大先进装备制造、新能源、新材料等战略性新兴产业，推广清洁生产方式。在规划生态工业园区和生态型城镇的过程中，努力形成一批环境友好的生态企业，进而完善高效生态产业体系。紧紧围绕碳达峰、碳中和的目标，以推进绿色循环的新型工业化建设为重点，实现产业发展与生态保护协同共进，推动工业绿色高质量发展；重点打造以绿色金融、绿色商业和绿色交通等产业为主的现代化服务业，积极倡导绿色生活理念，推广集约高效的绿色发展方式，内外联动促进第三产业新旧动能转换，全面实现黄河流域支柱型城市的绿色可持续发展，形成黄河流域支撑型城市的绿色新动能。

11.5.2 打造经济开放新格局

加强与“一带一路”沿线地区的合作发展，利用洛阳作为古丝绸之路东方起点的优势，以文化为纽带，与沿线各地区尤其是其他国家积极建立友好关系。深耕文旅产业，讲好中国故事，弘扬中国文化，展示黄河文明，传承黄河文化，打造跨省跨区乃至跨国的精品文旅合作平台。强化与丝绸之路经济带沿线节点城市和“21 世纪海上丝绸之路”战略支点的联系，发挥青岛、烟台等黄河流域支柱型城市的海上合作战略支点作用，提高与海上丝绸之路国家港口城市的连通性，推进同装备制造、化工、新材料、航空航天等产业的国际产能合作，不断深化人才交流、能源资源、经贸产业等方面的双向合作关系，形成基础设施互联互通、高新技术共研共享的格局。

对内打造郑州、西安、太原等内陆开放型经济高地，加强对中、上游黄河流域支撑型城市的辐射带动作用，打通区域之间的产业沟通渠道，形成科学高效的分工体系和相辅相成的发展格局；同时，推动山东自贸区、河南自贸区、陕西自贸区、成都自贸区建设成为黄河流域经济开放的前沿阵地，全面推进投资和贸易的自由化与便利化，并以各地区规划的综合保税区、物流枢纽、内陆港等为载体，以特色小镇、产业集群等建设为抓手，促进兰西、成渝、宁夏沿黄、呼包鄂榆、关中平原、太原、中原和山东半岛等城市群的内部跨区域合作，不断壮大太原、济南、郑州等六大都市圈，组建区域性行业组织、产业协会等社会团体。加强与粤港澳大湾区、长江经济带等区域的合作发展，可以优先拟定长三角地区或珠三角地区作为黄河流域开放合作的目的地，并加快构建高效便捷的综合性立体交通运输网络，促进人口交流往来的深度交融，推动高铁经济、航空经济兴起，同时借鉴长江经济带的发展经验，积极承接高新技术产业转移，营造良好有序的市场竞争氛围，激发微观主体的创新潜力，提高政府的治理能力。依托“一带一路”和黄河流域支柱型城市的经济开放，探索跨区域共享共赢新路径，构建黄河流域经济开放的新格局。

11.5.3 夯实高质量发展创新动力

黄河流域的高质量发展面临着研发投入力度小、科技创新能力弱的窘境，无法形成黄河流域绿色可持续发展的根本动力。黄河流域支柱型城市应以创新驱动作为增长的强大引擎，坚持以科研创新作为引领全流域发展的核心，依托支柱型城市中济南、郑州、西安和成都的国家中心城市定位，推进建设山东半岛、郑洛新、西安、成都国家自主创新示范区建设，打造黄河流域科创走廊，全面深化创新改革试验。通过重点布局高端芯片制造、新能源、新材料以及医疗等产业，引导企业与高校科研机构搭建多元化科研平台，联动黄河流域其他地区组建创新发展联盟，促进区域性龙头企业开展重大科技研发项目，从而提高黄河流域各城市的核心竞争力和经济结构的转换能力，实现经济增长模式由资源依赖型向创新驱动型转换，使黄河流域建设成为具有国际竞争力的创新资源聚集区。此外，还要发挥政府的导向和监督作用，不但要在各支柱型城市内部营造良好的科研创新氛围，还要以都市圈、城市群为载体延伸创新空间，规划建立办公型和社交型的开放式创新产业区。全面突出人力资本在科研创新中的核心地位，强化人才培育，制订完善的人才培养计划，开展生产实践与社会实践驱动的学习培训，把学校和社会有机结合，不断提高人才引进落户政策的吸引力。构建符合黄河流域发展的“政产学研用”协同合作机制，努力在黄河流域形成国家级的产业创新中心、科技研发中心等高端创新平台，为高质量发展提供动力。

11.5.4 共创高质量发展新增长极

黄河流域的高质量发展不仅要绿色发展、分类发展，还要联动发展、协同发展、合作发展，发挥支柱型城市的引领带动作用，打造全流域发展的新增长极，帮助支撑型城市实现高质量发展，扭转发展不平衡不对称的局面。在联动发展方面，青岛、济南、郑州、洛阳、西安、成都以及兰州等支柱型城市要统一制定黄河流域产业协同发展规划，构建黄河流域产业合作与分工机制，提高生产要素自由流动的效率，减少流域内部的同业竞争，引导各地区各部门专注于产业链的某一环节做大做强，并以集群化为发展思路，依托各地区资源禀赋和经济发展基础打造一批现代化产业集群。而且鼓励支柱型城市和支撑型城市之间通过上下游产业链配套、服务外包等方式加强产业联动，支持下游城市与中上游城市通过经济互动、产业设施共建等方式推进产业协作，努力实现市场、产业和基础设施一体化建设，进一步提高地区财政收入。在深耕区域内部合作的同时还要注重扩大外部经济交往，利用黄河流域 9 个省份内部的综合保税区作为对外开放的窗口，促进黄河流域与国内外多种资源、多个市场进行深度交流，把优质资本和先进技术吸引到黄河流域的高质量发展中，孵化新动能。

在协同发展方面，要实现经济发展协同、生态环境保护协同以及基础设施建设协同。第一，坚持因地制宜、分类施策、量水而行的经济发展原则，发挥黄河流域支柱型城市的核心引领作用、都市圈的辐射带动和要素集聚作用、城市群的资源优化配置作用，共同推动黄河流域尤其是中上游地区发展创新型经济，建设现代化产业体系。第二，努力营造人与自然和谐共处的局面，合作开展全流域河道和滩区综合治理工作，减少水土流失，规划生态保护区，健全水沙调控机制，减缓下游泥沙淤积，保障黄河长治久安。第三，畅通黄河流域各地区基础设施共建、共享的高质量道路，让高质量发展成果惠及全体人民。

在合作发展方面，坚持互联互通、互利共赢的共享理念，打造以黄河为纽带、以生态保护为根本、以各城市为载体、以市场为导向、以绿色可持续发展为目标的黄河流域高质量发展格局，共同组建支撑黄河流域高质量发展联合体。

12 中国经济高质量发展建议

高质量发展是全面建设社会主义现代化国家的首要任务，实现高质量发展是中国式现代化的本质要求之一。高质量发展在我国经济、社会等多个领域不断推进，取得了诸多新成效，为世界经济持续复苏注入了源源不断的动力。

第一，加快实施创新驱动发展战略。创新驱动发展是我国实现高质量发展的前提和保障，以创新驱动发展为主要特征的高质量发展是推进中国式现代化的必由之路。加快实施创新驱动发展战略，为经济社会高质量发展提供有力支撑，必须坚持把科技创新摆在国家发展全局的核心地位，全面深化科技体制改革，形成支持全面创新的基础制度。要加强关键核心领域的技术突破，盯紧重大创新领域战略性、前沿性、颠覆性技术发展，加大人工智能、重大装备、云计算等高新技术的投资力度，突破重要领域的“卡脖子”技术，增强中国经济增长的内生动力和核心竞争力。完善科技创新体系，激发创新活力，推动创新链、产业链、资金链、人才链深度融合，不断塑造发展新动能新优势。

第二，加快建设现代化产业体系。现代化产业体系是现代化国家的物质支撑，是实现经济现代化的重要标志。一是着力发展先进制造业。顺应制造业高端化、智能化、绿色化趋势，从关键核心技术攻关、产品标准体系建设、产品质量监管等方面推动先进制造业高质量发展，引导企业加强品牌建设，着力打造一批质量过硬、具有核心竞争力的“中国品牌”。二是推动战略性新兴产业发展，把握新一轮科技革命和产业变革的机遇，大力发展和构建新一代信息技术、人工智能、新能源、高端装备、绿色环保等一批新的增长引擎，发展新产业，形成新动能。三是构建优质高效的现代服务业新体系。以智能化、绿色化、融合化为方向，推动现代服务业同先进制造业、现代农业深度融合，全面优化提升现代化服务业体系的技术水平、生产效率、质量效益。四是扎实推进农业现代化，按照供给保障强、科技装备强、经营体系强、产业韧性强、竞争力强的要求，加快建设农业强国。

第三，加快发展数字经济。数字经济是世界科技革命和产业变革的先机，是新一轮国际竞争重点领域，是新的经济增长点，成为构建现代化经济体系的重要引擎。促进数字经济和实体经济深度融合，有利于推动传统产业转型升级，催生新产业新业态新模式，促进产业链上下游企业的整合；加强数字关键核心技术自主创新，有利于把发展数字经济自主权牢牢掌握在自己手中；利用大数据、人工智能等数字技术，推动制造业、服务业、农业等产业进行全方位、全链条改造，提高全要素生产率，发挥数字技术对经济发展的放大、叠加、倍增作用。

第四，进一步促进区域协调发展。加快建立全国统一大市场，进一步优化产权保护、市场准入、公平竞争、社会信用等市场经济基础性制度，促进各类生产要素有序流动、高效集聚、优化配置，增强区域发展活力。统筹实施区域协调发展战略、区域重大战略、主体功能区战略、新型城镇化战略四大战略，加快建立区域协调发展新机制，提高区域经济发展的均衡性、协调性和可持续性。深入推进西部大开发、东北全面振兴、中部地区崛起、东部率先发展，增强区域发展平衡性、协调性；推进京津冀协同发展、长江经济带发展、粤港澳大湾区建设、长三角一体化发展，推动黄河流域生态保护和高质量发展，高标准、高质量建设雄安新区，推动成渝地区双城经济圈建设，为高质量发展提供重要动力源。

第五，统筹城乡融合发展。统筹推动新型城镇化和乡村振兴，加快形成以城带乡、以工促农、城乡共同繁荣的新局面是推动新时代实现高质量发展的题中之义。把县域作为城乡融合发展的重要切入点，推进空间布局、产业发展、基础设施等县域统筹。加快转变农业农村发展方式，引领带动优势特色产业转型升级，依托区位现有农业产业基础，促进传统农业与旅游业、观光业、展览业、采摘业等互联互通，不断拓展农业功能、优化农产品结构、促进农民就业增收。

参考文献

[1] ARTUR TAMAZIAN, B. BHASKARA RAO. Do economic, financial and institutional developments matter for environmental degradation? Evidence from transitional economies [J]. Energy economics, 2009, 32 (1): 137-145.

[2] BAKER A. Biotechnology's growth-innovation paradox and the new model for success [J]. Journal of commercial biotechnology, 2003, 9 (4): 286-288.

[3] DUBEY A, LAL R. Carbon footprint and sustainability of agricultural production systems in Punjab, India, and Ohio, USA [J]. Journal of crop improvement, 2009, 23: 332-350.

[4] GAO C K, WANG D, CAI J J, et al. Scenario analysis on economic growth and environmental load in China [J]. Procedia environmental sciences, 2010, 2 (6): 1335-1343.

[5] KAHN H, WIENER A. The year 2000: a framework for speculation on the next thirty-three years [M]. New York: MacMillan, 1967.

[6] PERRYSADORSKY. The impact of financial development on energy consumption in emerging economies [J]. Energy policy, 2009, 38 (5): 2528-2535.

[7] RAHMANA M M, RASUL M G, KHANA M M K. Energy conservation measures in an institutional building in sub-tropical climate in Australia [J]. Applied energy, 2010, 87 (10): 2994-3004.

[8] RICHARD YORRK, EUGENE A ROSA, THOMAS DIETZ. STIRPAT, IPAT and ImPACT: analytic tools for unpacking the driving forces of environmental

impacts [J]. ecological economics, 2003, 46 (3): 351-365.

[9] TRONCHIN L, FABBRI K. Energy performance building evaluation in mediterranean countries: comparison between software simulations and operating rating simulation [J]. Energy and buildings, 2008, 40 (7): 1176-1187.

[10] 安树伟，李瑞鹏．黄河流域高质量发展的内涵与推进方略 [J]. 改革，2020 (1): 76-86.

[11] 白洋榕．对人工智能在金融领域应用的思考 [J]. 现代商业，2017 (29): 98-99.

[12] 包浩斌．推动服务业高质量发展的四个着力点 [J]. 杭州（周刊），2019 (6): 33-34.

[13] 本报评论员．扛起能源革命尖兵重任　奋力推动工业高质量发展 [N]. 大同日报，2019-11-28 (1).

[14] 本刊讯．国务院办公厅印发《关于创新管理优化服务培育壮大经济发展新动能加快新旧动能接续转换的意见》[J]. 电力与能源，2017，38 (1): 43.

[15] 蔡宁．以生产性服务业为核心　信息流通为先导促进黑龙江省一二三产业融合路径研究 [J]. 商业经济，2019 (2): 15-17.

[16] 柴麒敏，傅莎，郑晓奇，等．中国重点部门和行业碳排放总量控制目标及政策研究 [J]. 中国人口·资源与环境，2017，27 (12): 1-7.

[17] 常秋玲．南水北调中线水源区（南阳市）生态环境综合研究 [D]. 北京：中国地质大学，2007.

[18] 陈辉．工业大省强势崛起　河南制造走向世界 [N]. 河南日报，2019-10-16 (6-7).

[19] 陈洁．交通运输部：中国高铁、高速公路总里程均位居世界第一 [N]. 21 世纪经济报道，2019-09-24.

[20] 陈胜辉．试论人民公社体制在农田水利建设中的作用与不足：以 20 世纪 60 年代河南省林县红旗渠工程建设为例 [J]. 经济视角，2012 (3): 100-102.

［21］陈志建，刘月梅，刘晓，等．经济平稳增长下长江经济带碳排放峰值研究：基于全球夜间灯光数据的视角［J］．自然资源学报，2018，33（12）：2213-2222.

［22］程东亮．人工智能在金融领域应用现状及安全风险探析［J］．金融科技时代，2016（9）：47-49.

［23］程文，夏咏，赵向豪．西北五省农村金融发展对农业碳排放的影响研究：基于 STIRPAT 模型和动态面板数据模型［J］．农村金融研究，2018（7）：72-76.

［24］丛建辉，王晓培，刘婷，等．CO_2 排放峰值问题探究：国别比较、历史经验与研究进展［J］．资源开发与市场，2018，34（6）：774-780.

［25］杜俊慧，张克勇，张雪姣．山西省碳排放影响因素分解及峰值预测［J］．中北大学学报（自然科学版），2018，39（3）：334-343.

［26］杜磊．人工智能赢了围棋该担忧吗［J］．计算机与网络，2016（Z1）：3.

［27］杜强，陈乔，陆宁．基于改进 IPAT 模型的中国未来碳排放预测［J］．环境科学学报，2012，32（9）：2294-2302.

［28］樊旼旼，曲双石．人工智能引领金融产业升级［J］．环球财经，2016（5）：104-107.

［29］范登龙，黄毅祥，蒲勇健，等．重庆市化石能源消耗的 CO_2 排放及其峰值测算研究［J］．西南大学学报（自然科学版），2017，39（6）：179-186.

［30］房安．人工智能在金融行业的应用及风险分析［J］．电子技术与软件工程，2019（4）：237.

［31］科特勒，凯勒．营销管理（第一版）［M］．上海：上海人民出版社，2006.

［32］冯宗宪，王安静．陕西省碳排放因素分解与碳峰值预测研究［J］．西南民族大学学报（人文社科版），2016，37（8）：112-119.

［33］冯宗宪，王安静．中国区域碳峰值测度的思考和研究：基于全国和

陕西省数据的分析［J］. 西安交通大学学报（社会科学版），2016，36（4）：96-104.

［34］改造提升制造业　推动服务业大发展　加快推进产业结构调整和转型升级［J］. 中国经贸导刊，2014（4）：13.

［35］高培勇，袁富华，胡怀国，等 . 高质量发展的动力、机制与治理［J］. 经济研究，2020，55（4）：4-19.

［36］高璇 . 河南建立健全经济政策协调机制的实践探索与对策建议［J］. 决策探索（下），2019（4）：22-23.

［37］河南省统计局工业处 . 2019 年 12 月我省规模以上工业增加值增长 7.2%［EB/OL］.（2020-01-21）.

［38］顾乃华，朱文涛 . 生产性服务业对外开放对产业融合的影响：基于行业面板数据的实证研究［J］. 北京工商大学学报（社会科学版），2019，34（4）：11-20.

［39］郭朝先 . 中国工业碳减排潜力估算［J］. 中国人口·资源与环境，2014，24（9）：13-20.

［40］郭晗 . 黄河流域高质量发展中的可持续发展与生态环境保护［J］. 人文杂志，2020（1）：17-21.

［41］郭建宇，陈扬 . 向着电力绿色高质量发展砥砺奋进：改革开放 40 年东北区域可再生能源发展历程及展望［J］. 中国电业，2018（12）：56-57.

［42］郭娇，齐德生，张妮娅，等 . 中国畜牧业温室气体排放现状及峰值预测［J］. 农业环境科学学报，2017，36（10）：2106-2113.

［43］郭雪白 . 南阳市水生态文明城市建设举措探析［J］. 创新科技，2016（12）：59-61.

［44］郭昭君 . 美丽河南建设背景下信阳旅游产业升级转型对策研究［J］. 现代经济信息，2015（12）：454.

［45］国家发展和改革委员会，国家能源局 .“十四五”电力规划工作启动［R］. 国家发展和改革委员会，国家能源局，2020.

［46］国家发展和改革委员会，国家能源局 . 国家能源局：明年切实抓好

煤炭兜底保障［R］. 国家发展和改革委员会，国家能源局，2019.

［47］国家发展和改革委员会，国家能源局. 国家能源局发布 2019 年全社会用电量［R］. 国家发展和改革委员会，国家能源局，2020.

［48］国家统计局. 改革开放 40 年经济社会发展成就系列报告之六［EB/OL］. https：//www. sohu. com/a/251820993_100191048.

［49］国家统计局. 中国城市统计年鉴：2016［M］. 北京：中国统计出版社，2016.

［50］韩飚，胡德. 人工智能在金融领域的应用及应对［J］. 武汉金融，2016（7）：46-47.

［51］韩晗. 基于产学研协同创新的政府治理模式研究［D］. 成都：电子科技大学，2017.

［52］何立峰. 国家新型城镇化报告 2016［M］. 北京：中国计划出版社，2017.

［53］河南省电子学会. 河南省电子信息学科与产业发展研究报告［R/OL］.（2018-11-20）.

［54］河南省农业现代研究会. 河南省现代农业发展基本情况概述［EB/OL］. http：//www. hnsxdny. com/policy/221. html.

［55］贺志泉. 中部第一！2019 年河南省进出口首次突破 5700 亿元［EB/OL］.（2020-01-01）

［56］洪银兴. 构建解放、发展和保护生产力的系统性经济学说［J］. 经济学家，2016（3）：1-9.

［57］侯爱敏. 前 10 个月新郑综保区跨境电商达 4484 万单［N］. 郑州日报，2019-11-21（1）.

［58］胡鞍钢，周绍杰. 绿色发展：功能界定、机制分析与发展战略［J］. 中国人口·资源与环境，2014（1）：14-20.

［59］胡鞍钢，谢宜泽，任皓. 高质量发展：历史、逻辑与战略布局［J］. 行政管理改革，2019（1）：19-27.

［60］胡星，王志博，李中明. 郑州国家中心城市功能优化提升研究：基

于中西部五个中心城市的比较［J］. 中国名城，2019（9）：13-21.

［61］黄贺林，席增雷．河北省碳市场配额分配问题研究［J］. 生态经济，2017，33（8）：52-55，97.

［62］黄鹏．宇通公司新能源客车发展路径研究［D］. 西安：西安科技大学，2016.

［63］重庆市2019年国民经济和社会发展计划执行情况及2020年计划［N］. 重庆日报，2020-01-15（5）.

［64］惠宁，刘鑫鑫．新中国70年产业结构演进、政策调整及其经验启示［J］. 西北大学学报（哲学社会科学版），2019，49（6）：5-20.

［65］江亘松．你的营销行不行［J］. 日用电器，2007（2）：11-113.

［66］姜长云．服务业高质量发展的内涵界定与推进策略［J］. 改革，2019（6）：41-52.

［67］蒋南平，向仁康．中国经济绿色发展的若干问题［J］. 当代经济研究，2013（2）：50-54.

［68］金恩平，刘俊华．当前河南省建筑业发展现状及存在的主要问题与对策［J］. 开封大学学报，2017，21（4）：72-73.

［69］金凤君．黄河流域生态保护与高质量发展的协调推进策略［J］. 改革，2019（11）：33-39.

［70］金晶．郑州宇通客车公司营销策略研究［D］. 武汉：武汉工程大学，2013.

［71］关于印发2019年郑州市产业集聚区高质量发展专项工作方案的通知［J］. 郑州市人民政府公报，2019（5）：28-34.

［72］黎孔清，马豆豆，李义猛．基于STIRPAT模型的南京市农业碳排放驱动因素分析及趋势预测［J］. 科技管理研究，2018，38（8）：238-245.

［73］李慧春．建筑业可持续发展的财务战略［J］. 财会学习，2019（30）：24，26.

［74］李金昌，史龙梅，徐蔼婷．高质量发展评价指标体系探讨［J］. 统计研究，2019，36（1）：4-14.

[75] 李平．“一带一路”背景下河南省现代物流业发展研究［D］．郑州：郑州大学，2017.

[76] 李强，陈宇琳，刘精明．中国城镇化“推进模式”研究［J］．中国社会科学，2012（7）：88-100.

[77] 李为立，徐泽孝．产学研协同创新模式对高校优秀研究生人才培养的探索［J］．教育现代化，2017，4（9）：1-2，17.

[78] 李玉洁．黄河流域农耕文化述论［J］．黄河文明与可持续发展，2008，1（1）：81-90.

[79] 李志远．郑州航空港物流产业发展战略研究［J］．价值工程，2018（24）：45-46.

[80] 林伯强，蒋竺均．中国二氧化碳的环境库兹涅茨曲线预测及影响因素分析［J］．管理世界，2009（4）：27-36.

[81] 林春燕，李建平．我国生产性服务业转型升级的空间溢出效应：基于空间杜宾模型的分析［J］．山东财经大学学报，2019（5）：36-45.

[82] 刘博．信阳旅游业发展战略思考［J］．信阳农业高等专科学校学报，2002，12（4）：23-25.

[83] 刘健．毛泽东对计划经济体制的两次改革探索［J］．党史研究与教学，1997（6）：7-9.

[84] 刘洁．河南省信阳市红色旅游产业政策研究［D］．武汉：华中师范大学，2011.

[85] 刘科．河南省农业高质量发展的现状与问题分析［J］．吉林农业，2019（19）：33-34.

[86] 刘莉雪．我国临空产业布局安全形成机理与评价研究［D］．北京：北京交通大学，2017.

[87] 刘奕，夏杰长．推动中国服务业高质量发展主要任务与政策建议［J］．国际贸易，2018（8）：53-59.

[88] 刘战国．坚持创新驱动　推动河南经济高质量发展［N］．河南日报，2018-04-04（8）.

［89］刘长松．我国实现碳排放峰值目标的挑战与对策［J］．宏观经济管理，2015（9）：46-50.

［90］芦颖，李旭东，杨正业．贵州省能源碳排放现状及峰值预测［J］．环境科学与技术，2018，41（11）：173-180.

［91］鲁刚，郑宽．能源高质量发展要求下核电发展前景研究［J］．中国核电，2019，12（5）：498-502.

［92］马建堂．迎接全球能源转型　实现中国能源高质量发展［N］．中国经济时报，2019-12-10（1）．

［93］［德］马克思，恩格斯．马克思恩格斯选集［M］．北京：人民出版社，1995.

［94］马培华．大力发展现代服务业推进产业结构调整［J］．经济界，2012（2）：4-5.

［95］毛泽东．毛泽东新闻工作文选［M］．北京：新华出版社，2014.

［96］毛泽东选集：第5卷［M］．北京：人民出版社，1977.

［97］毛志兵．科技创新引领行业发展迈入新时代［J］．江苏建筑，2019（1）：1-4.

［98］梅汝和，梅清豪，张桁．营销管理：分析、规划与控制［M］．上海：上海人民出版社，1967.

［99］孟来果．我国文化产业制度变迁及创新路径研究［J］．理论导刊，2019（6）：101-107.

［100］苗长虹．强化黄河流域高质量发展的产业和城市支撑［N］．河南日报，2020-01-15（11）．

［101］明志舒．宁东直流工程建设项目的效益分析［D］．济南：山东大学，2011.

［102］潘家顺．国内主要城市发展生产性服务业的经验及对策建议［J］．现代商贸工业，2019（18）：6-8.

［103］潘莉．服务业高质量发展指数研究与实证分析［J］．统计科学与实践，2019（3）：36-39.

[104] 彭智敏，向念，夏克郁. 长江经济带地级城市金融发展与碳排放关系研究 [J]. 湖北社会科学，2018 (11): 32-38.

[105] 濮阳市统计局濮阳能源科. 濮阳市 1—11 月份规上工业企业能耗增速收窄 [EB/OL]. (2019-12-26).

[106] 齐绍洲，林屾，王班班. 中部六省经济增长方式对区域碳排放的影响：基于 Tapio 脱钩模型、面板数据的滞后期工具变量法的研究 [J]. 中国人口·资源与环境，2015，25 (5): 59-66.

[107] 秦晖. 中国改革前旧体制下经济发展绩效刍议 [J]. 云南大学学报（社会科学版），2005 (2): 54-68.

[108] 曲建升，刘莉娜，曾静静，等. 中国居民生活碳排放增长路径研究 [J]. 资源科学，2017，39 (12): 2389-2398.

[109] 瞿华，夏杰长. 积极推进我国旅游业绿色转型 [J]. 宏观经济研究，2011 (8): 35-64.

[110] 冉锦成，苏洋，胡金凤，等. 新疆农业碳排放时空特征、峰值预测及影响因素研究 [J]. 中国农业资源与区划，2017，38 (8): 16-24.

[111] 任保平，李梦欣. 新时代中国特色社会主义绿色生产力研究 [J]. 上海经济研究，2018 (3): 5-13.

[112] 任保平. 黄河流域高质量发展的特殊性及其模式选择 [J]. 人文杂志，2020 (1): 1-4.

[113] 任经纬. 河南省文化生态建设的现状、问题及对策研究 [D]. 北京：北京林业大学，2014.

[114] 荣长玲. 我国及河南省企业电子商务应用现状探析 [J]. 现代商贸工业，2016 (16): 7-8.

[115] 三门峡市统计局能源科. 前三季度三门峡市规模以上工业增加值能耗下降 6.49% [EB/OL]. (2018-11-02).

[116] 商车. 制造业"走出去"典范再迈一大步：宇通在古巴首推新能源客车 [J]. 商用汽车新闻，2016 (43): 1-7.

[117] 尚勇敏. 中国区域经济发展模式的演化 [D]. 上海：华东师范大

学，2015.

[118] 邵汉华，刘耀彬．金融发展与碳排放的非线性关系研究：基于面板平滑转换模型的实证检验 [J]. 软科学，2017，31（5）：80-84.

[119] 师博．黄河流域中心城市高质量发展路径研究 [J]. 人文杂志，2020（1）：5-9.

[120] 石碧华．黄河流域高质量发展的时代内涵和实现路径 [J]. 理论视野，2020（9）：61-66.

[121] 世界银行和国务院发展研究中心联合课题组．2023 年的中国：建设现代、和谐、有创造力的社会 [M]. 北京：中国财政经济出版社，2012.

[122] 孙海洋．辽宁省技术创新效率测评与提升对策研究 [J]. 中国管理信息化，2015，18（6）：184-186.

[123] 孙珺．习近平主席在世界经济论坛 2017 年会讲话的模拟口译实践报告 [D]. 天津：天津理工大学，2018.

[124] 覃成林，郑云峰，张华．我国区域经济协调发展的趋势及特征分析 [J]. 经济地理，2013，33（1）：9-14.

[125] 唐金培．促进黄河文化遗产系统高质量保护　切实加强黄河文化遗产的系统性保护 [N]. 中国文物报，2020-01-10（6）.

[126] 唐艳辉．建筑企业财务内部控制问题研究 [J]. 企业会计，2017（567）：107-108.

[127] 陶长琪，陈伟，郭毅．新中国成立 70 年中国工业化进程与经济发展 [J]. 数量经济技术经济研究，2019（8）：3-26.

[128] 田磊，张宗斌．中国旅游业绿色增长的演变特征及其影响因素 [J]. 山东师范大学学报，2018，63（1）：116-125.

[129] 田云，张俊飚，李波．中国农业碳排放研究：测算、时空比较及脱钩效应 [J]. 资源科学，2012，34（11）：2097-2105.

[130] 田云，张俊飚．中国农业碳排放研究回顾、评述与展望！[J]. 华中农业大学学报（社会科学版），2014（2）：23-27，60.

[131] 推动经济发展高质量　加快中原更加出彩步伐 [N]. 河南日报，

2018-08-28（10）.

［132］汪霞，汪磊．基于主成分分析的省域经济增长方式评价［J］．东岳论丛，2014，35（6）：139-143.

［133］老子道德经注［M］．王弼注，楼宇烈，校释．北京：中华书局，2011.

［134］王成新，王波涛，王翔宇．基于结构视角的中国人口城市化与土地城市化异速增长研究［J］．中国人口·资源与环境，2016，26（8）：135-141.

［135］王放．河南建筑业产业发展研究［J］．河南教育学院学报（哲学社会科学版），2017，36（3）：83-89.

［136］王浩．绿色建筑可持续发展及影响因素分析［J］．河南建材，2019（6）：215-216.

［137］王慧英．加快发展服务业　提升渭南综合竞争实力［J］．中国集体经济，2012（12）：39-40.

［138］王奎荣．用新发展理念引领工业经济高质量发展［J］．社会主义论坛，2018（3）：15-16.

［139］王梦轩，贾梁．【河南 70 年】科技事业发展迅速　创新驱动成效显著［EB/OL］．（2019-09-25）.

［140］王命禹．坚持创新驱动　推动河南经济高质量发展［J］．农村·农业·农民（A 版），2018（5）：14.

［141］王秦．实施创新驱动发展战略　高质量建设创新型省份［N］．科技日报，2019-11-20（1）.

［142］王应君．河南省农业现代化的发展历程与现状分析［J］．河南农业，2010（5）：54-55.

［143］王勇，毕莹，王恩东．中国工业碳排放达峰的情景预测与减排潜力评估［J］．中国人口·资源与环境，2017，27（10）：131-140.

［144］王勇，贾雯，毕莹．效率视角下中国 2030 年二氧化碳排放峰值目标的省区分解：基于零和收益 DEA 模型的研究［J］．环境科学学报，2017，37（11）：4399-4408.

[145] 王勇，王恩东，毕莹．不同情景下碳排放达峰对中国经济的影响：基于 CGE 模型的分析 [J]．资源科学，2017，39（10）：1896-1908.

[146] 王在华．建筑施工企业的财务战略管理思路构建 [J]．财经界，2019（12）：210-211.

[147] 魏国强．关于河南省农业高质量发展的思考 [J]．种业导刊，2018（10）：8-12.

[148] 魏后凯．中国城镇化进程中两极化倾向与规模格局重构 [J]．中国工业经济，2014（3）：18-30.

[149] 吴建勋，徐小迪，马芳芳．基于顾客价值的企业竞争优势分析：以郑州宇通客车股份有限公司为例 [J]．未来与发展，2010（11）：64-70.

[150] 吴丽云．以创新为引领建设黄河文化旅游带 [N]．中国旅游报，2020-01-20（3）．

[151] 吴青龙，王建明，郭丕斌．开放 STIRPAT 模型的区域碳排放峰值研究：以能源生产区域山西省为例 [J]．资源科学，2018，40（5）：1051-1062.

[152] 吴泽宇．浅谈人工智能在金融风险控制中的创新应用 [J]．商场现代化，2017（21）：113-114.

[153] 武俊．生态经济林建设所带来的生态效益与经济效益分析 [J]．绿色科技，2019（7）：65-66.

[154] 习近平．推动我国生态文明建设迈上新台阶 [J]．求是，2019（3）：4-13.

[155] 习近平．在黄河流域生态保护和高质量发展座谈会上的讲话 [J]．求是，2019（20）：1-5.

[156] 席细平，谢运生，王贺礼，等．基于 IPAT 模型的江西省碳排放峰值预测研究 [J]．江西科学，2014，32（6）：768-772.

[157] 夏杰长，肖宇．生产性服务业：发展态势、存在的问题及高质量发展政策思路 [J]．北京工商大学学报（社会科学版），2019，34（4）：21-34.

[158] 熊灵，齐绍洲．金融发展与中国省区碳排放：基于STIRPAT模型和动态面板数据分析［J］．中国地质大学学报（社会科学版），2016，16（2）：63-73.

[159] 徐晓兰．5G+工业互联网驱动工业经济高质量发展［N］．人民邮电，2019-12-16（1）．

[160] 徐晓兰．工业互联网是经济高质量发展重要引擎［N］．科技日报，2019-12-09（1）．

[161] 徐勇，王传胜．黄河流域生态保护和高质量发展：框架、路径与对策［J］．中国科学院院刊，2020，35（7）：875-883.

[162] 徐玉华．信阳市旅游业发展问题研究［D］．郑州：郑州大学，2014.

[163] 许广月．论张培刚发展经济学解决中国不平衡不充分问题的新时代使命［J］．经济学家，2019（4）：30-40.

[164] 薛勇，郭菊娥，孟磊．中国CO_2排放的影响因素分解与预测［J］．中国人口·资源与环境，2011，21（5）：106-112.

[165] 严成樑，李涛，兰伟．金融发展、创新与二氧化碳排放［J］．金融研究，2016（1）：14-30.

[166] 杨琳．能源事业飞速发展　节能降耗成效巨大［EB/OL］．（2019-09-24）．

[167] 杨冕，卢昕，段宏波．中国高耗能行业碳排放因素分解与达峰路径研究［J］．系统工程理论与实践，2018，38（10）：2501-2511.

[168] 杨森山．【河南70年】工业经济跨越发展　新兴工业大省崛起［EB/OL］．（2019-09-23）．

[169] 杨顺顺．基于LEAP模型的长江经济带分区域碳排放核算及情景分析［J］．生态经济，2017，33（9）：26-30.

[170] 杨涛．对人工智能在金融领域应用的思考［J］．国际金融，2016（12）：24-27.

[171] 杨涛．信阳旅游业发展战略的思考［J］．西部皮革，2019（2）：

58-59.

［172］杨文斌．人工智能在金融领域中的应用分析［J］．金融科技时代，2017（12）：32-35.

［173］杨秀，付琳，丁丁．区域碳排放峰值测算若干问题思考：以北京市为例［J］．中国人口·资源与环境，2015，25（10）：39-44.

［174］于法稳，方兰．黄河流域生态保护和高质量发展的若干问题［J］．中国软科学，2020（6）：85-95.

［175］于孝建，彭永喻．智能经济在金融风险管理领域的应用及挑战［J］．南方金融，2017（9）：70-74.

［176］余兵．信阳旅游资源整合策略研究［D］．长沙：湖南师范大学，2013.

［177］余扬．人工智能六十年［J］．中国发展观察，2016（6）：11-12.

［178］喻新安．发挥郑州龙头带动作用谋划更高水平更高质量发展［N］．河南日报，2020-02-05（6）．

［179］张昌彩．改革开放使中国摆脱短缺经济［J］．中国投资与建设，1998（9）：24-29.

［180］张建学．郑州市区域经济比较优势及其发展战略探析［J］．经济师，2007（8）：265-267.

［181］张乐勤，陈素平，王文琴，等．安徽省近15年建设用地变化对碳排放效应测度及趋势预测：基于STIRPAT模型［J］．环境科学学报，2013，33（3）：950-958.

［182］张蕾．中国创新驱动发展路径探析［J］．重庆大学学报（社会科学版），2013，19（4）：107-111.

［183］张敏．宇通客车的市场营销研究［D］．南京：南京理工大学，2006.

［184］张培俊．信阳市红色旅游的开发研究［D］．桂林：广西师范大学，2016.

［185］张培丽．经济持续高速增长时限的理论假说及其验证［J］．中国

人民大学学报，2014（4）：41-49.

［186］张鹏．论中国超大城市的国际资源整合能力［J］．国际观察，2017（1）：53-68.

［187］张启宏．基于人工智能的金融监管信息系统［J］．现代计算机，2002（6）：49-51.

［188］张为付．实施创新驱动发展战略　培育壮大经济新动能［N］．南京日报，2019-07-31（A9）．

［189］张占仓，杨书廷，王建国，等．河南省经济高质量发展存在的突出问题与战略对策研究［J］．创新科技，2020，20（1）：30-36.

［190］赵丽娜．产业转型升级与新旧动能有序转换研究：以山东省为例［J］．理论学刊，2017（2）：68-74.

［191］赵鸣宇．科技未来：听马尔科夫与中国智能经济专家对话［J］．中国传媒科技，2016（1）：37-40.

［192］赵荣钦，黄贤金，高珊，等．江苏省碳排放清单测算及减排潜力分析［J］．地域研究与开发，2013，32（2）：109-115.

［193］赵同录．经济持续平稳增长　发展质量继续提升［N］．中国信息报，2020-01-20（1）．

［194］赵文东．砥砺奋进　七十载积淀中原福地：新中国成立70年河南省建筑业发展成就［J］．建筑，2019（24）：14-19.

［195］赵泽雄．人民公社的兴起及其失败的原因探析：集体行动的视角［J］．中国市场，2020（3）：18-20.

［196］赵振杰．数字透露河南外贸新亮点［N］．河南日报，2019-04-21（2）．

［197］赵振杰．我省“两步申报”改革正式启动［N］．河南日报，2019-10-23（3）．

［198］赵忠秀，王苒，HINRICH VOSS，等．基于经典环境库兹涅茨模型的中国碳排放拐点预测［J］．财贸经济，2013（10）：48，81-88.

［199］郑海涛，胡杰，王文涛．中国地级城市碳减排目标实现时间测算［J］．中国人口·资源与环境，2016，26（4）：48-54.

［200］郑州市国民经济和社会发展第十三个五年规划纲要［R］. 郑州市人民政府办公厅，2016.

［201］郑州市统计局 . 2018 年郑州市经济运行基本情况［EB/OL］. http：//tjj. zhengzhou. gov. cn/fxtj/1579608. jhtml.

［202］中国电力企业联合会 . 中电联：2020 年全社会用电量预计增长 4%~5%［R］. 北京：中国电力企业联合会，2020.

［203］中华人民共和国史学会. 毛泽东读社会主义政治经济学批注和谈话：上［M］. 北京：中华人民共和国史学会刊印，1998.

［204］周晋 . 信阳乡村旅游优势发展分析［J］. 河北农业科学，2011，15（1）：111-113.

［205］周小亮，吴洋宏 . 经济高质量发展的历史逻辑及其实现路径：以总量生产函数分析为视角［J］. 东南学术，2019（6）：137-146.

［206］周宗波，朱兵，陈至宜 . 建立包容审慎的监管制度［J］. 质量与标准化，2017（8）：1-4.

［207］朱宇 . 51. 27%的城镇化率是否高估了中国城镇化水平：国际背景下的思考［J］. 人口研究，2012，36（2）：31-36.

［208］朱宇恩，李丽芬，贺思思，等 . 基于 IPAT 模型和情景分析法的山西省碳排放峰值年预测［J］. 资源科学，2016，38（12）：2316-2325.

［209］庄孔韶 . 文化遗产保护的观念与实践的思考［J］. 浙江大学学报（人文社会科学版），2009，39（5）：27-35.

重要术语索引表

后　记

经济学研究是一件“苦差事”，要坐得住冷板凳，要抵得住外界的诱惑，还要有优秀的科研团队。本书是研究团队长期调研与讨论的成果，具体分工如下：学生李娟娟在修改其硕士学位论文的基础上，撰写了本书的第 9 章；学生孟令强负责撰写第 10 章；学生陈赛鸽负责电能部分的撰写；学生李远帆、董胜澜、陈智、李乐琪、杜俊民、高菲钒、方书乐、高秋娥、徐宁达、宋亚戈、徐榕、程青松分别撰写了中国农业高质量发展部分、中国工业高质量发展章节、中国建筑业高质量发展部分、中国服务业高质量发展部分、中国对外贸易高质量发展内容、中国经济高质量发展的绿色推力、中国高质量发展的生态支撑、中国文化高质量发展、中国旅游业高质量发展、中国经济高质量发展的区域路径、中国重点城市高质量发展、智能经济章节的内容；学生薛栋负责黄河流域高质量发展的第 11 章的撰写；其余章节内容的研究工作是由我和师小静老师完成的，师小静老师和孟令强同学参加了整部书稿的统稿工作。

希望我们的成果能对国家高质量发展的推进有所助益，为相关规划、政策和措施的制定提供参考价值，为地方高质量发展的深入推进提供借鉴，欢迎学术界的老师和读者对我们的成果进行批评指正！

在拙著出版过程中，我仍然不能忘记众多老师如华中科技大学宋德勇、徐长生、张卫东和张建华对我学术成长的关心，同样铭记河南大学耿明斋老师对我学术上的谆谆教导，感谢经济学院院长宋丙涛、郑祖玄和赵艳忠为出版本书提供的重要便利条件，并感谢河南大学图书馆馆长李恒在产业经济与农村发展上提供的支持。

许广月
河南大学经济学院
2023 年 8 月 20 日